TRANSLATED
Translated Language Learning

L'Image de Dorian Gray
(Première Partie)

The Picture of Dorian Gray
(Part One)

Oscar Wilde

1/2

Français / English

Copyright © 2024 Tranzlaty
All rights reserved
Published by Tranzlaty
ISBN: 978-1-83566-276-2
The Piture of Dorian Gray
Original text by Oscar Wilde
First published in 1891
www.tranzlaty.com

Préface
Preface

L'artiste est le créateur de belles choses
The artist is the creator of beautiful things

Révéler l'art et dissimuler l'artiste est le but de l'art
To reveal art and conceal the artist is art's aim

Le critique est celui qui peut traduire d'une autre manière ou d'une nouvelle matière son impression des belles choses
The critic is he who can translate into another manner or a new material his impression of beautiful things

La forme la plus élevée comme la plus basse de la critique est un mode d'autobiographie
The highest as the lowest form of criticism is a mode of autobiography

Ceux qui trouvent des significations laides dans les belles choses sont corrompus sans être charmants
Those who find ugly meanings in beautiful things are corrupt without being charming

C'est un défaut
This is a fault

Ceux qui trouvent de belles significations dans les belles choses sont les cultivés
Those who find beautiful meanings in beautiful things are the cultivated

Pour ceux-là, il y a de l'espoir
For these there is hope

Ce sont les élus pour qui les belles choses ne signifient que la beauté
They are the elect to whom beautiful things mean only beauty

Il n'y a pas de livre moral ou immoral
There is no such thing as a moral or an immoral book

Les livres sont soit bien écrits, soit mal écrits, c'est tout
Books are either well written, or badly written, that is all

L'aversion du XIXe siècle pour le réalisme est la rage de Caliban voyant son propre visage dans un verre
The nineteenth century dislike of realism is the rage of Caliban seeing his own face in a glass

L'aversion du XIXe siècle pour le romantisme est la rage de Caliban qui ne voit pas son propre visage dans un verre
The nineteenth century dislike of romanticism is the rage of Caliban not seeing his own face in a glass

La vie morale de l'homme fait partie du sujet de l'artiste
The moral life of man forms part of the subject-matter of the artist
mais la morale de l'art consiste dans l'utilisation parfaite d'un médium imparfait
but the morality of art consists in the perfect use of an imperfect medium
Aucun artiste ne désire prouver quoi que ce soit
No artist desires to prove anything
Même les choses vraies peuvent être prouvées
Even things that are true can be proved
Aucun artiste n'a de sympathies éthiques
No artist has ethical sympathies
Une sympathie éthique chez un artiste est un maniérisme impardonnable du style
An ethical sympathy in an artist is an unpardonable mannerism of style
Aucun artiste n'est jamais morbide
No artist is ever morbid
L'artiste peut tout exprimer
The artist can express everything
La pensée et le langage sont pour l'artiste les instruments d'un art
Thought and language are to the artist instruments of an art
Le vice et la vertu sont pour l'artiste les matériaux d'un art
Vice and virtue are to the artist materials for an art
Du point de vue de la forme, le type de tous les arts est l'art du musicien
From the point of view of form, the type of all the arts is the art of the musician
Du point de vue du sentiment, le métier de l'acteur est le type
From the point of view of feeling, the actor's craft is the type
Tout art est à la fois surface et symbole
All art is at once surface and symbol
Ceux qui vont sous la surface le font à leurs risques et périls
Those who go beneath the surface do so at their peril
Ceux qui lisent le symbole le font à leurs risques et périls
Those who read the symbol do so at their peril
C'est le spectateur, et non la vie, que l'art reflète vraiment
It is the spectator, and not life, that art really mirrors
La diversité des opinions sur une œuvre d'art montre que l'œuvre est nouvelle, complexe et vitale
Diversity of opinion about a work of art shows that the work is new,

complex, and vital
Lorsque les critiques ne sont pas d'accord, l'artiste est en accord avec lui-même
When critics disagree, the artist is in accord with himself
Nous pouvons pardonner à un homme d'avoir fait une chose utile tant qu'il ne l'admire pas
We can forgive a man for making a useful thing as long as he does not admire it
La seule excuse pour faire une chose inutile est qu'on l'admire intensément
The only excuse for making a useless thing is that one admires it intensely
Tout art est tout à fait inutile
All art is quite useless

OSCAR WILDE

Chapitre Un
Chapter One

L'atelier était rempli d'une riche odeur de roses
The studio was filled with the rich odour of roses
le vent léger d'été s'agitait parmi les arbres du jardin
the light summer wind stirred amidst the trees of the garden
et par la porte ouverte entra l'odeur lourde du lilas
and there came through the open door the heavy scent of the lilac
et là vint le parfum plus délicat de l'épine à fleurs roses
and there came the more delicate perfume of the pink-flowering thorn
Du coin du divan de sacoches persanes sur lequel il était couché
From the corner of the divan of Persian saddle-bags on which he was lying
il fumait, comme à son habitude, d'innombrables cigarettes
he was smoking, as was his custom, innumerable cigarettes
Lord Henry Wotton aperçut la lueur des fleurs couleur miel d'un cytise
Lord Henry Wotton caught the gleam of the honey coloured blossoms of a laburnum
leurs branches tremblantes pouvaient à peine supporter le poids de leur beauté de flamme
their tremulous branches could hardly bear the burden of their flamelike beauty
des ombres fantastiques d'oiseaux voltigeaient à travers les longs rideaux de soie tussore.
fantastic shadows of birds flitted across the long tussore-silk curtains
les rideaux qui étaient tendus devant l'immense fenêtre
the curtains that were stretched in front of the huge window
les rideaux produisaient une sorte d'effet japonais momentané
the curtains produced a kind of momentary Japanese effect
il devait penser à ces peintres pâles au visage de jade de Tokyo
he had to think of those pallid, jade-faced painters of Tokyo
ils cherchent à transmettre le sentiment de rapidité et de mouvement par le biais d'un art nécessairement immobile
they seek to convey the sense of swiftness and motion through the medium of an art that is necessarily immobile
Il y eut un murmure maussade des abeilles qui se frayaient un chemin à travers les hautes herbes
There was a sullen murmur of the bees shouldering their way through the long grass

les abeilles tournoyaient autour des cornes dorées poussiéreuses de la bine des bois épars
the bees circled round the dusty gilt horns of the straggling woodbine
leur bourdonnement monotone et insistant semblait rendre le silence plus oppressant
their monotonous insistent buzzing seemed to make the stillness more oppressive
Le faible grondement de Londres était comme la note de bourdon d'un orgue lointain
The dim roar of London was like the bourdon note of a distant organ
Au centre de la pièce se trouvait le portrait en pied d'un jeune homme
In the centre of the room stood the full-length portrait of a young man
Le portrait du jeune homme était attaché à un chevalet vertical
the portrait of the young man was clamped to an upright easel
un jeune homme d'une beauté personnelle extraordinaire
a young man of extraordinary personal beauty
Un peu plus loin devant le tableau était assis l'artiste lui-même
a little distance in front of the painting was sitting the artist himself
Basil Hallward, qui avait disparu subitement il y a quelques années
Basil Hallward, who had suddenly disappeared some years ago
Sa disparition a provoqué, à l'époque, une grande excitation publique
his disappearance caused, at the time, great public excitement
et sa disparition donna lieu à tant de conjectures étranges
and his disappearance gave rise to so many strange conjectures
Le peintre regarda la forme gracieuse et aimable
the painter looked at the gracious and comely form
la forme charmante qu'il avait si habilement reflétée dans son art
the comely form he had so skilfully mirrored in his art
Un sourire de plaisir passa sur son visage
a smile of pleasure passed across his face
et le plaisir semblait s'y attarder
and the pleasure seemed like it was going to linger there
Mais l'artiste se leva soudain de son siège
But the artist suddenly got up from his seat
fermant les yeux, il posa ses doigts sur ses paupières
closing his eyes, he placed his fingers upon his eyelids
comme s'il cherchait à emprisonner dans son cerveau quelque rêve

curieux
as though he sought to imprison within his brain some curious dream
un rêve dont il craignait de se réveiller
a dream from which he feared he might awake
Lord Henry complimenta langoureusement le tableau de Basil
Lord Henry languidly complimented Basil's painting
« C'est ton meilleur travail, Basil, la meilleure chose que tu aies jamais faite »
"It is your best work, Basil, the best thing you have ever done"
« Vous devez certainement l'envoyer l'année prochaine au Grosvenor »
"You must certainly send it next year to the Grosvenor"
« L'Académie est trop grande et trop vulgaire »
"The Academy is too large and too vulgar"
« Soit il y a tellement de monde qu'on ne voit pas les photos »
"either there are so many people that you can't see the pictures"
« Ne pas voir les photos est épouvantable »
"not seeing the pictures is dreadful"
« Ou il y a tellement de photos que vous ne pouvez pas voir les gens »
"or there are so many pictures that you can't see the people"
« Ne pas voir les gens, c'est encore pire ! »
"not seeing the people is even worse!"
« Le Grosvenor est vraiment le seul endroit »
"The Grosvenor is really the only place"
« Je ne pense pas que je l'enverrai nulle part, répondit-il
"I don't think I shall send it anywhere," he answered
Il rejeta la tête en arrière à sa manière particulière
he tossed his head back in his own particular manner
d'une manière étrange qui faisait toujours rire ses amis d'Oxford
in the odd way that always used to make his Oxford friends laugh
« Non, je ne l'enverrai nulle part », confirma-t-il
"No, I won't send it anywhere," he confirmed
Lord Henry leva les sourcils et le regarda avec étonnement
Lord Henry elevated his eyebrows and looked at him in amazement
Il regarda à travers les fines couronnes bleues de fumée
he looked through the thin blue wreaths of smoke
de lourdes volutes de fumée fantaisistes de sa cigarette contaminée à l'opium
heavy fanciful whorls of smoke from his opium-tainted cigarette

"Vous n'avez pas l'intention de l'envoyer nulle part ? Mon cher, pourquoi ?
"you don't plan to send it anywhere? My dear fellow, why?"
« Avez-vous une raison de ne l'envoyer nulle part ? »
"Have you any reason not to send it anywhere?"
« Je dois dire que vous êtes drôles de peintres ! »
"I must say, what odd chaps you painters are!"
« Vous faites n'importe quoi dans le monde pour gagner une réputation »
"You do anything in the world to gain a reputation"
« Dès que vous avez une réputation, vous semblez vouloir la jeter »
"As soon as you have a reputation, you seem to want to throw it away"
« c'est idiot de votre part, je ne peux pas penser à une autre conclusion »
"it is silly of you, I can think of no other conclusion"
« Il n'y a qu'une seule chose au monde pire que les autres qui parlent de vous »
"there is only one thing in the world worse than other people talking about you"
« La pire chose au monde, c'est quand les autres ne parlent pas du tout de vous ! »
"the worst thing in the world is when others do not talk about you at all!"
« Un portrait comme celui-ci vous placerait bien au-dessus de tous les jeunes hommes d'Angleterre »
"A portrait like this would set you far above all the young men in England"
« Un tel portrait rendrait les vieillards très jaloux »
"such a portrait would make the old men quite jealous"
« Si les vieillards sont même capables de n'importe quelle émotion »
"if old men are even capable of any emotion"
« Je sais que vous allez vous moquer de moi, répondit-il
"I know you will laugh at me," he replied
« mais je ne peux vraiment pas exposer cette image »
"but I really can't exhibit this picture"
« J'ai mis trop de moi-même dans l'image »
"I have put too much of myself into the picture"
Lord Henry s'étendit sur le divan et se mit à rire
Lord Henry stretched himself out on the divan and laughed

— Oui, je savais que vous vous moqueriez de moi, mais c'est tout de même vrai.
"Yes, I knew you would laugh at me, but it is quite true, all the same"
« Trop de toi dans une photo ! Sur ma parole, Basil"
"Too much of yourself in a picture! Upon my word, Basil"
« Je ne savais pas que tu étais si vaniteux, dit-il en riant
"I didn't know you were so vain," he laughed
« Je ne vois vraiment aucune ressemblance entre toi et ce jeune Adonis »
"I really can't see any resemblance between you and this young Adonis"
« toi avec ton visage robuste et fort, et tes cheveux noirs comme du charbon »
"you with your rugged strong face, and your coal-black hair"
« et ce jeune Adonis, fait d'ivoire et de feuilles de rose »
"and this young Adonis, made out of ivory and rose-leaves"
« Eh bien, mon cher Basil, c'est un Narcisse »
"Why, my dear Basil, he is a Narcissus"
« Et vous, eh bien, bien sûr que vous avez une expression intellectuelle »
"and you, well, of course you have an intellectual expression"
« Mais la beauté, la vraie beauté, s'arrête là où commence une expression intellectuelle »
"But beauty, real beauty, ends where an intellectual expression begins"
« L'intellect est en soi un mode d'exagération »
"Intellect is in itself a mode of exaggeration"
« et l'intellect détruit l'harmonie de tout visage »
"and intellect destroys the harmony of any face"
« Dès que vous vous asseyez pour réfléchir, une caractéristique prend le dessus »
"The moment you sit down to think, one feature takes over"
« on devient tout nez, ou tout front, ou quelque chose d'horrible »
"one becomes all nose, or all forehead, or something horrid"
« Regardez les hommes qui réussissent dans n'importe laquelle des professions savantes »
"Look at the successful men in any of the learned professions"
« Comme les savants sont parfaitement hideux ! »
"How perfectly hideous the learned men all are!"
« Sauf, bien sûr, les savants de l'Église »
"Except, of course, the learned men of the Church"

« Mais alors, dans l'Église, ils ne pensent pas »
"But then, in the Church they don't think"
« Un évêque dit la même chose toute sa vie »
"a bishop says the same thing for all his life"
« À l'âge de quatre-vingts ans, il dit ce qu'on lui a dit quand il était un garçon de dix-huit ans »
"at the age of eighty he says what he was told to as a boy of eighteen"
« Et, comme conséquence naturelle, il a toujours l'air absolument délicieux »
"and, as a natural consequence, he always looks absolutely delightful"
« Ton mystérieux jeune ami ne pense jamais »
"Your mysterious young friend never thinks"
« Ton mystérieux ami dont la photo me fascine vraiment »
"your mysterious friend whose picture really fascinates me"
« Ton mystérieux ami dont tu ne m'as jamais dit le nom »
"your mysterious friend whose name you have never told me"
« Je suis tout à fait sûr qu'il n'a jamais eu une pensée dans son esprit. »
"I feel quite sure that he has never had a thought in his mind"
« C'est une belle créature sans cervelle »
"He is some brainless beautiful creature"
« Il devrait être ici en hiver quand nous n'avons pas de fleurs à regarder »
"he should be here in winter when we have no flowers to look at"
et il devrait être ici en été pour refroidir nos renseignements.
"and he should be here in summer to chill our intelligence"
— Ne vous flattez pas, Basil, vous ne lui ressemblez pas le moins du monde.
"Don't flatter yourself, Basil: you are not in the least like him"
— Vous ne me comprenez pas, Harry, répondit l'artiste
"You don't understand me, Harry," answered the artist
« Bien sûr que je ne suis pas comme lui, je le sais parfaitement »
"Of course I am not like him, I know that perfectly well"
« En vérité, je serais désolé de lui ressembler. »
"Indeed, I should be sorry to look like him"
"Vous haussez les épaules ? Je vous dis la vérité"
"You shrug your shoulders? I am telling you the truth"
« Il y a une fatalité dans toute distinction physique et intellectuelle »
"There is a fatality about all physical and intellectual distinction"

« une fatalité qui a poursuivi les pas chancelants des rois »
"a fatality that has dogged the faltering steps of kings"
« Il vaut mieux ne pas être différent de ses semblables »
"It is better not to be different from one's fellows"
« Le laid et le stupide ont le meilleur de ce monde »
"The ugly and the stupid have the best of it in this world"
« Ils peuvent s'asseoir à leur aise et rester bouche bée devant le jeu »
"They can sit at their ease and gape at the play"
« Ils ne savent peut-être rien de la victoire »
"they might not know anything of victory"
« Mais ils sont épargnés de la connaissance de la défaite »
"but they are spared the knowledge of defeat"
« Ils vivent comme nous devrions tous vivre ; imperturbable et indifférent"
"They live as we all should live; undisturbed and indifferent"
« Ils n'apportent pas la ruine aux autres, et ils ne la reçoivent pas »
"They neither bring ruin upon others, nor do they receive it"
"Votre rang et votre richesse, Harry. Mes cerveaux, tels qu'ils sont mon art"
"Your rank and wealth, Harry. My brains, such as they are my art"
« et Dorian Gray, il a sa beauté »
"and Dorian Gray, he has his good looks"
« Nous souffrirons tous de ce que les dieux nous ont donné »
"we shall all suffer from what the gods have given us"
"Dorian Gray ? Est-ce son nom ? demanda lord Henry
"Dorian Gray? Is that his name?" asked Lord Henry
il traversa l'atelier en direction de Basil Hallward
he walked across the studio towards Basil Hallward
— Oui, c'est son nom. Je n'avais pas l'intention de te le dire"
"Yes, that is his name. I didn't intend to tell it to you"
« Mais pourquoi m'avez-vous caché son nom ? »
"But why were you keeping his name from me?"
« Oh, je ne peux pas l'expliquer », admit Basil dans la défaite
"Oh, I can't explain," Basil admitted in defeat
« Quand j'aime énormément les gens, je ne dis jamais leur nom à personne »
"When I like people immensely, I never tell anyone their name"
« C'est comme abandonner une partie d'eux »
"It is like surrendering a part of them"
« J'ai appris à aimer le secret »

"I have grown to love secrecy"
« Cela semble être la seule chose qui peut rendre la vie moderne mystérieuse »
"It seems to be the one thing that can make modern life mysterious"
« C'est la seule chose qui nous donne de quoi nous émerveiller »
"it is the only thing that gives us something to marvel over"
« La chose la plus commune est délicieuse si on la cache »
"The commonest thing is delightful if one only hides it"
« Quand je quitte la ville maintenant, je ne dis jamais aux gens où je vais »
"When I leave town now I never tell people where I am going"
« Si je le faisais, je perdrais tout mon plaisir »
"If I did, I would lose all my pleasure"
« C'est une habitude stupide, j'ose le dire. »
"It is a silly habit, I dare say"
« Mais d'une manière ou d'une autre, cela semble apporter beaucoup de romantisme dans la vie de quelqu'un »
"but somehow it seems to bring a great deal of romance into one's life"
— Je suppose que vous me trouvez terriblement stupide à ce sujet ?
"I suppose you think me awfully foolish about it?"
— Pas du tout, répondit lord Henry, pas du tout, mon cher Basil.
"Not at all," answered Lord Henry, "not at all, my dear Basil"
« Tu sembles oublier que je suis marié »
"You seem to forget that I am married"
« Et le seul charme du mariage est qu'il fait une vie de tromperie »
"and the one charm of marriage is that it makes a life of deception"
« Et cette tromperie est absolument nécessaire pour les deux parties »
"and that deception is absolutely necessary for both parties"
« Je ne sais jamais où est ma femme »
"I never know where my wife is"
« et ma femme ne sait jamais ce que je fais »
"and my wife never knows what I am doing"
« Nous nous rencontrons de temps en temps, lorsque nous dînons ensemble »
"we do meet occasionally, when we dine out together"
ou nous nous rencontrons quand nous descendrons chez le duc.
"or we meet when we go down to the Duke's"
« Nous nous racontons les histoires les plus absurdes avec les visages les plus sérieux »

"we tell each other the most absurd stories with the most serious faces"
"Ma femme est très douée pour ça. Bien meilleur, en fait, que je ne le suis"
"My wife is very good at it. Much better, in fact, than I am"
« Elle ne s'embrouille jamais sur ses journées et ses rendez-vous, et je le fais toujours »
"She never gets confused over her days and dates, and I always do"
« Mais quand elle me découvre, elle ne fait pas de bruit du tout »
"But when she does find me out, she makes no row at all"
— Je voudrais parfois qu'elle le fît ; mais elle se moque simplement de moi"
"I sometimes wish she would; but she merely laughs at me"
« Je déteste la façon dont tu parles de ta vie conjugale, Harry »
"I hate the way you talk about your married life, Harry"
et il se dirigea vers la porte qui donnait sur le jardin
and he strolled towards the door that led into the garden
« Je crois que tu es vraiment un très bon mari »
"I believe that you are really a very good husband"
mais je crois que vous avez honte de vos propres vertus.
"but I believe that you are thoroughly ashamed of your own virtues"
« Vous êtes un homme extraordinaire »
"You are an extraordinary fellow"
« Vous ne dites jamais une chose morale, et vous ne faites jamais une mauvaise chose »
"You never say a moral thing, and you never do a wrong thing"
« Votre cynisme n'est qu'une pose »
"Your cynicism is simply a pose"
Lord Henry s'y opposa passionnément, mais se mit à rire
Lord Henry objected passionately, but laughed
« Être naturel est simplement une pose, et la pose la plus irritante que je connaisse »
"Being natural is simply a pose, and the most irritating pose I know"
et les deux jeunes gens sortirent ensemble dans le jardin
and the two young men went out into the garden together
À l'ombre d'un grand buisson de lauriers se trouvait un long siège de bambou
in the shade of a tall laurel bush stood a long bamboo seat
Les deux hommes s'installèrent sur le siège en bambou
the two men ensconced themselves on the bamboo seat
La lumière du soleil glissait sur les feuilles polies

The sunlight slipped over the polished leaves
Dans l'herbe, les marguerites blanches tremblaient
In the grass, white daisies were tremulous
Après une pause, Lord Henry sortit sa montre
After a pause, Lord Henry pulled out his watch
« J'ai peur de partir, Basil, murmura-t-il
"I am afraid I must be going, Basil," he murmured
et avant de partir, j'insiste pour que vous répondiez à une question.
"and before I go, I insist on your answering a question"
« Je vous avais posé la question il y a quelque temps »
"I had put the question to you some time ago"
Le peintre gardait les yeux fixés sur le sol
the painter kept his eyes fixed on the ground
« Quelle question avez-vous à l'esprit ? » demanda-t-il
"What question do you gave in mind?" he asked
« Vous savez très bien ce que je voudrais vous demander »
"You know quite well what I would like to ask you"
« Je ne sais pas ce que vous voudriez me demander, Harry »
"I do not know what you would like to ask me, Harry"
« Eh bien, je vais vous dire ce que j'aimerais savoir »
"Well, I will tell you what I would like to know"
« S'il vous plaît, expliquez-moi pourquoi vous n'exposez pas le tableau de Dorian Gray »
"please explain to me why you won't exhibit Dorian Gray's picture"
« Je veux la vraie raison pour laquelle tu n'affiches pas sa photo »
"I want the real reason you don't display his picture"
— Je vous en ai dit la vraie raison, répondit Basil
"I told you the real reason," answered Basil
« Non, tu ne m'as pas dit la vraie raison »
"No, you did not tell me the real reason"
« Tu as dit que c'était parce qu'il y avait trop de toi dans l'image »
"You said it was because there was too much of yourself in the picture"
« Nous savons tous les deux que c'est une raison puérile de ne pas l'afficher »
"we both know that is a childish reason not to display it"
— Harry, dit Basil Hallward en le regardant droit dans les yeux
"Harry," said Basil Hallward, looking him straight in the face
« Tout portrait peint avec émotion est un portrait de l'artiste »
"every portrait that is painted with feeling is a portrait of the artist"
« Ce n'est pas une photo du modèle »

"it is not a picture of the sitter"
« Le modèle n'est que l'accident, l'occasion »
"The sitter is merely the accident, the occasion"
« Ce n'est pas lui qui est révélé par le peintre »
"It is not he who is revealed by the painter"
« C'est plutôt le peintre qui, sur la toile colorée, se révèle »
"it is rather the painter who, on the coloured canvas, reveals himself"
« Je vais vous dire la raison pour laquelle je n'exposerai pas ce tableau »
"I will tell you the reason I will not exhibit this picture"
« J'ai peur d'y avoir montré le secret de mon âme »
"I am afraid that I have shown in it the secret of my own soul"
Lord Henry se mit à rire, et quel est ce secret ? demanda-t-il
Lord Henry laughed, "and what is that secret?" he asked
– Je vais vous le dire, dit Hallward
"I will tell you," said Hallward
mais une expression de perplexité passa sur son visage
but an expression of perplexity came over his face
– Je suis tout dans l'attente, Basil, continua son compagnon en le regardant
"I am all expectation, Basil," continued his companion, glancing at him
– Oh, il y a vraiment très peu de choses à dire, Harry, répondit le peintre
"Oh, there is really very little to tell, Harry," answered the painter
et je crains que vous ne le compreniez à peine.
"and I am afraid you will hardly understand it"
« et je doute que vous croyiez même ma raison »
"and I doubt you will even believe my reason"
Lord Henry sourit et se pencha vers l'herbe
Lord Henry smiled, and he leaned down to the grass
Il cueillit une marguerite aux pétales roses dans l'herbe et l'examina
he plucked a pink-petalled daisy from the grass and examined it
– Je suis bien sûr que je comprendrai, répondit-il
"I am quite sure I shall understand it," he replied
et il regarda attentivement le petit disque doré à plumes blanches
and he gazed intently at the little golden, white-feathered disk
« Et quant à croire des choses, je peux croire n'importe quoi »
"and as for believing things, I can believe anything"
« Je peux croire n'importe quoi, à condition que ce soit incroyable »

"I can believe anything, provided that it is incredible"
Le vent secoua quelques fleurs des arbres
The wind shook some blossoms from the trees
et les lourdes fleurs de lilas allaient et venaient dans l'air languissant
and the heavy lilac-blooms moved to and fro in the languid air
Une sauterelle se mit à gazouiller près du mur
A grasshopper began to chirrup by the wall
et comme un fil bleu, une longue libellule mince flottait devant
and like a blue thread a long thin dragon-fly floated past
Lord Henry eut l'impression d'entendre battre le cœur de Basil Hallward
Lord Henry felt as if he could hear Basil Hallward's heart beating
et il se demanda ce que Basil allait lui dire
and he wondered what Basil was about to tell him
« L'histoire est simplement celle-ci », dit le peintre au bout d'un certain temps
"The story is simply this;" said the painter after some time
« Il y a deux mois, je suis allé à un coup de foudre chez Lady Brandon »
"Two months ago I went to a crush at Lady Brandon's"
« Vous savez, nous, les pauvres artistes, devons nous montrer en société »
"You know we poor artists have to show ourselves in society"
au moins, nous devons nous montrer de temps en temps"
at least, we have to show ourselves from time to time"
« juste pour rappeler au public que nous ne sommes pas des sauvages »
"just to remind the public that we are not savages"
« Comme vous me l'avez dit une fois, n'importe qui peut acquérir la réputation d'être civilisé »
"as you told me once, anybody can gain a reputation for being civilized"
« Même un courtier en valeurs mobilières peut sembler civilisé »
"even a stock-broker can appear to be civilized"
« Tout ce dont vous avez besoin, c'est d'un manteau de soirée et d'une cravate blanche »
"all you need is an evening coat and a white tie"
« Eh bien, j'étais dans la pièce depuis environ dix minutes »
"Well, I had been in the room about ten minutes"
« Je parlais à d'énormes douairières trop habillées et à des

académiciens ennuyeux »
"I was talking to huge overdressed dowagers and tedious academicians"
« puis j'ai soudain pris conscience que quelqu'un me regardait »
"then I suddenly became conscious that some one was looking at me"
« Je me suis retourné à mi-chemin et j'ai vu Dorian Gray pour la première fois »
"I turned half-way round and saw Dorian Gray for the first time"
« Quand nos yeux se sont croisés, j'ai senti que je devenais pâle »
"When our eyes met, I felt that I was growing pale"
« Une curieuse sensation de terreur m'a envahi »
"A curious sensation of terror came over me"
« Je savais que j'étais tombé nez à nez avec quelqu'un »
"I knew that I had come face to face with some one"
« quelqu'un dont la simple personnalité était dangereusement fascinante »
"someone whose mere personality was dangerously fascinating"
« si je le permettais ainsi, sa personnalité absorberait toute ma nature »
"if I allowed it to do so, his personality would absorb my whole nature"
« Quelqu'un dont la personnalité pourrait absorber toute mon âme »
"someone whose personality could absorb my whole soul"
« quelqu'un dont la personnalité pourrait absorber mon art lui-même »
"someone whose personality could absorb my very art itself"
« Je ne voulais aucune influence extérieure dans ma vie »
"I did not want any external influence in my life"
« Tu sais, Harry, à quel point je suis indépendant par nature »
"You know, Harry, how independent I am by nature"
« J'ai toujours été mon propre maître ; du moins je l'avais toujours été"
"I have always been my own master; at least I had always been so"
« J'ai toujours été mon propre maître jusqu'à ce que je rencontre Dorian Gray »
"I had always been my own master till I met Dorian Gray"
« mais je ne sais pas comment vous l'expliquer »
"but I don't know how to explain it to you"
« Quelque chose semblait essayer de me dire quelque chose »
"Something seemed to be trying to tell me something"

« J'avais l'impression d'être au bord d'une terrible crise dans ma vie »
"I seemed to be on the verge of a terrible crisis in my life"
« J'avais un sentiment étrange de ce que le destin me réservait »
"I had a strange feeling for what fate had in store for me"
« Le destin avait prévu pour moi des joies exquises et des peines exquises »
"fate had planned exquisite joys and exquisite sorrows for me"
« J'ai eu peur et je me suis retourné pour quitter la pièce »
"I grew afraid and turned to quit the room"
« Ce n'est pas ma conscience qui m'a poussé à le faire »
"It was not conscience that made me do so"
« C'est une sorte de lâcheté qui m'a fait fuir »
"it was a sort of cowardice that made me flee"
« Je ne m'attribue pas le mérite d'avoir essayé de m'échapper »
"I take no credit to myself for trying to escape"
« La conscience et la lâcheté sont vraiment la même chose, cher Basil »
"Conscience and cowardice are really the same things, dear Basil"
« Je ne le crois pas, Harry, et je ne crois pas que tu le crois non plus »
"I don't believe that, Harry, and I don't believe you do either"
« Cependant, quel que soit mon motif, j'ai certainement lutté jusqu'à la porte »
"However, whatever was my motive, I certainly struggled to the door"
« C'est peut-être la fierté qui m'a motivé »
"it may have been pride that motivated me"
« parce que j'étais très fier avant »
"because I used to be very proud"
« Là, bien sûr, je suis tombé sur Lady Brandon »
"There, of course, I stumbled against Lady Brandon"
« Vous n'allez pas vous enfuir si tôt, monsieur Hallward ? » cria-t-elle
"You are not going to run away so soon, Mr Hallward?" she screamed out
« Vous connaissez sa voix curieusement aiguë ? »
"You know her curiously shrill voice?"
— Oui ; c'est un paon en tout, sauf en beauté, dit lord Henry
"Yes; she is a peacock in everything but beauty," said Lord Henry
et il tira la marguerite en morceaux avec ses longs doigts nerveux

and he pulled the daisy to bits with his long nervous fingers
« Je n'ai pas pu me débarrasser d'elle, malgré tous mes efforts »
"I could not get rid of her, however much I tried"
« Elle m'a élevé auprès des gens de la royauté »
"She brought me up to people of royalty"
« Et elle m'a présenté à des gens avec des étoiles et des jarretières »
"and she introduced me to people with stars and garters"
« Et elle m'a amené des dames âgées avec des diadèmes gigantesques »
"and she brought me elderly ladies with gigantic tiaras"
« Et elle a amené des hommes âgés avec des nez de perroquet »
"and she brought be elderly men with parrot noses"
« Elle parlait de moi comme de son amie la plus chère »
"She spoke of me as her dearest friend"
« Avant cette nuit-là, je ne l'avais rencontrée qu'une seule fois »
"before that night I had only met her once before"
« Mais elle s'est mise en tête de me glorifier »
"but she took it into her head to lionize me"
« Je crois que certaines de mes photos avaient fait un grand succès à l'époque »
"I believe some picture of mine had made a great success at the time"
« Au moins, mes photos avaient été discutées dans les journaux à un sou »
"at least, my pictures had been chattered about in the penny newspapers"
« C'est la norme d'immortalité du XIXe siècle »
"it is the nineteenth-century standard of immortality"
« Soudain, je me suis retrouvé face à face avec le jeune homme »
"Suddenly I found myself face to face with the young man"
« Le jeune homme dont la personnalité m'avait si étrangement ému »
"the young man whose personality had so strangely stirred me"
"Nous étions assez proches, presque touchants. Nos yeux se sont recroisés"
"We were quite close, almost touching. Our eyes met again"
« C'était imprudent de ma part, mais j'ai demandé à Lady Brandon de me présenter à lui »
"It was reckless of me, but I asked Lady Brandon to introduce me to him"
« Peut-être que ce n'était pas si téméraire, après tout. Peut-être que ce que c'était était simplement inévitable"

"Perhaps it was not so reckless, after all. Perhaps what it was was simply inevitable"
« **Nous nous serions parlé sans aucune présentation** »
"We would have spoken to each other without any introduction"
— **J'en suis sûr. Dorian me l'a dit par la suite**"
"I am sure of that. Dorian told me so afterwards"
« **Lui aussi sentait que nous étions destinés à nous connaître** »
"He, too, felt that we were destined to know each other"
son compagnon devint curieux de l'histoire
his companion grew curious about the story
— **Et comment lady Brandon a-t-elle décrit ce merveilleux jeune homme ?**
"And how did Lady Brandon describe this wonderful young man?"
« **Je sais qu'elle va donner un rapide résumé de tous ses invités** »
"I know she goes in for giving a rapid précis of all her guests"
« **Je me souviens qu'elle m'a amené à un vieux monsieur au visage rouge** »
"I remember her bringing me up to a red-faced old gentleman"
« **Il était couvert partout d'ordres et de rubans** »
"he was covered all over with orders and ribbons"
« **Et il sifflait dans mon oreille, dans un murmure tragique** »
"and he was hissing into my ear, in a tragic whisper"
« **Je suis sûr que c'était parfaitement audible pour tout le monde dans la pièce** »
"I'm sure it was perfectly audible to everybody in the room"
« **Il m'a raconté les détails les plus étonnants, et je me suis tout simplement enfui** »
"he told me the most astounding details, and I simply fled"
« **J'aime découvrir les gens par moi-même** »
"I like to find out people for myself"
Mais lady Brandon traite ses invités comme un commissaire-priseur traite ses marchandises
"But Lady Brandon treats her guests like an auctioneer treats his goods
« **Soit elle les explique complètement** »
"She either explains them entirely away"
« **Ou elle dit tout à leur sujet, sauf ce que l'on veut savoir** »
"or she tells one everything about them except what one wants to know"
« **Pauvre lady Brandon !** » **Basil intervint**
"Poor Lady Brandon!" Basil interjected

– **Vous êtes dur avec elle, Harry ! dit Hallward d'un air apathique**
"You are hard on her, Harry!" said Hallward listlessly
« **Mon cher, elle a essayé de fonder un salon** »
"My dear fellow, she tried to found a salon"
« **Mais elle n'a réussi qu'à ouvrir un restaurant** »
"but she only succeeded in opening a restaurant"
« **alors je ne vois pas bien comment vous l'admirez** »
"so I can't quite see how you admire her"
— **Mais dites-moi, qu'a-t-elle dit de M. Dorian Gray ?**
"But tell me, what did she say about Mr Dorian Gray?"
« **Oh, quelque chose comme : 'Charmant garçon, pauvre chéri'** »
"Oh, something like: 'Charming boy, poor dear'"
« **sa mère et moi sommes absolument inséparables** »
"his mother and I are absolutely inseparable"
« **J'ai l'air d'avoir tout à fait oublié ce qu'il fait** »
"I seem to have quite forgotten what he does"
« **Oh, oui, il joue du piano », se souvient-elle** »
"'oh, yes, he plays the piano', she remembered"
« **Ou est-ce le violon, cher M. Gray ? » pensa-t-elle.**
"'Or is it the violin, dear Mr Gray?' she thought"
« **Aucun de nous ne pouvait s'empêcher de rire** »
"Neither of us could help laughing"
« **Et nous sommes devenus amis tout de suite** »
"and we became friends at once"
Le jeune lord cueillit une autre marguerite dans l'herbe
the young lord plucked another daisy from the grass
« **Le rire n'est pas du tout un mauvais début pour une amitié** »
"Laughter is not at all a bad beginning for a friendship"
« **Et bien sûr, le rire est la meilleure fin pour une amitié** »
"and of course laughter is the best ending for a friendship"
Hallward ne pouvait pas être d'accord et secoua la tête
Hallward couldn't agree, and shook his head
« **Tu ne comprends pas ce qu'est l'amitié, Harry** »
"You don't understand what friendship is, Harry"
« **Et vous ne savez pas non plus que l'inimitié l'est, d'ailleurs** »
"nor do you know enmity is, for that matter"
« **Vous aimez tout le monde ; c'est-à-dire que vous êtes indifférent à tout le monde**"
"You like every one; that is to say, you are indifferent to every one"
– **Quelle horrible injustice de votre part ! s'écria lord Henry**
"How horribly unjust of you!" cried Lord Henry

et il renversa son chapeau en arrière et regarda les petits nuages
and he tilted his hat back and looked up at the little clouds
les petits nuages ressemblaient à des écheveaux effilochés de soie blanche brillante
the little clouds were like ravelled skeins of glossy white silk
ils dérivaient sur le turquoise creusé du ciel d'été
they were drifting across the hollowed turquoise of the summer sky
— Oui ; c'est horriblement injuste de votre part"
"Yes; it is horribly unjust of you"
« Je fais une grande différence entre les gens »
"I make a great difference between people"
« Je choisis mes amis pour leur beauté »
"I choose my friends for their good looks"
« Je choisis mes connaissances pour leur bon caractère »
"I choose my acquaintances for their good characters"
« et je choisis mes ennemis pour leur bonne intelligence »
"and I choose my enemies for their good intellects"
« Un homme ne peut pas être trop prudent dans le choix de ses ennemis »
"A man cannot be too careful in the choice of his enemies"
« Je n'ai pas un seul ennemi qui soit un imbécile »
"I have not got one enemy who is a fool"
« Ce sont tous des hommes d'une certaine puissance intellectuelle »
"They are all men of some intellectual power"
« Et par conséquent, ils m'apprécient tous »
"and consequently, they all appreciate me"
« Est-ce très vaniteux de ma part ? Je pense que c'est plutôt vain"
"Is that very vain of me? I think it is rather vain"
— Je trouverais cela très vain, Harry.
"I should think it very vain, Harry"
« Mais selon votre catégorie, je ne dois être qu'une connaissance »
"But according to your category I must be merely an acquaintance"
« Mon cher vieux Basil, tu es bien plus qu'une connaissance. »
"My dear old Basil, you are much more than an acquaintance"
"Et beaucoup moins qu'un ami. Une sorte de frère, je suppose ?
"And much less than a friend. A sort of brother, I suppose?"
« Oh, frères ! Je ne me soucie pas des frères"
"Oh, brothers! I don't care for brothers"
« Mon frère aîné ne mourra pas »
"My elder brother won't die"
« Et mes jeunes frères semblent ne jamais rien faire d'autre que

mourir »
"and my younger brothers seem never to do anything but die"
« Harry ! » s'écria Hallward en fronçant les sourcils
"Harry!" exclaimed Hallward, frowning
« Mon cher, je ne suis pas tout à fait sérieux. »
"My dear fellow, I am not quite serious"
« Mais je ne peux pas m'empêcher de détester mes parents »
"But I can't help detesting my relations"
« Ils ont tous les mêmes défauts que moi »
"they have all the same faults as me"
« Je sympathise tout à fait avec la rage de la démocratie anglaise »
"I quite sympathize with the rage of the English democracy"
« Ils se déchaînent contre ce qu'ils appellent les vices des ordres supérieurs »
"they rage against what they call the vices of the upper orders"
« Les masses revendiquent leur propriété spéciale »
"The masses lay claim to their special property"
« Ils sentent que l'ivresse, la stupidité et l'immoralité sont les leurs »
"they feel that drunkenness, stupidity, and immorality are theirs"
« Ils ne veulent pas que nous fassions de nous-mêmes des ânes »
"they don't want us to make donkeys of ourselves"
« Nous ne devons pas braconner dans leurs réserves »
"we are not to poach from their preserves"
« Pensez à l'époque où le pauvre Southwark est entré dans le tribunal de divorce »
"think of when poor Southwark got into the divorce court"
« Leur indignation était tout à fait magnifique »
"their indignation was quite magnificent"
« Mais même dix pour cent du prolétariat vivent-ils correctement ? »
"but do even ten per cent of the proletariat live correctly?"
« Je ne suis pas d'accord avec un seul mot que vous avez dit »
"I don't agree with a single word that you have said"
et, qui plus est, Harry, je suis sûr que vous non plus.
"and, what is more, Harry, I feel sure you don't either"
Lord Henry caressa sa barbe brune pointue
Lord Henry stroked his pointed brown beard
et il tapa le bout de sa botte de cuir avec une canne d'ébène à glands
and he tapped the toe of his leather boot with a tasselled ebony cane

« Comme vous êtes anglais, cher Basil ! »
"How English you are, dear Basil!"
« C'est la deuxième fois que vous faites cette observation »
"That is the second time you have made that observation"
« il est toujours téméraire de suggérer une idée à un vrai Anglais »
"it is always rash to suggest an idea to a true Englishman"
« Mais vous ne devriez jamais rêver de vous demander si l'idée est bonne ou mauvaise »
"but you should never dream of considering whether the idea is right or wrong"
« Il n'y a qu'une seule chose qu'il considère comme importante »
"There is only one thing he considers of any importance"
« Il est seulement important que l'on croie soi-même à l'idée »
"it is only important whether one believes the idea oneself"
« Or, la valeur d'une idée n'a rien à voir avec la sincérité de l'homme qui l'exprime »
"Now, the value of an idea has nothing whatsoever to do with the sincerity of the man who expresses it"
« En effet, les probabilités sont que plus l'homme est peu sincère, plus l'idée sera purement intellectuelle »
"Indeed, the probabilities are that the more insincere the man is, the more purely intellectual the idea will be"
« car dans ce cas, l'idée ne sera colorée ni par ses besoins, ni par ses désirs, ni par ses préjugés »
"as in that case the idea will not be coloured by either his wants, his desires, or his prejudices"
« Cependant, je ne propose pas de discuter de politique, de sociologie ou de métaphysique avec vous »
"However, I don't propose to discuss politics, sociology, or metaphysics with you"
« J'aime mieux les personnes que les principes »
"I like persons better than principles"
« et j'aime mieux que tout au monde les personnes qui n'ont pas de principes »
"and I like persons with no principles better than anything else in the world"
"Parlez-moi de M. Dorian Gray. Combien de fois le voyez-vous ?
"Tell me more about Mr Dorian Gray. How often do you see him?"
"Tous les jours. Je ne pourrais pas être heureux si je ne le voyais pas tous les jours"
"Every day. I couldn't be happy if I didn't see him every day"

« Il m'est absolument nécessaire »
"He is absolutely necessary to me"
« Comme c'est extraordinaire ! Je pensais que tu ne t'intéresserais jamais à autre chose qu'à ton art"
"How extraordinary! I thought you would never care for anything but your art"
— Il est tout mon art pour moi maintenant, dit gravement le peintre
"He is all my art to me now," said the painter gravely
« Je pense parfois, Harry, qu'il n'y a que deux époques importantes dans l'histoire du monde »
"I sometimes think, Harry, that there are only two eras of any importance in the world's history"
« La première ère d'importance est l'apparition d'un nouveau médium pour l'art »
"The first era of importance is the appearance of a new medium for art"
« Et la deuxième ère d'importance est l'apparition d'une nouvelle personnalité pour l'art »
"and the second era of importance is the appearance of a new personality for art"
« Ce que l'invention de la peinture à l'huile a été pour les Vénitiens »
"What the invention of oil-painting was to the Venetians"
« ce que le visage d'Antinoüs était à la sculpture grecque tardive »
"what the face of Antinous was to late Greek sculpture"
« le visage de Dorian Gray sera un jour le même pour moi »
"the face of Dorian Gray will some day be the same to me"
« Ce n'est pas seulement que je peins d'après lui, que je dessine d'après lui, que je dessine d'après lui »
"It is not merely that I paint from him, draw from him, sketch from him"
« Bien sûr, j'ai fait tout cela »
"Of course, I have done all that"
« Mais il est bien plus pour moi qu'un mannequin ou un modèle »
"But he is much more to me than a model or a sitter"
« Je ne vous dirai pas que je suis mécontent de ce que j'ai fait de lui »
"I won't tell you that I am dissatisfied with what I have done of him"
« Je ne vous dirai pas non plus que sa beauté est telle que l'art ne peut l'exprimer »
"nor will I tell you that his beauty is such that art cannot express it"

« Il n'y a rien que l'art ne puisse exprimer »
"There is nothing that art cannot express"
« et je sais que le travail que j'ai fait, depuis que j'ai rencontré Dorian Gray, est du bon travail »
"and I know that the work I have done, since I met Dorian Gray, is good work"
« C'est le meilleur travail de ma vie »
"it is the best work of my life"
« Je me demande, allez-vous me comprendre ? »
"I wonder, will you understand me?"
« D'une manière curieuse, sa personnalité m'a suggéré une manière entièrement nouvelle dans l'art »
"in some curious way his personality has suggested to me an entirely new manner in art"
« Sa personnalité a suggéré un mode de style entièrement nouveau »
"his personality has suggested an entirely new mode of style"
« Je vois les choses différemment, je les pense différemment »
"I see things differently, I think of them differently"
« Je peux maintenant recréer la vie d'une manière qui m'était cachée auparavant »
"I can now recreate life in a way that was hidden from me before"
« 'Un rêve de forme dans les jours de pensée' - qui est-ce qui dit cela ? »
"'A dream of form in days of thought' - who is it who says that?"
— J'oublie ; mais c'est ce que Dorian Gray a été pour moi.
"I forget; but it is what Dorian Gray has been to me"
« La présence à peine visible de ce garçon »
"The merely visible presence of this lad"
parce qu'il ne me semble guère plus qu'un garçon, bien qu'il ait en réalité plus de vingt ans.
"because he seems to me little more than a lad, though he is really over twenty"
sa présence à peine visible — ah !
"his merely visible presence — ah!"
« Je me demande, pouvez-vous réaliser tout ce que cela signifie ? »
"I wonder, can you realize all that that means?"
« Inconsciemment, il définit pour moi les lignes d'une nouvelle école de pensée »
"Unconsciously he defines for me the lines of a fresh school of thought"

« Une école de pensée qui doit avoir en elle toute la passion de l'esprit romantique »
"a school of thought that is to have in it all the passion of the romantic spirit"
« une école de pensée qui doit avoir toute la perfection de l'esprit qui est grec »
"a school of thought that is to have all the perfection of the spirit that is Greek"
"L'harmonie de l'âme et du corps. Combien cela représente ! »
"The harmony of soul and body. How much that is!"
« Dans notre folie, nous avons séparé les deux »
"We in our madness have separated the two"
« Et nous avons inventé un réalisme vulgaire »
"and we have invented a realism that is vulgar"
« Nous avons créé un idéal qui est vide »
"we have created an ideal that is void"
"Harry ! si vous saviez ce que Dorian Gray est pour moi !
"Harry! if you only knew what Dorian Gray is to me!"
« Vous souvenez-vous de ma peinture de paysage ? »
"Do you remember that landscape painting of mine?"
« le tableau pour lequel Agnew m'a offert un prix si énorme »
"the painting for which Agnew offered me such a huge price"
« mais je ne me séparerais pas du tableau »
"but I would not part with the painting"
« C'est l'une des meilleures choses que j'ai jamais faites »
"It is one of the best things I have ever done"
« Et comment le tableau est-il devenu ainsi ? »
"And how did the painting become so?"
« Parce que, pendant que je le peignais, Dorian Gray s'est assis à côté de moi »
"Because, while I was painting it, Dorian Gray sat beside me"
« Une influence subtile est passée de lui à moi »
"Some subtle influence passed from him to me"
« et pour la première fois de ma vie, j'ai vu quelque chose dans la plaine boisée »
"and for the first time in my life I saw something in the plain woodland"
« J'ai vu la merveille que j'avais toujours recherchée et que j'avais toujours manquée »
"I saw the wonder I had always looked for and always missed"
« Cher Basil, c'est extraordinaire ! Je dois voir Dorian Gray"

"Dear Basil, this is extraordinary! I must see Dorian Gray"
Hallward se leva de son siège et marcha de long en large dans le jardin
Hallward got up from the seat and walked up and down the garden
Après un certain temps, il est revenu
After some time he came back
« Harry », dit-il, « Dorian Gray est pour moi simplement un motif dans l'art »
"Harry," he said, "Dorian Gray is to me simply a motive in art"
"Vous ne verrez peut-être rien en lui. Je vois tout en lui"
"You might see nothing in him. I see everything in him"
« Il n'est jamais plus présent dans mon travail que lorsqu'il n'y a pas d'image de lui »
"He is never more present in my work than when no image of him is there"
« Il est une suggestion, comme je l'ai dit, d'une nouvelle manière »
"He is a suggestion, as I have said, of a new manner"
« Je le trouve dans les courbes de certaines lignes »
"I find him in the curves of certain lines"
« Je le trouve dans la beauté et les subtilités de certaines couleurs »
"I find him in the loveliness and subtleties of certain colours"
– Alors pourquoi ne montrez-vous pas son portrait ? demanda lord Henry
"Then why won't you exhibit his portrait?" asked Lord Henry
« Parce que, sans le vouloir, j'y ai mis une expression de toute cette curieuse idolâtrie artistique »
"Because, without intending it, I have put into it some expression of all this curious artistic idolatry"
« idolâtrie artistique dont, bien sûr, je n'ai jamais pris la peine de lui parler »
"artistic idolatry of which, of course, I have never cared to speak to him about"
« Il n'en sait rien, et il n'en saura jamais rien »
"He knows nothing about it, and he shall never know anything about it"
« Mais le monde pourrait deviner mon inspiration »
"But the world might guess my inspiration"
« et je ne mettrai pas mon âme à la porte de leurs regards indiscrets »
"and I will not bare my soul to their shallow prying eyes"
« Mon cœur ne sera jamais mis sous leur microscope »

"My heart shall never be put under their microscope"
« Il y a trop de moi dans cette chose, Harry, trop de moi-même ! »
"There is too much of myself in the thing, Harry—too much of myself!"
« Les poètes ne sont pas aussi scrupuleux que vous »
"Poets are not so scrupulous as you are"
« Ils savent à quel point la passion est utile pour la publication »
"They know how useful passion is for publication"
« De nos jours, un cœur brisé courra à de nombreuses éditions »
"Nowadays a broken heart will run to many editions"
– Je les hais pour cela, s'écria Hallward
"I hate them for it," cried Hallward
« Un artiste doit créer de belles choses »
"An artist should create beautiful things"
« Mais un artiste ne devrait rien mettre de sa propre vie dans les belles choses qu'il crée »
"but an artist should put nothing of his own life into the beautiful things he creates"
« Nous vivons à une époque où les hommes traitent l'art comme s'il s'agissait d'une forme d'autobiographie »
"We live in an age when men treat art as if it were meant to be a form of autobiography"
« Nous avons perdu le sens abstrait de la beauté »
"We have lost the abstract sense of beauty"
« Un jour, je montrerai au monde ce qu'est cette beauté »
"Some day I will show the world what that beauty is"
et pour cette raison, le monde ne verra jamais mon portrait de Dorian Gray.
"and for that reason the world shall never see my portrait of Dorian Gray"
« Je pense que tu as tort, Basil, mais je ne discuterai pas avec toi »
"I think you are wrong, Basil, but I won't argue with you"
« Il n'y a que les intellectuellement perdus qui se disputent »
"It is only the intellectually lost who ever argue"
— Dites-moi, Dorian Gray vous aime-t-il beaucoup ?
"Tell me, is Dorian Gray very fond of you?"
Le peintre réfléchit quelques instants
The painter considered for a few moments
« Il m'aime bien, répondit-il après une pause
"He likes me," he answered after a pause
« Je sais qu'il m'aime bien », a-t-il confirmé

"I know he likes me," he confirmed
« Bien sûr que je le flatte terriblement »
"Of course I flatter him dreadfully"
« Je trouve un étrange plaisir à lui dire des choses que je sais que je regretterai d'avoir dites »
"I find a strange pleasure in saying things to him that I know I shall be sorry for having said"
« En règle générale, il est charmant avec moi, et nous nous asseyons dans l'atelier et parlons de mille choses »
"As a rule, he is charming to me, and we sit in the studio and talk of a thousand things"
« De temps en temps, cependant, il est horriblement irréfléchi »
"Now and then, however, he is horribly thoughtless"
« Et de temps en temps, il semble prendre un réel plaisir à me faire souffrir »
"and every now and then he seems to take a real delight in giving me pain"
« Je sens, Harry, que j'ai donné toute mon âme à quelqu'un qui la traite comme si c'était une fleur à mettre dans son manteau. »
"I feel, Harry, that I have given away my whole soul to some one who treats it as if it were a flower to put in his coat"
« un peu de décoration pour charmer sa vanité, un ornement pour une journée d'été »
"a bit of decoration to charm his vanity, an ornament for a summer's day"
– Les jours d'été, Basil, sont susceptibles de s'attarder, murmura lord Henry
"Days in summer, Basil, are apt to linger," murmured Lord Henry
« Peut-être que tu te fatigueras plus tôt que lui »
"Perhaps you will tire sooner than he will"
« C'est une chose triste à penser, mais il ne fait aucun doute que le génie dure plus longtemps que la beauté »
"It is a sad thing to think of, but there is no doubt that genius lasts longer than beauty"
« Cela explique le fait que nous nous donnons tous tant de mal pour nous sur-éduquer »
"That accounts for the fact that we all take such pains to over-educate ourselves"
« Dans la lutte sauvage pour l'existence, nous voulons avoir quelque chose qui dure »
"In the wild struggle for existence, we want to have something that

endures"

« **Et donc nous remplissons nos esprits d'ordures et de faits, dans l'espoir stupide de garder notre place** »
"and so we fill our minds with rubbish and facts, in the silly hope of keeping our place"

« **L'homme parfaitement informé, c'est l'idéal moderne** »
"The thoroughly well-informed man, that is the modern ideal"

« **Et l'esprit de l'homme parfaitement bien informé est une chose terrible** »
"And the mind of the thoroughly well-informed man is a dreadful thing"

« **C'est comme un magasin de bric-à-brac, tout en monstres et en poussière** »
"It is like a bric-à-brac shop, all monsters and dust"

« **Un endroit où tout est vendu au-dessus de sa juste valeur** »
"a place where everything is priced above its proper value"

« **Je pense que tu vas te fatiguer d'abord, tout de même** »
"I think you will tire first, all the same"

« **Un jour, tu regarderas ton ami, et il te semblera un peu dérangé** »
"Some day you will look at your friend, and he will seem to you to be a little out of drawing"

« **Ou vous n'aimerez pas son ton de couleur, ou quelque chose comme ça** »
"or you won't like his tone of colour, or something"

« **Tu lui feras des reproches amers dans ton propre cœur** »
"You will bitterly reproach him in your own heart"

« **Et vous penserez sérieusement qu'il s'est très mal conduit avec vous** »
"and you will seriously think that he has behaved very badly to you"

« **La prochaine fois qu'il appellera, vous serez parfaitement froid et indifférent** »
"The next time he calls, you will be perfectly cold and indifferent"

« **Ce sera bien dommage, car cela vous changera** »
"It will be a great pity, for it will alter you"

« **Ce que vous m'avez dit est tout un roman** »
"What you have told me is quite a romance"

« **Un roman de l'art, pourrait-on dire** »
"a romance of art, one might call it"

« **Et le pire dans une romance de toute sorte, c'est qu'elle laisse quelqu'un si peu romantique** »
"and the worst of part of a romance of any kind is that it leaves one so

unromantic"
« Harry, ne parle pas comme ça »
"Harry, don't talk like that"
« Tant que je vivrai, la personnalité de Dorian Gray me dominera »
"As long as I live, the personality of Dorian Gray will dominate me"
"Vous ne pouvez pas ressentir ce que je ressens. Tu changes trop souvent"
"You can't feel what I feel. You change too often"
« Ah, mon cher Basil, c'est exactement pour cela que je le sens »
"Ah, my dear Basil, that is exactly why I can feel it"
« Les fidèles ne connaissent que le côté trivial de l'amour »
"Those who are faithful know only the trivial side of love"
« Ce sont les infidèles qui connaissent les tragédies de l'amour »
"it is the faithless who know love's tragedies"
« Et Lord Henry a mis le feu sur un délicat étui en argent »
"And Lord Henry struck a fire on a dainty silver case"
« et il a commencé à fumer une cigarette d'un air gêné et satisfait »
"and he began to smoke a cigarette with a self-conscious and satisfied air"
« Comme s'il avait résumé le monde en une phrase »
"as if he had summed up the world in a phrase"
Il y avait un bruissement de moineaux gazouillants dans les feuilles de laque verte du lierre
There was a rustle of chirruping sparrows in the green lacquer leaves of the ivy
et les ombres bleues des nuages se poursuivaient dans l'herbe comme des hirondelles
and the blue cloud-shadows chased themselves across the grass like swallows
Comme c'était agréable dans le jardin !
How pleasant it was in the garden!
Et comme les émotions des autres étaient délicieuses !
And how delightful other people's emotions were!
Les émotions des autres sont beaucoup plus délicieuses que leurs idées, lui semblait-il
other people's emotions are much more delightful than their ideas, it seemed to him
Sa propre âme et les passions de ses amis - c'étaient les choses fascinantes de la vie
One's own soul, and the passions of one's friends - those were the fascinating things in life

Il se représenta avec un amusement silencieux le déjeuner fastidieux qu'il avait manqué
He pictured to himself with silent amusement the tedious luncheon that he had missed
rester si longtemps avec Basil Hallward lui a donné une bonne excuse pour ne pas y aller
staying so long with Basil Hallward gave him a good excuse not to go
S'il était allé chez sa tante, il y aurait certainement rencontré lord Goodbody
Had he gone to his aunt's, he would have been sure to have met Lord Goodbody there
toute la conversation aurait porté sur l'alimentation des pauvres
the whole conversation would have been about the feeding of the poor
et il aurait parlé de la nécessité de maisons d'hébergement modèles
and he would have spoken about the necessity for model lodging-houses
Chaque classe aurait prêché l'importance de ces vertus
Each class would have preached the importance of those virtues
mais il n'était pas nécessaire de pratiquer ces vertus dans leur propre vie
but there was no necessity to practice those virtues in their own lives
Les riches auraient parlé de la valeur de l'épargne
The rich would have spoken on the value of thrift
et les oisifs seraient devenus éloquents sur la dignité du travail
and the idle would have grown eloquent over the dignity of labour
C'était charmant d'avoir échappé à tout cela !
It was charming to have escaped all that!
En pensant à sa tante, une idée sembla lui venir à l'esprit
As he thought of his aunt, an idea seemed to strike him
Il se tourna vers Hallward et dit : « Mon cher, je viens de me souvenir. »
He turned to Hallward and said, "My dear fellow, I have just remembered"
« Tu te souviens de quoi, Harry ? »
"Remembered what, Harry?"
« Je me souviens où j'ai entendu le nom de Dorian Gray »
"I remember where I heard the name of Dorian Gray"
– Où était-il ? demanda Hallward avec un léger froncement de sourcils
"Where was it?" asked Hallward, with a slight frown

« N'ayez pas l'air si fâché, Basil. C'était chez ma tante, Lady Agatha
"Don't look so angry, Basil. It was at my aunt, Lady Agatha's
Elle m'a dit qu'elle avait découvert un jeune homme merveilleux
She told me she had discovered a wonderful young man
il allait l'aider dans l'East End
he was going to help her in the East End
et elle m'a dit qu'il s'appelait Dorian Gray
and she told me that his name was Dorian Gray
Je dois dire qu'elle ne m'a jamais dit qu'il était beau
I am bound to state that she never told me he was good-looking
Les femmes n'apprécient pas la beauté ; du moins, les bonnes femmes ne l'ont pas fait
Women have no appreciation of good looks; at least, good women have not
Elle a dit qu'il était très sérieux et qu'il avait une belle nature
She said that he was very earnest and had a beautiful nature
Je me suis tout de suite imaginé une créature avec des lunettes et des cheveux longs, horriblement tachés de rousseur
I at once pictured to myself a creature with spectacles and lank hair, horribly freckled
Je l'imaginais marchant sur d'énormes pieds
I imagined him tramping about on huge feet
J'aurais aimé savoir que c'était ton ami
I wish I had known it was your friend
Je suis très heureux que vous ne l'ayez pas fait, Harry
I am very glad you didn't, Harry
« Pourquoi ? »
"Why?"
« Je ne veux pas que tu le rencontres »
"I don't want you to meet him"
« Tu ne veux pas que je le rencontre ? »
"You don't want me to meet him?"
« Non. »
"No."
– M. Dorian Gray est dans l'atelier, monsieur, dit le maître d'hôtel en entrant dans le jardin
"Mr Dorian Gray is in the studio, sir," said the butler, coming into the garden
– Il faut que vous me présentiez maintenant, s'écria lord Henry en riant
"You must introduce me now," cried Lord Henry, laughing

Le peintre se tourna vers son domestique, qui clignotait des yeux au soleil
The painter turned to his servant, who stood blinking in the sunlight
« Demandez à M. Gray d'attendre, Parker : je serai là dans quelques instants. »
"Ask Mr Gray to wait, Parker: I shall be in in a few moments"
L'homme s'inclina et remonta l'allée
The man bowed and went up the walk
Puis il regarda lord Henry
Then he looked at Lord Henry
« Dorian Gray est mon ami le plus cher, dit-il
"Dorian Gray is my dearest friend," he said
« Il a une nature simple et belle »
"He has a simple and a beautiful nature"
« Votre tante avait tout à fait raison dans ce qu'elle a dit de lui. »
"Your aunt was quite right in what she said of him"
"Ne le gâtez pas. N'essayez pas de l'influencer"
"Don't spoil him. Don't try to influence him"
« Votre influence serait mauvaise »
"Your influence would be bad"
« Le monde est vaste et compte beaucoup de gens merveilleux »
"The world is wide, and has many marvellous people in it"
« Ne m'enlève pas la seule personne qui donne à mon art le charme qu'il possède »
"Don't take away from me the one person who gives to my art whatever charm it possesses"
« Ma vie d'artiste dépend de lui »
"my life as an artist depends on him"
« Harry, je te fais confiance »
"Harry, I trust you"
Il parlait très lentement, et les mots semblaient lui être arrachés presque contre sa volonté
He spoke very slowly, and the words seemed wrung out of him almost against his will
– Quelles sottises vous dites ! dit lord Henry en souriant
"What nonsense you talk!" said Lord Henry, smiling
prenant Hallward par le bras, il le conduisit presque dans la maison
taking Hallward by the arm, he almost led him into the house

Chapitre deux
Chapter Two

En entrant, ils virent Dorian Gray
As they entered they saw Dorian Gray

Il était assis au piano, leur tournant le dos
He was seated at the piano, with his back to them

il tournait les pages d'un volume des « Scènes de forêt » de Schumann
he was turning over the pages of a volume of Schumann's "Forest Scenes"

« Basil, il faut que tu me les prêtes, s'écria-t-il
"Basil, you must lend me these," he cried

"Je veux les apprendre. Ils sont parfaitement charmants"
"I want to learn them. They are perfectly charming"

— Cela dépend entièrement de la façon dont vous vous asseyez aujourd'hui, Dorian.
"That entirely depends on how you sit to-day, Dorian"

il se balançait sur le tabouret de musique d'une manière obstinée et irritable
he swung round on the music-stool in a wilful, petulant manner

– Oh, je suis fatigué de rester assis, et je ne veux pas d'un portrait grandeur nature de moi-même, répondit le garçon
"Oh, I am tired of sitting, and I don't want a life-sized portrait of myself," answered the lad

Quand il aperçut lord Henry, une légère rougeur colora un instant ses joues, et il tressaillit
When he caught sight of Lord Henry, a faint blush coloured his cheeks for a moment, and he started up

« Je te demande pardon, Basil, mais je ne savais pas que tu avais quelqu'un avec toi »
"I beg your pardon, Basil, but I didn't know you had any one with you"

« Voici Lord Henry Wotton, Dorian, un vieil ami d'Oxford »
"This is Lord Henry Wotton, Dorian, an old Oxford friend of mine"

« Je lui disais juste à quel point tu es splendide pour les portraits »
"I was just telling him how splendid you sit for portraits"

« Et maintenant vous avez tout gâté »
"and now you have spoiled everything"

– Vous n'avez pas gâté le plaisir que j'ai eu de vous rencontrer, monsieur Gray, dit lord Henry
"You have not spoiled my pleasure in meeting you, Mr. Gray," said

Lord Henry
et il s'avança et tendit la main
and he stepped forward and extended his hand
« Ma tante m'a souvent parlé de toi »
"My aunt has often spoken to me about you"
« Vous êtes l'un de ses favoris, et, je le crains, l'une de ses victimes aussi »
"You are one of her favourites, and, I am afraid, one of her victims also"
— Je suis dans les livres noirs de lady Agatha en ce moment, répondit Dorian avec un drôle d'air de pénitence
"I am in Lady Agatha's black books at present," answered Dorian with a funny look of penitence
« J'ai promis d'aller dans un club de Whitechapel avec elle mardi dernier »
"I promised to go to a club in Whitechapel with her last Tuesday"
« et j'ai complètement oublié ça »
"and I completely forgot all about it"
« Nous devions jouer un duo ensemble – trois duos, je crois »
"We were to have played a duet together—three duets, I believe"
« Je ne sais pas ce qu'elle va me dire »
"I don't know what she will say to me"
« J'ai bien trop peur pour appeler »
"I am far too frightened to call"
« Oh, je ferai la paix avec ma tante »
"Oh, I will make your peace with my aunt"
« Elle vous est très dévouée »
"She is quite devoted to you"
« Et je ne pense pas que cela ait vraiment d'importance que tu ne sois pas là »
"And I don't think it really matters about your not being there"
« Le public a probablement pensé que c'était un duo »
"The audience probably thought it was a duet"
« Quand tante Agatha s'assoit au piano, elle fait assez de bruit pour deux personnes »
"When Aunt Agatha sits down to the piano, she makes quite enough noise for two people"
— C'est bien horrible pour elle, et pas très gentil pour moi, répondit Dorian en riant
"That is very horrid to her, and not very nice to me," answered Dorian, laughing

Lord Henry le regarda de plus près
Lord Henry looked at him more closely
Oui, il était certainement merveilleusement beau
Yes, he was certainly wonderfully handsome
Lèvres écarlates finement incurvées, yeux bleus francs, cheveux dorés croustillants
finely curved scarlet lips, frank blue eyes, crisp gold hair
Il y avait quelque chose dans son visage qui faisait que l'on lui faisait confiance tout de suite
There was something in his face that made one trust him at once
Toute la candeur de la jeunesse était là, ainsi que toute la pureté passionnée de la jeunesse
All the candour of youth was there, as well as all youth's passionate purity
On sentait qu'il s'était tenu à l'écart du monde
One felt that he had kept himself unspotted from the world
Pas étonnant que Basil Hallward l'adorât
No wonder Basil Hallward worshipped him
« Vous êtes trop charmant pour vous lancer dans la philanthropie, M. Gray, beaucoup trop charmant »
"You are too charming to go in for philanthropy, Mr. Gray, far too charming"
Et lord Henry se jeta sur le divan et ouvrit son étui à cigarettes
And Lord Henry flung himself down on the divan and opened his cigarette-case
Le peintre avait été occupé à mélanger ses couleurs et à préparer ses pinceaux
The painter had been busy mixing his colours and getting his brushes ready
Il avait l'air inquiet, et quand il entendit la dernière remarque de lord Henry, il le regarda
He was looking worried, and when he heard Lord Henry's last remark, he glanced at him
il hésita un instant, puis dit : « Harry, je veux finir cette photo aujourd'hui »
he hesitated for a moment, and then said, "Harry, I want to finish this picture today"
« Trouveriez-vous terriblement impoli de ma part si je vous demandais de partir ? »
"Would you think it awfully rude of me if I asked you to go away?"
Lord Henry sourit et regarda Dorian Gray

Lord Henry smiled and looked at Dorian Gray
« Dois-je partir, monsieur Gray ? demanda-t-il
"Am I to go, Mr. Gray?" he asked
« Oh, s'il vous plaît, ne le faites pas, Lord Henry »
"Oh, please don't, Lord Henry"
« Je vois que Basil est dans une de ses humeurs boudeuses »
"I see that Basil is in one of his sulky moods"
« et je ne peux pas le supporter quand il boude »
"and I can't bear him when he sulks"
« D'ailleurs, je veux que vous me disiez pourquoi je ne devrais pas me lancer dans la philanthropie »
"Besides, I want you to tell me why I should not go in for philanthropy"
— Je ne sais pas si je vous dirai cela, monsieur Gray.
"I don't know that I shall tell you that, Mr. Gray"
« C'est un sujet tellement fastidieux qu'il faudrait en parler sérieusement »
"It is so tedious a subject that one would have to talk seriously about it"
« Mais je ne m'enfuirai certainement pas, maintenant que vous m'avez demandé d'arrêter. »
"But I certainly shall not run away, now that you have asked me to stop"
« Cela ne te dérange pas vraiment, Basil, n'est-ce pas ? »
"You don't really mind, Basil, do you?"
« Tu m'as souvent dit que tu aimais que tes modèles aient quelqu'un à qui discuter, pendant que tu peignais »
"You have often told me that you liked your sitters to have someone to chat to, while you painted"
Hallward se mordit les lèvres. « Si Dorian le souhaite, bien sûr que tu dois rester »
Hallward bit his lips. "If Dorian wishes it, of course you must stay"
« Les caprices de Dorian sont des lois pour tout le monde, sauf pour lui-même »
"Dorian's whims are laws to everybody, except himself"
Lord Henry prit son chapeau et ses gants
Lord Henry took up his hat and gloves
« Vous êtes très pressant, Basil, mais j'ai peur de devoir partir. »
"You are very pressing, Basil, but I am afraid I must go"
« J'ai promis de rencontrer un homme à l'Orléans »
"I have promised to meet a man at the Orleans"

« Au revoir, monsieur Gray. Venez me voir un après-midi dans Curzon Street"
"Good-bye, Mr. Gray. Come and see me some afternoon in Curzon Street"
« Je suis presque toujours à la maison à cinq heures »
"I am nearly always at home at five o'clock"
« Écrivez-moi quand vous viendrez. Je serais désolé de te manquer"
"Write to me when you are coming. I should be sorry to miss you"
— Basil, s'écria Dorian Gray, si lord Henry Wotton s'en va, j'irai aussi.
"Basil," cried Dorian Gray, "if Lord Henry Wotton goes, I shall go, too"
« Vous n'ouvrez jamais les lèvres pendant que vous peignez »
"You never open your lips while you are painting"
« Et c'est horriblement ennuyeux de se tenir sur une plate-forme et d'essayer d'avoir l'air agréable »
"and it is horribly dull standing on a platform and trying to look pleasant"
"Demandez-lui de rester. J'insiste là-dessus"
"Ask him to stay. I insist upon it"
— Restez, Harry, pour obliger Dorian, et pour m'obliger, dit Hallward en regardant fixement son portrait
"Stay, Harry, to oblige Dorian, and to oblige me," said Hallward, gazing intently at his picture
« C'est bien vrai, je ne parle jamais quand je travaille »
"It is quite true, I never talk when I am working"
« et je n'écoute jamais quand je travaille non plus »
"and never listen when I'm working either"
et cela doit être terriblement fastidieux pour mes malheureux modèles pendant que je peins.
"and it must be dreadfully tedious for my unfortunate sitters while I paint"
« Je vous supplie de rester »
"I beg you to stay"
— Mais qu'en est-il de mon homme à l'Orléans ?
"But what about my man at the Orleans?"
Le peintre rit
The painter laughed
« Je ne pense pas qu'il y aura de difficulté à ce sujet »
"I don't think there will be any difficulty about that"
« Asseyez-vous à nouveau, Harry »

"Sit down again, Harry"
« Et maintenant, Dorian, monte sur l'estrade »
"And now, Dorian, get up on the platform"
et ne bougez pas trop, et ne faites pas attention à ce que dit lord Henry.
"and don't move about too much, or pay any attention to what Lord Henry says"
« Il a une très mauvaise influence sur tous ses amis, à la seule exception de moi »
"He has a very bad influence over all his friends, with the single exception of myself"
Dorian Gray monta sur l'estrade avec l'air d'un jeune martyr grec
Dorian Gray stepped up on the dais with the air of a young Greek martyr
et il fit une petite moue de mécontentement à lord Henry, pour qui il s'était plutôt pris d'affection
and he made a little moue of discontent to Lord Henry, to whom he had rather taken a fancy
Il était si différent de Basil
He was so unlike Basil
Ils formaient un contraste délicieux
They made a delightful contrast
Et il avait une si belle voix
And he had such a beautiful voice
Au bout de quelques instants, il lui dit : « Avez-vous vraiment une très mauvaise influence, lord Henry ? »
After a few moments he said to him, "Have you really a very bad influence, Lord Henry?"
votre influence est-elle aussi mauvaise que le dit Basil ?
"is your influence as bad as Basil says?"
« Il n'y a pas de bonne influence, monsieur Gray. »
"There is no such thing as a good influence, Mr. Gray"
« Toute influence est immorale – immorale du point de vue scientifique »
"All influence is immoral—immoral from the scientific point of view"
« Pourquoi seraient-ils immoraux d'un point de vue scientifique ? »
"Why would they be immoral from the scientific point of view?"
« Nous ne pouvons pas influencer une personne sans lui imposer notre âme »
"we cannot influence a person without pushing our soul upon him"
« Il ne pense pas à ses pensées naturelles »

"He does not think his natural thoughts"
« et il ne brûle pas de ses passions naturelles »
"nor doe he burn with his natural passions"
« Ses vertus ne sont pas réelles pour lui »
"His virtues are not real to him"
« Ses péchés, s'il y a des péchés, sont empruntés »
"His sins, if there are such things as sins, are borrowed"
« Il devient un écho de la musique de quelqu'un d'autre »
"He becomes an echo of someone else's music"
« un acteur d'un rôle qui n'a pas été écrit pour lui »
"an actor of a part that has not been written for him"
« Le but de la vie est le développement personnel »
"The aim of life is self-development"
« Réaliser parfaitement sa nature »
"To realize one's nature perfectly"
« C'est pour cela que chacun de nous est ici »
"that is what each of us is here for"
« Les gens ont peur d'eux-mêmes, de nos jours »
"People are afraid of themselves, nowadays"
« Ils ont oublié le plus haut de tous les devoirs » ;
"They have forgotten the highest of all duties;"
« le devoir que l'on a envers soi-même »
"the duty that one owes to one's self"
« Bien sûr, ils sont charitables »
"Of course, they are charitable"
« Ils nourrissent les affamés et habillent les mendiants »
"They feed the hungry and clothe the beggar"
« Mais leurs propres âmes meurent de faim et sont nues »
"But their own souls starve, and are naked"
« Le courage a disparu de notre course »
"Courage has gone out of our race"
« Peut-être que nous n'avons jamais vraiment eu de courage »
"Perhaps we never really had any courage"
« La terreur de la société, qui est la base de la morale »
"The terror of society, which is the basis of morals"
« la terreur de Dieu, qui est le secret de la religion »
"the terror of God, which is the secret of religion"
"Ce sont les deux choses qui nous gouvernent. Et pourtant...
"these are the two things that govern us. And yet—"
— Tournez un peu plus la tête à droite, Dorian, comme un bon garçon, dit le peintre

"Just turn your head a little more to the right, Dorian, like a good boy," said the painter

il était plongé dans son travail et sentait seulement qu'un regard était apparu sur le visage du garçon
he was deep in his work and conscious only that a look had come into the lad's face

un regard qu'il n'avait jamais vu là auparavant
a look that he had never seen there before

– Et pourtant, continua lord Henry de sa voix basse et musicale
"And yet," continued Lord Henry, in his low, musical voice

et il agitait gracieusement la main comme il avait commencé à l'époque d'Eaton
and he gracefully waved his hand the way he had started in his Eaton days

« Je crois que si un homme devait vivre sa vie pleinement et complètement... »
"I believe that if one man were to live out his life fully and completely..."

« S'il donnait forme à chaque sentiment, expression à chaque pensée, réalité à chaque rêve... »
"if he were to give form to every feeling, expression to every thought, reality to every dream..."

« Je crois qu'alors le monde obtiendrait un nouvel élan de joie »
"I believe that then the world would gain a fresh impulse of joy"

« Un bonheur si grand que nous oublierions toutes les maladies du médiévalisme »
"happiness so great that we would forget all the maladies of medievalism"

« et nous reviendrions à l'idéal hellénique »
"and we would return to the Hellenic ideal"

« quelque chose de plus beau, de plus riche que l'idéal hellénique, peut-être »
"something finer, richer than the Hellenic ideal, it may be"

« Mais l'homme le plus courageux d'entre nous a peur de lui-même »
"But the bravest man amongst us is afraid of himself"

« La mutilation du sauvage a sa survie tragique dans l'abnégation qui gâche nos vies »
"The mutilation of the savage has its tragic survival in the self-denial that mars our lives"

« Nous sommes punis pour nos refus »

"We are punished for our refusals"
« Chaque impulsion que nous nous efforçons d'étrangler couve dans l'esprit et nous empoisonne »
"Every impulse that we strive to strangle broods in the mind and poisons us"
« Le corps pèche une fois, et il en a fini avec son péché, car l'action est un mode de purification »
"The body sins once, and has done with its sin, for action is a mode of purification"
« Il ne reste alors que le souvenir d'un plaisir, ou le luxe d'un regret »
"Nothing remains then but the recollection of a pleasure, or the luxury of a regret"
« La seule façon de se débarrasser d'une tentation, c'est d'y céder »
"The only way to get rid of a temptation is to yield to it"
« Résistez-y, et votre âme devient malade de nostalgie des choses qu'elle s'est interdites »
"Resist it, and your soul grows sick with longing for the things it has forbidden to itself"
« L'âme est malade de désir pour ce que ses lois monstrueuses ont rendu monstrueux et illégal »
"the soul sickens with desire for what its monstrous laws have made monstrous and unlawful"
« On dit que les grands événements du monde se déroulent dans le cerveau »
"It has been said that the great events of the world take place in the brain"
« C'est dans le cerveau, et le cerveau seul, que les grands péchés du monde ont lieu aussi »
"It is in the brain, and the brain only, that the great sins of the world take place also"
« Vous, M. Gray, vous-même, avec votre jeunesse rose et votre enfance rose »
"You, Mr. Gray, you yourself, with your rose-red youth and your rose-white boyhood"
« Vous avez eu des passions qui vous ont fait peur »
"you have had passions that have made you afraid"
« Vous avez eu des pensées qui vous ont rempli de terreur »
"you have had thoughts that have filled you with terror"
« Vous avez eu des rêves éveillés et des rêves endormis dont le simple souvenir pourrait tacher votre joue de honte »

"you have had day-dreams and sleeping dreams whose mere memory might stain your cheek with shame"
« Arrêtez ! balbutia Dorian Gray, arrêtez ! tu me déconcertes »
"Stop!" faltered Dorian Gray, "stop! you bewilder me"
« Je ne sais pas quoi dire »
"I don't know what to say"
« Il y a une réponse pour vous, mais je ne la trouve pas »
"There is some answer to you, but I cannot find it"
« Ne parlez pas. Laissez-moi réfléchir. Ou, plutôt, laissez-moi essayer de ne pas penser"
"Don't speak. Let me think. Or, rather, let me try not to think"
Pendant près de dix minutes, il resta là, immobile, les lèvres entrouvertes et les yeux étrangement brillants
For nearly ten minutes he stood there, motionless, with parted lips and eyes strangely bright
Il était vaguement conscient que des influences entièrement nouvelles étaient à l'œuvre en lui
He was dimly conscious that entirely fresh influences were at work within him
Cependant l'influence lui semblait venir réellement de lui-même
Yet the influence seemed to him to have come really from himself
Les quelques mots que l'ami de Basil lui avait dits
The few words that Basil's friend had said to him
des mots prononcés par hasard, sans doute, et avec un paradoxe volontaire
words spoken by chance, no doubt, and with wilful paradox in them
Ces mots avaient touché une corde secrète qui n'avait jamais été touchée auparavant
these words had touched some secret chord that had never been touched before
mais un accord secret qu'il sentait vibrait et palpitait maintenant à de curieuses pulsations
but a secret chord that he felt was now vibrating and throbbing to curious pulses
La musique l'avait remué comme ça
Music had stirred him like that
La musique l'avait troublé à plusieurs reprises
Music had troubled him many times
Mais la musique n'était pas articulée
But music was not articulate
Ce n'était pas un nouveau monde, mais plutôt un autre chaos, qu'il

a créé en nous
It was not a new world, but rather another chaos, that it created in us
Mots! De simples mots ! Comme ils étaient terribles !
Words! Mere words! How terrible they were!
Comme c'est clair, vif et cruel !
How clear, and vivid, and cruel!
On ne pouvait pas échapper aux mots
One could not escape from words
Et pourtant, quelle magie subtile il y avait dans les mots !
And yet what a subtle magic there was in words!
Ils semblaient capables de donner une forme plastique à des choses sans forme
They seemed to be able to give a plastic form to formless things
et ils semblaient avoir une musique à eux aussi douce que celle de la viole ou du luth
and they seemed to have a music of their own as sweet as that of viol or of lute
De simples mots ! Y avait-il quelque chose de plus réel que des mots ?
Mere words! Was there anything so real as words?
Oui; il y avait eu des choses dans son enfance qu'il n'avait pas comprises
Yes; there had been things in his boyhood that he had not understood
Il comprenait ces choses maintenant
He understood these things now
La vie devint soudain de feu pour lui
Life suddenly became fiery-coloured to him
Il lui semblait qu'il avait marché dans le feu
It seemed to him that he had been walking in fire
Pourquoi ne l'avait-il pas su ?
Why had he not known it?
Avec son sourire subtil, Lord Henry le regarda
With his subtle smile, Lord Henry watched him
Il connaissait le moment psychologique précis où il ne fallait rien dire
He knew the precise psychological moment when to say nothing
Il se sentait intensément intéressé
He felt intensely interested
Il fut étonné de l'impression soudaine que ses paroles avaient produite
He was amazed at the sudden impression that his words had

produced

et il se souvint d'un livre qu'il avait lu quand il avait seize ans
and he remembered a book that he had read when he was sixteen

un livre qui lui avait révélé beaucoup de choses qu'il n'avait pas connues auparavant
a book which had revealed to him much that he had not known before

il se demandait si Dorian Gray traversait une expérience similaire
he wondered whether Dorian Gray was passing through a similar experience

Il avait simplement tiré une flèche en l'air
He had merely shot an arrow into the air

La flèche avait-elle atteint la cible ?
Had the arrow hit the mark?

Comme le garçon était fascinant !
How fascinating the lad was!

Hallward peignit avec cette merveilleuse touche audacieuse de son
Hallward painted away with that marvellous bold touch of his

le vrai raffinement et la délicatesse parfaite d'une touche audacieuse
the true refinement and perfect delicacy of a bold touch

Dans l'art, un tel raffinement et une telle délicatesse ne viennent que de la force
in art, such refinement and delicacy comes only from strength

Il était inconscient du silence
He was unconscious of the silence

— Basil, je suis fatigué de rester debout, s'écria soudain Dorian Gray
"Basil, I am tired of standing," cried Dorian Gray suddenly

« Je dois sortir et m'asseoir dans le jardin »
"I must go out and sit in the garden"

« L'air est étouffant ici »
"The air is stifling here"

« Mon cher, je suis vraiment désolé »
"My dear fellow, I am so sorry"

« Quand je peins, je ne peux penser à rien d'autre »
"When I am painting, I can't think of anything else"

« Mais tu ne t'es jamais mieux assis »
"But you never sat better"

« Tu étais parfaitement immobile »
"You were perfectly still"

« Et j'ai saisi l'effet que je voulais »
"And I have caught the effect I wanted"
« Les lèvres entrouvertes et le regard brillant dans les yeux »
"the half-parted lips and the bright look in the eyes"
« Je ne sais pas ce que Harry t'a dit »
"I don't know what Harry has been saying to you"
mais il vous a certainement fait avoir la plus merveilleuse expression.
"but he has certainly made you have the most wonderful expression"
« Je suppose qu'il vous a fait des compliments »
"I suppose he has been paying you compliments"
« Vous ne devez pas croire un mot de ce qu'il dit »
"You mustn't believe a word that he says"
« Il ne m'a certainement pas fait de compliments »
"He has certainly not been paying me compliments"
« C'est peut-être la raison pour laquelle je ne crois rien de ce qu'il m'a dit »
"Perhaps that is the reason that I don't believe anything he has told me"
– Vous savez que vous croyez tout, dit lord Henry
"You know you believe it all," said Lord Henry
et il le regarda de ses yeux rêveurs et langoureux
and he looked at him with his dreamy languorous eyes
« J'irai au jardin avec toi »
"I will go out to the garden with you"
« Il fait horriblement chaud en studio »
"It is horribly hot in the studio"
« Cher Basil, buvons quelque chose de glacé »
"Dear Basil, let us have something iced to drink"
« Apportez-nous quelque chose avec des fraises dedans »
"get us something something with strawberries in it"
"Certainement, Harry. Il suffit de toucher la cloche"
"Certainly, Harry. Just touch the bell"
et quand Parker viendra, je lui dirai ce que tu veux.
"and when Parker comes I will tell him what you want"
« Je dois travailler sur ce fond »
"I have got to work up this background"
« alors je te rejoindrai plus tard »
"so I will join you later on"
« Ne garde pas Dorian trop longtemps »
"Don't keep Dorian too long"

« Je n'ai jamais été aussi en forme pour la peinture qu'aujourd'hui »
"I have never been in better form for painting than I am today"
« Ce sera mon chef-d'œuvre »
"This is going to be my masterpiece"
« C'est mon chef-d'œuvre tel qu'il est »
"It is my masterpiece as it stands"
Lord Henry sortit dans le jardin et trouva Dorian Gray enfouissant son visage dans les grandes fleurs de lilas fraîches
Lord Henry went out to the garden and found Dorian Gray burying his face in the great cool lilac-blossoms
il buvait fiévreusement leur parfum comme si c'eût été du vin
he was feverishly drinking in their perfume as if it had been wine
Il s'approcha de lui et posa sa main sur son épaule
He came close to him and put his hand upon his shoulder
« **Vous avez tout à fait raison de faire cela, murmura-t-il**
"You are quite right to do that," he murmured
« **Rien ne peut guérir l'âme que les sens** »
"Nothing can cure the soul but the senses"
« **De même que rien ne peut guérir les sens que l'âme** »
"just as nothing can cure the senses but the soul"
Le garçon tressaillit et recula
The lad started and drew back
les feuilles avaient secoué ses boucles rebelles et emmêlé tous leurs fils dorés
the leaves had tossed his rebellious curls and tangled all their gilded threads
Il y avait un regard de peur dans ses yeux
There was a look of fear in his eyes
un regard de peur comme les gens en ont lorsqu'ils sont soudainement réveillés
a look of fear such as people have when they are suddenly awakened
Ses narines finement ciselées tremblaient
His finely chiselled nostrils quivered
et quelque nerf caché secoua l'écarlate de ses lèvres et les laissa tremblantes
and some hidden nerve shook the scarlet of his lips and left them trembling
– Oui, continua lord Henry, c'est l'un des grands secrets de la vie.
"Yes," continued Lord Henry, "that is one of the great secrets of life"
« **guérir l'âme par les sens** »

"to cure the soul by means of the senses"
et guérir les sens par le moyen de l'âme »
and to cure the senses by means of the soul"
« Tu es une merveilleuse création »
"You are a wonderful creation"
« Vous en savez plus que vous ne le pensez »
"You know more than you think you know"
« Tout comme vous en savez moins que vous ne voulez savoir »
"just as you know less than you want to know"
Dorian Gray fronça les sourcils et détourna la tête
Dorian Gray frowned and turned his head away
Il ne pouvait s'empêcher d'aimer le grand et gracieux jeune homme qui se tenait à côté de lui
He could not help liking the tall, graceful young man who was standing by him
Son visage romantique et couleur olive et son expression usée l'intéressaient
His romantic, olive-coloured face and worn expression interested him
Il y avait quelque chose dans sa voix basse et langoureuse qui était absolument fascinant
There was something in his low languid voice that was absolutely fascinating
Ses mains froides, blanches, semblables à des fleurs, avaient même un charme curieux
His cool, white, flowerlike hands, even, had a curious charm
ses mains remuaient, tandis qu'il parlait, comme de la musique
his hands moved, as he spoke, like music
et ses mains semblaient avoir un langage à elles
and his hands seemed to have a language of their own
Mais il avait peur de lui
But he felt afraid of him
et il avait honte d'avoir peur
and he felt ashamed of being afraid
Pourquoi avait-il été laissé à un étranger de le révéler à lui-même ?
Why had it been left for a stranger to reveal him to himself?
Il connaissait Basil Hallward depuis des mois
He had known Basil Hallward for months
mais l'amitié entre eux ne l'avait jamais altéré
but the friendship between them had never altered him
Soudain, quelqu'un était venu dans sa vie qui semblait lui avoir

révélé le mystère de la vie
Suddenly there had come someone across his life who seemed to have disclosed to him life's mystery
Et pourtant, de quoi avait-il à craindre ?
And, yet, what was there to be afraid of?
Il n'était ni écolier ni fille
He was not a schoolboy or a girl
C'était absurde d'avoir peur
It was absurd to be frightened
– Allons nous asseoir à l'ombre, dit lord Henry
"Let us go and sit in the shade," said Lord Henry
« Parker a sorti les boissons »
"Parker has brought out the drinks"
« Et si vous restez plus longtemps dans cet éblouissement, vous serez tout à fait gâté »
"and if you stay any longer in this glare, you will be quite spoiled"
« et puis Basil ne te peindra plus jamais »
"and then Basil will never paint you again"
« Vous ne devez vraiment pas vous permettre d'attraper un coup de soleil »
"You really must not allow yourself to become sunburnt"
« Ce serait inconvenient »
"It would be unbecoming"
– Qu'importe ? s'écria Dorian Gray en riant
"What can it matter?" cried Dorian Gray, laughing
et il s'assit sur le siège au fond du jardin
and he sat down on the seat at the end of the garden
« Cela devrait avoir de l'importance pour vous, M. Gray »
"It should matter everything to you, Mr. Gray"
« Pourquoi ? »
"Why?"
« Parce que vous avez la plus merveilleuse jeunesse »
"Because you have the most marvellous youth"
« Et la jeunesse est la seule chose qui vaille la peine d'être possédée »
"and youth is the one thing worth having"
« Je ne ressens pas cela, Lord Henry »
"I don't feel that, Lord Henry"
« Non, tu ne le sens pas maintenant »
"No, you don't feel it now"
« Un jour, quand tu seras vieux, ridé et laid »

"Some day, when you are old and wrinkled and ugly"
« Quand la pensée a brûlé ton front de ses lignes »
"when thought has seared your forehead with its lines"
« Quand la passion a marqué tes lèvres de ses feux hideux »
"when passion branded your lips with its hideous fires"
« Alors vous le sentirez, vous le sentirez terriblement »
"then you will feel it, you will feel it terribly"
« Maintenant, où que vous alliez, vous charmez le monde »
"Now, wherever you go, you charm the world"
« En sera-t-il toujours ainsi ? ..."
"Will it always be so? ..."
« Vous avez un visage merveilleusement beau, M. Gray »
"You have a wonderfully beautiful face, Mr. Gray"
« Ne fronce pas les sourcils, tu as vraiment un beau visage »
"Don't frown, you have really have a beautiful face"
« Et la beauté est une forme de génie »
"And beauty is a form of genius"
« La beauté est plus élevée, en effet, que le génie, car elle n'a pas besoin d'explication »
"beauty is higher, indeed, than genius, as it needs no explanation"
« C'est l'un des grands faits du monde, comme la lumière du soleil ou le printemps »
"It is of the great facts of the world, like sunlight, or spring-time"
« ou le reflet dans les eaux sombres de cette coquille d'argent que nous appelons la lune »
"or the reflection in dark waters of that silver shell we call the moon"
« Cela ne peut pas être remis en question »
"It cannot be questioned"
« Elle a son droit divin de souveraineté »
"It has its divine right of sovereignty"
« Il fait des princes de ceux qui l'ont »
"It makes princes of those who have it"
"Vous souriez ? Ah! quand tu l'auras perdue, tu ne souriras pas...
"You smile? Ah! when you have lost it you won't smile...."
« On dit parfois que la beauté n'est que superficielle »
"People say sometimes that beauty is only superficial"
« C'est peut-être le cas, mais au moins ce n'est pas aussi superficiel que la pensée »
"That may be so, but at least it is not as superficial as thought is"
« Pour moi, la beauté est la merveille des merveilles »
"To me, beauty is the wonder of wonders"

« Il n'y a que les gens superficiels qui ne jugent pas sur les apparences »
"It is only shallow people who do not judge by appearances"
« Le vrai mystère du monde est le visible, pas l'invisible... »
"The true mystery of the world is the visible, not the invisible...."
« Oui, M. Gray, les dieux ont été bons pour vous »
"Yes, Mr. Gray, the gods have been good to you"
« Mais ce que les dieux donnent, ils l'enlèvent rapidement »
"But what the gods give they quickly take away"
« Vous n'avez que quelques années pour vivre vraiment, parfaitement et pleinement »
"You have only a few years in which to live really, perfectly, and fully"
« Quand ta jeunesse s'en va, ta beauté s'en ira avec »
"When your youth goes, your beauty will go with it"
« Et alors vous découvrirez soudain qu'il ne vous reste plus de triomphes »
"and then you will suddenly discover that there are no triumphs left for you"
« Ou vous devez vous contenter de ces vains triomphes que le souvenir de votre passé rendra plus amers que les défaites »
"or you have to content yourself with those mean triumphs that the memory of your past will make more bitter than defeats"
« Chaque mois, à mesure qu'il s'estompe, vous rapproche de quelque chose d'épouvantable »
"Every month as it wanes brings you nearer to something dreadful"
« Le temps est jaloux de toi, et fait la guerre à tes lys et à tes roses »
"Time is jealous of you, and wars against your lilies and your roses"
« Tu deviendras jaunâtre, les joues creuses et les yeux ternes »
"You will become sallow, and hollow-cheeked, and dull-eyed"
« Tu souffriras horriblement... »
"You will suffer horribly...."
— Ah ! réalise ta jeunesse tant que tu l'as »
"Ah! realize your youth while you have it"
« Ne gaspillez pas l'or de vos journées, en écoutant ce qui est fastidieux »
"Don't squander the gold of your days, listening to the tedious"
« Ne passez pas de temps à essayer d'améliorer l'échec sans espoir »
"don't spend time trying to improve the hopeless failure"
« Ne donnez pas votre vie aux ignorants, aux vulgaires et aux vulgaires »

"don't give away your life to the ignorant, the common, and the vulgar"
« Ce sont les buts maladifs, les faux idéaux de notre époque »
"These are the sickly aims, the false ideals, of our age"
« Vivez ! Vivez la vie merveilleuse qui est en vous ! »
"Live! Live the wonderful life that is in you!"
« Que rien ne soit perdu pour vous »
"Let nothing be lost upon you"
« Soyez toujours à la recherche de nouvelles sensations »
"Be always searching for new sensations"
« N'ayez peur de rien... »
"Be afraid of nothing...."
« Un nouvel hédonisme, c'est ce que veut notre siècle »
"A new Hedonism—that is what our century wants"
« Tu pourrais être son symbole visible »
"You might be its visible symbol"
« Avec votre personnalité, il n'y a rien que vous ne puissiez faire »
"With your personality there is nothing you could not do"
« Le monde vous appartient pour un temps... »
"The world belongs to you for a season..."
« Au moment où je t'ai rencontré, j'ai vu que tu étais tout à fait inconscient de ce que tu es vraiment »
"The moment I met you I saw that you were quite unconscious of what you really are"
« J'ai vu que tu n'étais pas conscient de ce que tu pourrais vraiment être »
"I saw that you are unconscious of what you really might be"
« Il y avait tellement de choses en toi qui me charmaient que j'ai senti que je devais te dire quelque chose sur toi »
"There was so much in you that charmed me that I felt I must tell you something about yourself"
« J'ai pensé à quel point ce serait tragique si tu étais gaspillé »
"I thought how tragic it would be if you were wasted"
« Il y a si peu de temps que durera votre jeunesse, si peu de temps. »
"there is such a little time that your youth will last—such a little time"
« Les fleurs communes des collines se fanent, mais elles refleurissent »
"The common hill-flowers wither, but they blossom again"
« Le cytise sera aussi jaune en juin prochain qu'il l'est maintenant »
"The laburnum will be as yellow next June as it is now"

« **Dans un mois, il y aura des étoiles violettes sur la clématite** »
"In a month there will be purple stars on the clematis"
« **Et année après année, la nuit verte de ses feuilles retiendra ses étoiles violettes** »
"and year after year the green night of its leaves will hold its purple stars"
« **Mais nous ne récupérons jamais notre jeunesse** »
"But we never get back our youth"
« **Le pouls de joie qui bat en nous à vingt ans devient lent** »
"The pulse of joy that beats in us at twenty becomes sluggish"
« **Nos membres défaillent, nos sens pourrissent** »
"Our limbs fail, our senses rot"
« **Nous dégénérons en marionnettes hideuses, hantées par le souvenir des passions dont nous avions trop peur** »
"We degenerate into hideous puppets, haunted by the memory of the passions of which we were too much afraid"
« **Et nous sommes hantés par les tentations exquises auxquelles nous n'avons pas eu le courage de céder** »
"and we're haunted by the exquisite temptations that we had not the courage to yield to"
« **Jeunesse ! Jeunesse! Il n'y a absolument rien au monde que la jeunesse !**
"Youth! Youth! There is absolutely nothing in the world but youth!"
Dorian Gray écoutait les yeux ouverts et s'étonnait
Dorian Gray listened open-eyed, and wondered
La gerbe de lilas tomba de sa main sur le gravier
The spray of lilac fell from his hand upon the gravel
Une abeille à fourrure vint et bourdonna autour d'elle pendant un moment
A furry bee came and buzzed round it for a moment
Puis l'abeille a commencé à se précipiter sur le globe étoilé ovale des petites fleurs
Then the bee began to scramble all over the oval stellated globe of the tiny blossoms
Il l'observait avec cet étrange intérêt pour les choses triviales que nous essayons de développer lorsque des choses de grande importance nous font peur
He watched it with that strange interest in trivial things that we try to develop when things of high import make us afraid
ou lorsque nous sommes émus par une émotion nouvelle pour laquelle nous ne pouvons pas trouver d'expression

or when we are stirred by some new emotion for which we cannot find expression
ou quand une pensée qui nous terrifie assiège soudainement le cerveau et nous appelle à céder
or when some thought that terrifies us lays sudden siege to the brain and calls on us to yield
Au bout d'un moment, l'abeille s'envola
After a time the bee flew away
Il le vit se glisser dans la trompette tachée d'un convolvulus tyrien
He saw it creeping into the stained trumpet of a Tyrian convolvulus
La fleur sembla trembler, puis se balança doucement d'avant en arrière
The flower seemed to quiver, and then swayed gently to and fro
Soudain, le peintre apparut à la porte de l'atelier
Suddenly the painter appeared at the door of the studio
il fit des signes staccato pour qu'ils entrent
he made staccato signs for them to come in
Ils se tournèrent l'un vers l'autre et sourirent
They turned to each other and smiled
« J'attends, s'écria-t-il
"I am waiting," he cried
« Entrez. La lumière est tout à fait parfaite"
"Do come in. The light is quite perfect"
« Et vous pouvez apporter vos boissons »
"and you can bring your drinks"
Ils se levèrent et descendirent l'allée ensemble
They rose up and sauntered down the walk together
Deux papillons verts et blancs voletaient devant eux
Two green-and-white butterflies fluttered past them
et dans le poirier au coin du jardin, une grive se mit à chanter
and in the pear-tree at the corner of the garden a thrush began to sing
– Vous êtes heureux de m'avoir rencontré, monsieur Gray, dit lord Henry en le regardant
"You are glad you have met me, Mr. Gray," said Lord Henry, looking at him
« Oui, je suis heureux maintenant »
"Yes, I am glad now"
« Je me demande, serai-je toujours heureux ? »
"I wonder, shall I always be glad?"
— Toujours ! C'est un mot affreux"
"Always! That is a dreadful word"

« Ça me fait frissonner quand je l'entends »
"It makes me shudder when I hear it"
« Les femmes aiment tellement l'utiliser »
"Women are so fond of using it"
« Ils gâchent chaque romance en essayant de la faire durer éternellement »
"They spoil every romance by trying to make it last forever"
« C'est aussi un mot dénué de sens »
"It is a meaningless word, too"
« La seule différence entre un caprice et une passion de toute une vie, c'est que le caprice dure un peu plus longtemps »
"The only difference between a caprice and a lifelong passion is that the caprice lasts a little longer"
En entrant dans l'atelier, Dorian Gray posa sa main sur le bras de lord Henry
As they entered the studio, Dorian Gray put his hand upon Lord Henry's arm
— Dans ce cas, que notre amitié soit un caprice, murmura-t-il
"In that case, let our friendship be a caprice," he murmured
et ses joues rougissaient de sa propre audace
and his cheeks flushed at his own boldness
puis il monta sur la plate-forme et reprit sa pose
then stepped up on the platform and resumed his pose
Lord Henry se jeta dans un grand fauteuil d'osier et le regarda.
Lord Henry flung himself into a large wicker arm-chair and watched him.
Le balayage et le trait du pinceau sur la toile faisaient le seul bruit qui brisait le silence
The sweep and dash of the brush on the canvas made the only sound that broke the stillness
les seuls autres sons étaient lorsque Hallward, de temps en temps, reculait pour regarder son travail de loin
the only other sounds was when Hallward, now and then, stepped back to look at his work from a distance
Dans les faisceaux obliques qui traversaient la porte ouverte, la poussière dansait et était dorée
In the slanting beams that streamed through the open doorway the dust danced and was golden
L'odeur lourde des roses semblait couver sur tout
The heavy scent of the roses seemed to brood over everything
Après environ un quart d'heure, Hallward a cessé de peindre

After about a quarter of an hour Hallward stopped painting
il regarda longtemps Dorian Gray
he looked for a long time at Dorian Gray
puis il regarda longtemps le tableau
and then for a long time he looked at the picture
et il mordit le bout d'un de ses énormes pinceaux, et fronça les sourcils
and he bit the end of one of his huge brushes, and frowned
« C'est tout à fait fini, s'écria-t-il enfin
"It is quite finished," he cried at last
Se baissant, il écrivit son nom en longues lettres vermillon dans le coin gauche de la toile
stooping down he wrote his name in long vermilion letters on the left-hand corner of the canvas
Lord Henry s'approcha et examina le tableau
Lord Henry came over and examined the picture
« C'était certainement une merveilleuse œuvre d'art »
"It was certainly a wonderful work of art"
« Et il a aussi une merveilleuse ressemblance »
"and it also has a wonderful likeness as well"
« Mon cher, je vous félicite très chaleureusement, dit-il
"My dear fellow, I congratulate you most warmly," he said
« C'est le plus beau portrait des temps modernes »
"It is the finest portrait of modern times"
« M. Gray, venez vous regarder »
"Mr. Gray, come over and look at yourself"
Le garçon tressaillit, comme s'il eût été réveillé d'un rêve
The lad started, as if awakened from some dream
« Est-ce vraiment fini ? » murmura-t-il en descendant de l'estrade
"Is it really finished?" he murmured, stepping down from the platform
— C'est tout à fait fini, dit le peintre
"it is quite finished," said the painter
« Et vous vous êtes assis magnifiquement aujourd'hui »
"And you have sat splendidly today"
« Je vous suis terriblement obligée. »
"I am awfully obliged to you"
— C'est entièrement à moi, interrompit lord Henry, n'est-ce pas, monsieur Gray ?
"That is entirely due to me," broke in Lord Henry, "Isn't it, Mr. Gray?"
Dorian ne répondit pas, mais passa nonchalamment devant son

tableau et se tourna vers lui
Dorian made no answer, but passed listlessly in front of his picture and turned towards it
Quand il l'a vu, il s'est retiré
When he saw it he drew back
ses joues rougirent un instant de plaisir
his cheeks flushed for a moment with pleasure
Un regard de joie passa dans ses yeux, comme s'il s'était reconnu pour la première fois
A look of joy came into his eyes, as if he had recognized himself for the first time
Il resta là, immobile et émerveillé
He stood there motionless and in wonder
il était vaguement conscient que Hallward lui parlait
he was dimly conscious that Hallward was speaking to him
mais il ne saisit pas le sens de ses paroles
but he did not catch the meaning of his words
Le sentiment de sa propre beauté lui vint comme une révélation
The sense of his own beauty came on him like a revelation
Il n'avait jamais ressenti sa propre beauté auparavant
He had never felt his own beauty before
Les compliments de Basil Hallward lui avaient semblé n'être que l'exagération charmante de l'amitié
Basil Hallward's compliments had seemed to him to be merely the charming exaggeration of friendship
Il les avait écoutés, s'était moqué d'eux, les avait oubliés
He had listened to them, laughed at them, forgotten them
Ils n'avaient pas influencé sa nature
They had not influenced his nature
Puis était venu lord Henry Wotton avec son étrange panégyrique de la jeunesse
Then had come Lord Henry Wotton with his strange panegyric on youth
Puis vint son terrible avertissement sur la brièveté de la jeunesse
then came his terrible warning of youth's brevity
Cela l'avait remué à l'époque
That had stirred him at the time
mais maintenant, alors qu'il contemplait l'ombre de sa propre beauté
but now, as he stood gazing at the shadow of his own loveliness
toute la réalité de la description lui traversa l'écran

the full reality of the description flashed across him
Oui, il y aurait un jour où son visage serait ridé et flétri
Yes, there would be a day when his face would be wrinkled and wizen
un jour, ses yeux seront sombres et incolores
one day his his eyes will be dim and colourless
la grâce de sa figure sera brisée et déformée
the grace of his figure will be broken and deformed
L'écarlate s'éloignerait de ses lèvres
The scarlet would pass away from his lips
et l'or quittera ses cheveux
and the gold will leave his hair
La vie qui devait faire son âme gâcherait son corps
The life that was to make his soul would mar his body
Il deviendrait affreux, hideux et grossier
He would become dreadful, hideous, and uncouth
En y pensant, une douleur aiguë le traversa comme un couteau
As he thought of it, a sharp pang of pain struck through him like a knife
elle faisait frémir chaque fibre délicate de sa nature
it made each delicate fibre of his nature quiver
Ses yeux s'enfoncèrent dans l'améthyste, et à travers eux vint un brouillard de larmes
His eyes deepened into amethyst, and across them came a mist of tears
Il lui sembla qu'une main de glace avait été posée sur son cœur
He felt as if a hand of ice had been laid upon his heart
« Cela ne vous plaît-il pas ? » s'écria enfin Hallward, un peu piqué par le silence du garçon
"Don't you like it?" cried Hallward at last, stung a little by the lad's silence
mais il ne comprenait pas ce que signifiait son silence
but he did not understand what his silence meant
– Bien sûr qu'il aime ça, dit lord Henry
"Of course he likes it," said Lord Henry
"Qui ne l'aimerait pas ? C'est l'une des plus grandes choses de l'art moderne"
"Who wouldn't like it? It is one of the greatest things in modern art"
« Je te donnerai tout ce que tu voudras pour le demander »
"I will give you anything you like to ask for it"
« Je dois l'avoir »

"I must have it"
« Ce n'est pas ma propriété, Harry »
"It is not my property, Harry"
« À qui appartient ? »
"Whose property is it?"
— C'est celui de Dorian, bien sûr, répondit le peintre
"it is Dorian's, of course," answered the painter
« C'est un gars très chanceux »
"He is a very lucky fellow"
— Comme c'est triste ! murmura Dorian Gray
"How sad it is!" murmured Dorian Gray
ses yeux étaient toujours fixés sur son propre portrait
his eyes were still fixed upon his own portrait
« Comme c'est triste ! Je deviendrai vieux, horrible et affreux.
"How sad it is! I shall grow old, and horrible, and dreadful"
« Mais cette image restera toujours jeune »
"But this picture will remain always young"
« Il ne sera jamais plus vieux que ce jour particulier de juin »
"It will never be older than this particular day of June"
« Si c'était seulement l'inverse ! »
"If it were only the other way!"
Si c'était moi qui devais être toujours jeune, et l'image qui devait vieillir !
"If it were I who was to be always young, and the picture that was to grow old!"
« Pour cela, je donnerais tout ! »
"For that I would give everything!"
« Oui, il n'y a rien au monde que je ne donnerais pas ! »
"Yes, there is nothing in the whole world I would not give!"
« Je donnerais mon âme pour que cela se produise ! »
"I would give my soul to make it happen!"
— Vous ne vous soucieriez guère d'un pareil arrangement, Basil, s'écria lord Henry en riant
"You would hardly care for such an arrangement, Basil," cried Lord Henry, laughing
« Ce serait plutôt dur sur votre travail »
"It would be rather hard lines on your work"
— Je m'y opposerais très fortement, Harry, dit Hallward
"I should object very strongly, Harry," said Hallward
Dorian Gray se retourna et le regarda
Dorian Gray turned and looked at him

« Je crois que tu le ferais, Basil »
"I believe you would, Basil"
« Vous aimez votre art mieux que vos amis »
"You like your art better than your friends"
« Je ne suis pas plus pour toi qu'une figure de bronze vert »
"I am no more to you than a green bronze figure"
« Je ne suis pas autant qu'une forme pour vous, j'ose le dire. »
"I am hardly as much as a form to you, I dare say"
Le peintre regarda avec étonnement
The painter stared in amazement
C'était tellement différent de Dorian de parler comme ça
It was so unlike Dorian to speak like that
Que s'était-il passé ? Il semblait très en colère
What had happened? He seemed quite angry
Son visage était rouge et ses joues brûlantes
His face was flushed and his cheeks burning
« Oui, continua-t-il, je suis moins pour vous que votre Hermès d'ivoire ou votre Faune d'argent »
"Yes," he continued, "I am less to you than your ivory Hermes or your silver Faun"
« Vous les aimerez toujours »
"You will like them always"
« Combien de temps m'aimerez-vous ? »
"How long will you like me?"
« Jusqu'à ce que j'aie ma première ride, je suppose »
"Till I have my first wrinkle, I suppose"
« Je sais, maintenant, que quand on perd sa beauté, quelle qu'elle soit, on perd tout »
"I know, now, that when one loses one's good looks, whatever they may be, one loses everything"
« Ta photo m'a appris ça »
"Your picture has taught me that"
« Lord Henry Wotton a parfaitement raison »
"Lord Henry Wotton is perfectly right"
« La jeunesse est la seule chose qui vaille la peine d'être »
"Youth is the only thing worth having"
« Quand je m'apercevrai que je vieillis, je me tuerai »
"When I find that I am growing old, I shall kill myself"
Hallward pâlit et lui attrapa la main
Hallward turned pale and caught his hand
« Dorian ! Dorian ! cria-t-il, ne parle pas comme ça.

"Dorian! Dorian!" he cried, "don't talk like that"
« Je n'ai jamais eu un ami comme toi »
"I have never had such a friend as you"
et je n'aurai jamais d'autre ami comme toi.
"and I shall never have another friend like you"
« Vous n'êtes pas jaloux des choses matérielles, n'est-ce pas ? »
"You are not jealous of material things, are you?"
vous qui êtes plus beau que toutes les choses matérielles !
"you who are finer than any of the material things!"
« Je suis jaloux de tout ce dont la beauté ne meurt pas »
"I am jealous of everything whose beauty does not die"
« Je suis jaloux du portrait que vous avez peint de moi »
"I am jealous of the portrait you have painted of me"
« Pourquoi mon tableau garderait-il ce que je dois perdre ? »
"Why should my picture keep what I must lose?"
« Chaque instant qui passe m'enlève quelque chose »
"Every moment that passes takes something from me"
« Et chaque instant qui passe donne quelque chose à mon image »
"and every moment that passes gives something to my picture"
« Oh, si c'était seulement l'inverse ! »
"Oh, if it were only the other way!"
« Si la situation pouvait changer, et que je pouvais être toujours ce que je suis maintenant ! »
"If the picture could change, and I could be always what I am now!"
« Pourquoi l'avez-vous peint ? »
"Why did you paint it?"
« Il se moquera de moi un jour, se moquera horriblement de moi ! »
"It will mock me some day—mock me horribly!"
Les larmes chaudes lui montèrent aux yeux
The hot tears welled into his eyes
Il arracha sa main et, se jetant sur le divan
he tore his hand away and, flinging himself on the divan
il enfouit son visage dans les coussins, comme s'il priait
he buried his face in the cushions, as though he was praying
— C'est votre faute, Harry, dit le peintre avec amertume
"This is your doing, Harry," said the painter bitterly
Lord Henry haussa les épaules
Lord Henry shrugged his shoulders
— C'est le vrai Dorian Gray, voilà tout.
"It is the real Dorian Gray—that is all"
« Ce n'est pas le vrai Dorian Gray »

"It is not the real Dorian Gray"
Si ce n'est pas le vrai Dorian Gray, qu'ai-je à voir avec cela ?
"If it is not the real Dorian Gray, what have I to do with it?"
« Tu aurais dû t'en aller quand je te l'ai demandé, murmura-t-il
"You should have gone away when I asked you," he muttered
– Je suis resté quand vous me l'avez demandé, répondit lord Henry
"I stayed when you asked me," was Lord Henry's answer
« Harry, je ne peux pas me quereller avec mes deux meilleurs amis à la fois »
"Harry, I can't quarrel with my two best friends at once"
mais vous m'avez tous les deux fait haïr le plus beau travail que j'aie jamais fait.
"but you both have made me hate the finest piece of work I have ever done"
« Je détruirai le tableau »
"I will destroy the painting"
« Qu'est-ce que c'est que de la toile et de la couleur ? »
"What is it but canvas and colour?"
« Je ne laisserai pas cette image traverser nos trois vies et les gâcher »
"I will not let this picture come across our three lives and mar them"
Dorian Gray souleva sa tête dorée de l'oreiller
Dorian Gray lifted his golden head from the pillow
son visage était pâle et ses yeux étaient tachés de larmes
his face was pallid face and his eyes were tear-stained
il le regarda en se dirigeant vers la table de peinture
he looked at him as he walked over to the painting-table
Que faisait-il là ?
What was he doing there?
Ses doigts erraient parmi la litière de tubes d'étain et de brosses sèches
His fingers were straying about among the litter of tin tubes and dry brushes
il cherchait quelque chose
there was something he was seeking for
Oui, c'était pour le long couteau à palette, avec sa fine lame d'acier souple
Yes, it was for the long palette-knife, with its thin blade of lithe steel
Il avait enfin trouvé le couteau
He had found the knife at last
Il allait déchirer la toile

He was going to rip up the canvas
Avec un sanglot étouffé, le garçon sauta du canapé
With a stifled sob the lad leaped from the couch
se précipitant vers Hallward, il lui arracha le couteau des mains
rushing over to Hallward, he tore the knife out of his hand
et il jeta le couteau au fond de l'atelier
and he flung the knife to the end of the studio
« Ne le faites pas, cher Basil, ne le faites pas ! » s'écria-t-il
"Don't, dear Basil, don't!" he cried
« Ce serait un meurtre ! »
"It would be murder!"
Le peintre parla froidement, quand il fut revenu de sa surprise
the painter spoke coldly, when he had recovered from his surprise
« Je suis heureux que tu apprécies enfin mon travail, Dorian »
"I am glad you appreciate my work at last, Dorian"
« Je n'aurais jamais pensé que vous apprécieriez mon travail »
"I never thought you would appreciate my work"
"Appréciez votre travail ? J'en suis amoureux, Basil"
"Appreciate your work? I am in love with it, Basil"
« La peinture fait partie de moi-même. Je le ressens"
"The painting is part of myself. I feel that"
« Eh bien, dès que tu seras sec, tu seras verni »
"Well, as soon as you are dry, you shall be varnished"
« Et alors vous serez piégé et renvoyé chez vous »
"and then you shall be framed, and sent home"
« Ensuite, vous pouvez faire ce que vous voulez de vous-même »
"Then you can do what you like with yourself"
Et il traversa la pièce et sonna pour le thé
And he walked across the room and rang the bell for tea
— Tu prendras le thé, bien sûr, Dorian ?
"You will have tea, of course, Dorian?"
– Et vous prendrez le thé aussi, Harry ?
"And you will have tea too, Harry?"
– Ou vous opposez-vous à des plaisirs aussi simples ?
"Or do you object to such simple pleasures?"
– J'adore les plaisirs simples, dit lord Henry
"I adore simple pleasures," said Lord Henry
« Ils sont le dernier refuge du complexe »
"They are the last refuge of the complex"
« Mais je n'aime pas les scènes, sauf sur scène »
"But I don't like scenes, except on the stage"

« Quels absurdes gaillards vous êtes, tous les deux ! »
"What absurd fellows you are, both of you!"
« Je me demande qui a défini l'homme comme un animal rationnel »
"I wonder who it was that defined man as a rational animal"
« C'était la définition la plus prématurée jamais donnée »
"It was the most premature definition ever given"
« L'homme est beaucoup de choses, mais il n'est pas rationnel »
"Man is many things, but he is not rational"
« Je suis heureux qu'il ne soit pas rationnel, après tout »
"I am glad he is not rational, after all"
« bien que je voudrais que vous ne vous chamailliez pas sur le tableau »
"though I wish you chaps would not squabble over the picture"
« Tu ferais mieux de me le laisser, Basil »
"You had much better let me have it, Basil"
« Ce garçon idiot n'en veut pas vraiment, et je le veux vraiment »
"This silly boy doesn't really want it, and I really do"
– Si vous laissez quelqu'un l'avoir que moi, Basil, je ne vous le pardonnerai jamais ! s'écria Dorian Gray
"If you let anyone have it but me, Basil, I shall never forgive you!" cried Dorian Gray
« Et je ne permets pas aux gens de me traiter de garçon idiot »
"and I don't allow people to call me a silly boy"
« Tu sais que la photo est à toi, Dorian »
"You know the picture is yours, Dorian"
« Je te l'ai donné avant qu'il n'existe »
"I gave it to you before it existed"
– Et vous savez que vous avez été un peu stupide, monsieur Gray.
"And you know you have been a little silly, Mr. Gray"
« Et nous savons tous les deux que tu n'as pas vraiment d'objection à ce qu'on te rappelle que tu es extrêmement jeune »
"and we both know that you don't really object to being reminded that you are extremely young"
– J'aurais dû m'y opposer très fortement ce matin, lord Henry.
"I should have objected very strongly this morning, Lord Henry"
— Ah ! ce matin! Vous avez vécu depuis"
"Ah! this morning! You have lived since then"
On frappa à la porte
There came a knock at the door
Le maître d'hôtel entra avec un plateau de thé chargé

the butler entered with a laden tea-tray
et il posa le plateau à thé sur une petite table japonaise
and he set the tea-tray down upon a small Japanese table
Il y avait un cliquetis de tasses et de soucoupes
There was a rattle of cups and saucers
et il y eut le sifflement d'une urne géorgienne cannelée
and there was the hissing of a fluted Georgian urn
Deux plats en porcelaine en forme de globe ont été apportés par un garçon de page
Two globe-shaped china dishes were brought in by a page boy
Dorian Gray s'approcha et versa le thé
Dorian Gray went over and poured out the tea
Les deux hommes se dirigeaient langoureusement vers la table
The two men sauntered languidly to the table
et ils examinèrent ce qu'il y avait sous les couvertures
and they examined what was under the covers
– Allons au théâtre ce soir, dit lord Henry
"Let us go to the theatre to-night," said Lord Henry
« Il y a certainement un jeu, quelque part »
"There is sure to be a play on, somewhere"
« J'ai promis de dîner chez White, mais ce n'est qu'avec un vieil ami. »
"I have promised to dine at White's, but it is only with an old friend"
« pour que je puisse lui envoyer un message pour lui dire que je suis malade »
"so I can send him a message to say that I am ill"
« ou je peux dire que je suis empêché de venir à la suite d'un engagement ultérieur »
"or I can say that I am prevented from coming in consequence of a subsequent engagement"
« Je pense que ce serait une excuse plutôt sympa »
"I think that would be a rather nice excuse"
« Il aurait toute la surprise de la candeur »
"it would have all the surprise of candour"
– C'est tellement ennuyeux de mettre ses vêtements, murmura Hallward
"It is such a bore putting on one's dress-clothes," muttered Hallward
« Et, quand on porte ses vêtements de ville, ils sont si horribles »
"And, when one has their dress-clothes on, they are so horrid"
– Oui, répondit lord Henry d'un air rêveur
"Yes," answered Lord Henry dreamily

« Le costume du XIXe siècle est détestable.
"the costume of the nineteenth century is detestable.
« La mode est si sombre, si déprimante »
"the fashion is so sombre, so depressing"
« Le péché est le seul véritable élément de couleur qui reste dans la vie moderne »
"Sin is the only real colour-element left in modern life"
« Tu ne dois vraiment pas dire des choses comme ça devant Dorian, Harry »
"You really must not say things like that before Dorian, Harry"
— Devant quel Dorian ne dois-je pas dire de telles choses ?
"Before which Dorian must I not say such things?"
— Le Dorian qui nous verse du thé ?
"The Dorian who is pouring out tea for us?"
« Ou le Dorian sur la photo ? »
"or the Dorian in the picture?"
« S'il vous plaît, ne dites pas de telles choses avant l'un ou l'autre »
"please don't say such things before one or the other"
— Je voudrais venir au théâtre avec vous, lord Henry, dit le garçon
"I would like to come to the theatre with you, Lord Henry," said the lad
« Alors vous viendrez ; et vous viendrez aussi, cher Basil, n'est-ce pas ?
"Then you shall come; and you will come, too, dear Basil, won't you?"
"Je ne peux pas venir avec vous au théâtre, vraiment.
"I can't come with you to the theatre, really.
« Je préférerais, mais j'ai beaucoup de travail à faire »
"I would rather, but I have a lot of work to do"
— Eh bien, vous et moi irons seuls, monsieur Gray.
"Well, then, you and I will go alone, Mr. Gray"
« J'aimerais beaucoup cela. »
"I should like that awfully"
Le peintre se mordit la lèvre et s'approcha, tasse à la main, du tableau
The painter bit his lip and walked over, cup in hand, to the picture
« Je resterai avec le vrai Dorian, dit-il tristement
"I shall stay with the real Dorian," he said, sadly
« Est-ce le vrai Dorian ? » s'écria l'original du portrait en s'approchant de lui
"Is it the real Dorian?" cried the original of the portrait, strolling across to him

« Suis-je vraiment comme ça ? »
"Am I really like that?"
— Oui ; tu es juste comme ça"
"Yes; you are just like that"
« Comme c'est merveilleux, cher Basil ! »
"How wonderful, dear Basil!"
— Au moins ; tu es comme le portrait en apparence"
"At least; you are like the portrait in appearance"
Mais votre image ne changera jamais, soupira Hallward
But your picture will never alter," sighed Hallward
« Quel tapage on fait au sujet de la fidélité ! » s'écria lord Henry
"What a fuss people make about fidelity!" exclaimed Lord Henry
« Pourquoi, même en amour, la fidélité est purement une question de physiologie »
"Why, even in love fidelity is purely a question for physiology"
« Cela n'a rien à voir avec notre propre volonté »
"It has nothing to do with our own will"
« Les jeunes gens veulent être fidèles, et ils ne le sont pas »
"Young men want to be faithful, and are not"
« Les vieillards veulent être infidèles, et ne le peuvent pas »
"old men want to be faithless, and cannot"
« C'est tout ce que l'on peut dire »
"that is all one can say"
— N'allez pas au théâtre ce soir, Dorian, dit Hallward
"Don't go to the theatre tonight, Dorian," said Hallward
« Arrêtez-vous et dînez avec moi »
"Stop and dine with me"
« Je ne peux pas dîner avec toi ce soir, cher Basil »
"I can't dine with you tonight, dear Basil"
« Pourquoi ? »
"Why?"
— Parce que j'ai promis à lord Henry Wotton de l'accompagner.
"Because I have promised Lord Henry Wotton to go with him"
« Il ne t'aimera pas mieux pour avoir tenu tes promesses »
"He won't like you the better for keeping your promises"
« Il rompt toujours ses propres promesses »
"He always breaks his own promises"
« Je vous supplie de ne pas y aller »
"I beg you not to go"
Dorian Gray rit et secoua la tête
Dorian Gray laughed and shook his head

« Je vous en supplie »
"I entreat you"
Le garçon hésita et regarda lord Henry
The lad hesitated, and looked over at Lord Henry
Lord Henry les regardait de la table à thé avec un sourire amusé
Lord Henry was watching them from the tea-table with an amused smile
« Il faut que je m'en aille, Basil, répondit-il
"I must go, Basil," he answered
« Très bien », dit Hallward, et il s'approcha et posa sa tasse sur le plateau
"Very well," said Hallward, and he went over and laid down his cup on the tray
« Il est un peu tard, et, comme il faut s'habiller, vous feriez mieux de ne pas perdre de temps. »
"It is rather late, and, as you have to dress, you had better lose no time"
« Au revoir, Harry »
"Good-bye, Harry"
« Au revoir, Dorian »
"Good-bye, Dorian"
« Venez me voir bientôt »
"Come and see me soon"
« Venez demain »
"Come to-morrow"
« Certainement »
"Certainly"
« Tu n'oublieras pas ? »
"You won't forget?"
— Non, bien sûr que non, s'écria Dorian.
"No, of course not," cried Dorian"
"Et... Harry !"
"And ... Harry!"
« Oui, Basil ? »
"Yes, Basil?"
« Souviens-toi de ce que je t'ai demandé, quand nous étions dans le jardin ce matin »
"Remember what I asked you, when we were in the garden this morning"
« Je l'ai oublié »
"I have forgotten it"

« Je te fais confiance »
"I trust you"
– Je voudrais pouvoir me fier à moi-même, dit lord Henry en riant
"I wish I could trust myself," said Lord Henry, laughing
« Allons, M. Gray, mon hansom est dehors »
"Come, Mr. Gray, my hansom is outside"
« et je peux te déposer chez toi »
"and I can drop you at your own place"
« Au revoir, Basil »
"Good-bye, Basil"
« Ce fut un après-midi des plus intéressants »
"It has been a most interesting afternoon"
Comme la porte se refermait derrière eux, le peintre se jeta sur un canapé
As the door closed behind them, the painter flung himself down on a sofa
et un regard de douleur se dessina sur son visage
and a look of pain came into his face

Chapitre trois
Chapter Three
Le lendemain, à midi et demi, lord Henry Wotton sortit
At half-past twelve next day Lord Henry Wotton went out
il se promena de Curzon Street à l'Albany
he strolled from Curzon Street over to the Albany
et il alla rendre visite à son oncle, lord Fermor
and he went to call on his uncle, Lord Fermor
Lord Fermor était un vieux célibataire génial, quoiqu'un peu rude
Lord Fermor was a genial if somewhat rough-mannered old bachelor
le monde extérieur l'a traité d'égoïste
the outside world called him selfish
car le monde extérieur n'en tirait aucun avantage particulier
because the outside world derived no particular benefit from him
mais il était considéré comme généreux par la Société
but he was considered generous by Society
parce qu'il nourrissait les gens qui l'amusaient
because he fed the people who amused him
Son père avait été notre ambassadeur à Madrid
His father had been our ambassador at Madrid
quand Isabelle était jeune, et que Prim n'était pas recherché
when Isabella was young, and Prim was unsought of
mais il se retira du service diplomatique
but he retired from the diplomatic service
Il a démissionné dans un moment capricieux d'agacement
he resigned in a capricious moment of annoyance
on ne lui avait pas offert l'ambassade à Paris
he had not been offered the Embassy at Paris
un poste diplomatique auquel il estimait avoir pleinement droit
a diplomatic post to which he considered that he was fully entitled
il se sentait autorisé en raison de sa naissance et de son indolence
he felt entitled by reason of his birth and his indolence
le bon anglais de ses dépêches
the good English of his dispatches
et sa passion démesurée pour le plaisir
and his inordinate passion for pleasure
Le fils avait été le secrétaire de son père
The son had been his father's secretary
mais il avait démissionné avec son chef
but he had resigned along with his chief
À l'époque, les gens pensaient que c'était plutôt stupide

at the time people thought this was rather foolish
et plus tard, il se mit à étudier sérieusement le grand art aristocratique
and later he set himself to the serious study of the great aristocratic art
le grand art aristocratique de ne rien faire
the great aristocratic art of doing absolutely nothing
Il avait deux grandes maisons de ville
He had two large town houses
mais il préférait vivre dans des chambres, car c'était moins difficile
but he preferred to live in chambers, as it was less trouble
et il prenait la plupart de ses repas à son club
and he took most of his meals at his club
Il accorda une certaine attention à la gestion de ses houillères dans les comtés de Midland
He paid some attention to the management of his collieries in the Midland counties
mais il s'excusa de ce léger défaut
but he excused himself for this slight shortcoming
« **Il y a un avantage à avoir du charbon** »
"there is one advantage of having coal"
« **Cela permet à un gentleman de se permettre la décence de brûler du bois sur son propre foyer** »
"it enables a gentleman to afford the decency of burning wood on his own hearth"
En politique, il était un tory, sauf lorsque les conservateurs étaient au pouvoir
In politics he was a Tory, except when the Tories were in office
pendant ces périodes, il les a insultés pour être une meute de radicaux
during these times he abused them for being a pack of Radicals
Il était un héros pour son valet, qui l'intimidait
He was a hero to his valet, who bullied him
et il était une terreur pour la plupart de ses parents, qu'il intimidait
and he was a terror to most of his relations, whom he bullied
Seule l'Angleterre aurait pu le produire
Only England could have produced him
et il disait toujours que le pays allait aux chiens
and he always said that the country was going to the dogs
Ses principes étaient dépassés
His principles were out of date

mais il y avait beaucoup à dire sur ses préjugés
but there was a good deal to be said for his prejudices
Quand lord Henry entra dans la chambre, il trouva son oncle assis dans un manteau de chasse rugueux
When Lord Henry entered the room, he found his uncle sitting in a rough shooting-coat
son oncle fumait un cheroot et se plaignait de ce qui était écrit dans le Times
his uncle was smoking a cheroot and grumbling over what was written in The Times
– Eh bien, Harry, dit le vieux monsieur, qu'est-ce qui vous fait sortir si tôt ?
"Well, Harry," said the old gentleman, "what brings you out so early?"
« Je croyais que vous ne vous leviez jamais avant deux heures, et que vous n'étiez pas visibles avant cinq heures. »
"I thought you dandies never got up till two, and were not visible till five"
« Pure affection familiale, je vous assure, oncle George »
"Pure family affection, I assure you, Uncle George"
« Je veux obtenir quelque chose de toi »
"I want to get something out of you"
– De l'argent, je suppose, dit lord Fermor en faisant une grimace
"Money, I suppose," said Lord Fermor, making a wry face
« Eh bien, asseyez-vous et racontez-moi tout »
"Well, sit down and tell me all about it"
« Les jeunes, aujourd'hui, imaginent que l'argent est tout »
"Young people, nowadays, imagine that money is everything"
– Oui, murmura lord Henry en mettant sa boutonnière dans son habit
"Yes," murmured Lord Henry, settling his button-hole in his coat
« Et quand ils grandissent, ils le savent »
"and when they grow older they know it"
« Mais je ne veux pas d'argent »
"But I don't want money"
« Il n'y a que les gens qui paient leurs factures qui veulent de l'argent »
"It is only people who pay their bills who want money"
et, comme vous le savez, oncle Georges, je ne paie jamais mes factures.
"and, as you know Uncle George, I never pay my bills"

« Le crédit est le capital d'un fils cadet »
"Credit is the capital of a younger son"
« Le crédit est quelque chose dont il peut vivre avec charme »
"credit is something he can live charmingly upon"
« D'ailleurs, je traite toujours avec les commerçants de Dartmoor »
"Besides, I always deal with Dartmoor's tradesmen"
« et par conséquent ils ne me dérangent jamais »
"and consequently they never bother me"
« Ce que je veux, c'est des informations, continua-t-il
"What I want is information," he went on
« pas d'informations utiles, bien sûr, mais des informations inutiles »
"not useful information, of course, but useless information"
« Eh bien, je peux vous dire tout ce qu'il y a dans un livre bleu anglais, Harry »
"Well, I can tell you anything that is in an English blue book, Harry"
« Bien que ces gars-là écrivent aujourd'hui beaucoup de bêtises »
"although those fellows nowadays write a lot of nonsense"
« Quand j'étais en diplomatie, les choses allaient beaucoup mieux »
"When I was in diplomacy things were much better"
« Mais j'ai entendu dire qu'ils les ont laissés entrer maintenant par examen »
"But I hear they let them in now by examination"
« À quoi pouvez-vous vous attendre ? »
"What can you expect?"
« Les examens, monsieur, sont de la pure fumisterie du début à la fin »
"Examinations, sir, are pure humbug from beginning to end"
« Si un homme est un gentleman, il en sait assez »
"If a man is a gentleman, he knows quite enough"
« Et s'il n'est pas un gentleman, tout ce qu'il sait est mauvais pour lui »
"and if he is not a gentleman, whatever he knows is bad for him"
– M. Dorian Gray n'appartient pas aux livres bleus, oncle George, dit lord Henry d'un ton langoureux
"Mr. Dorian Gray does not belong to blue books, Uncle George," said Lord Henry languidly
« M. Dorian Gray ? Qui est-il ? demanda lord Fermor en fronçant ses sourcils blancs broussailleux.
"Mr. Dorian Gray? Who is he?" asked Lord Fermor, knitting his bushy white eyebrows"

« C'est ce que je suis venu apprendre, oncle George. »
"That is what I have come to learn, Uncle George"
« Ou plutôt, je sais qui il est »
"Or rather, I know who he is"
« C'est le dernier petit-fils de Lord Kelso »
"He is the last Lord Kelso's grandson"
« Sa mère était une Devereux, Lady Margaret Devereux »
"His mother was a Devereux, Lady Margaret Devereux"
« Je veux que tu me parles de sa mère »
"I want you to tell me about his mother"
"Comment était-elle ? Qui a-t-elle épousé ?
"What was she like? Whom did she marry?"
« Tu as connu presque tout le monde dans ta vie, donc tu l'as peut-être connue »
"You have known nearly everybody in your time, so you might have known her"
« Je suis très intéressé par M. Gray en ce moment »
"I am very much interested in Mr. Gray at present"
« Je viens juste de le rencontrer »
"I have only just met him"
« Le petit-fils de Kelso ! » répéta le vieux monsieur
"Kelso's grandson!" echoed the old gentleman
« Le petit-fils de Kelso ! ... Bien sûr.... Je connaissais intimement sa mère"
"Kelso's grandson! ... Of course.... I knew his mother intimately"
« Je crois que j'étais à son baptême »
"I believe I was at her christening"
« C'était une fille extraordinairement belle, Margaret Devereux »
"She was an extraordinarily beautiful girl, Margaret Devereux"
« Elle a rendu tous les hommes frénétiques en s'enfuyant avec un jeune homme sans le sou
"she made all the men frantic by running away with a penniless young fellow
« un simple rien, monsieur, un subalterne dans un régiment d'infanterie, ou quelque chose de ce genre. »
"a mere nobody, sir, a subaltern in a foot regiment, or something of that kind"
— Certainement. Je me souviens de tout cela comme si c'était hier"
"Certainly. I remember the whole thing as if it happened yesterday"
« Le pauvre garçon a été tué en duel à Spa quelques mois après le mariage »

"The poor chap was killed in a duel at Spa a few months after the marriage"
« Il y avait une histoire horrible à ce sujet »
"There was an ugly story about it"
« Ils ont dit que Kelso avait engagé un aventurier coquin, une brute belge »
"They said Kelso hired some rascally adventurer, some Belgian brute"
« Il a été payé pour insulter son gendre en public »
"he was paid to insult his son-in-law in public"
« et que le gars a craché son homme comme s'il avait été un pigeon »
"and that the fellow spitted his man as if he had been a pigeon"
« La chose a été étouffée »
"The thing was hushed up"
« mais, egad, Kelso a mangé sa côtelette seul au club pendant un certain temps après »
"but, egad, Kelso ate his chop alone at the club for some time afterwards"
« Il a ramené sa fille avec lui, m'a-t-on dit »
"He brought his daughter back with him, I was told"
« Et elle ne lui a plus jamais parlé »
"and she never spoke to him again"
— Oh, oui ; c'est une mauvaise chose qui est arrivée"
"Oh, yes; it was a bad thing that happened"
« La fille est morte aussi, est morte en un an »
"The girl died, too, died within a year"
« Alors elle a laissé un fils, n'est-ce pas ? »
"So she left a son, did she?"
« J'avais oublié ça »
"I had forgotten that"
« Quel genre de garçon est-il ? »
"What sort of boy is he?"
« S'il est comme sa mère, il doit être un beau gars »
"If he is like his mother, he must be a good-looking chap"
– Il est très beau, acquiesça lord Henry.
"He is very good-looking," assented Lord Henry"
– J'espère qu'il tombera entre de bonnes mains, continua le vieillard
"I hope he will fall into proper hands," continued the old man
« Il devrait avoir une cagnotte d'argent qui l'attend si Kelso faisait ce qu'il fallait pour lui »

"He should have a pot of money waiting for him if Kelso did the right thing by him"
« Sa mère avait aussi de l'argent »
"His mother had money, too"
« Toute la propriété Selby lui est venue, par l'intermédiaire de son grand-père »
"All the Selby property came to her, through her grandfather"
« Son grand-père détestait Kelso, le considérait comme un chien méchant »
"Her grandfather hated Kelso, thought him a mean dog"
« C'était aussi un chien méchant »
"He was a mean dog, too"
« il est venu à Madrid une fois quand j'y étais »
"he came to Madrid once when I was there"
« Egad, j'avais honte de lui »
"Egad, I was ashamed of him"
« La reine avait l'habitude de me poser des questions sur le noble anglais qui se querellait toujours avec les cochers au sujet de leurs tarifs »
"The Queen used to ask me about the English noble who was always quarrelling with the cabmen about their fares"
« Ils en ont fait toute une histoire »
"They made quite a story of it"
« Je n'ai pas osé montrer mon visage à la Cour pendant un mois »
"I didn't dare show my face at Court for a month"
« J'espère qu'il a mieux traité son petit-fils que les jarvies »
"I hope he treated his grandson better than he did the jarvies"
– Je ne sais pas, répondit lord Henry
"I don't know," answered Lord Henry
« Je pense que le garçon sera à l'aise. »
"I fancy that the boy will be well off"
« Il n'est pas encore majeur »
"He is not of age yet"
« Il a Selby, je sais »
"He has Selby, I know"
"Il me l'a dit. Et... sa mère était très belle ?
"He told me so. And ... his mother was very beautiful?"
« Margaret Devereux était l'une des plus belles créatures que j'aie jamais vues, Harry »
"Margaret Devereux was one of the loveliest creatures I ever saw, Harry"

« Ce qui l'a poussée à se comporter comme elle l'a fait, je n'ai jamais pu le comprendre »
"What on earth induced her to behave as she did, I never could understand"
« Elle aurait pu épouser n'importe qui qu'elle voulait »
"She could have married anybody she chose"
« Carlington était fou après elle »
"Carlington was mad after her"
« Elle était romantique, cependant »
"She was romantic, though"
« Toutes les femmes de cette famille étaient romantiques »
"All the women of that family were romantic"
« Les hommes étaient pauvres, mais, egad ! les femmes étaient merveilleuses"
"The men were a poor lot, but, egad! the women were wonderful"
« Carlington s'est agenouillé devant elle »
"Carlington went on his knees to her"
il me l'a dit lui-même"
he told me so himself"
Elle se moqua de lui
She laughed at him
« et il n'y avait pas une fille à Londres à l'époque qui ne le cherchait »
"and there wasn't a girl in London at the time who wasn't after him"
« Et au fait, Harry, en parlant de mariages stupides » ;
"And by the way, Harry, talking about silly marriages;"
qu'est-ce que c'est que cette imbécile que votre père me dit à propos de Dartmoor qui veut épouser une Américaine ?
"what is this humbug your father tells me about Dartmoor wanting to marry an American?"
« Les filles anglaises ne sont-elles pas assez bonnes pour lui ? »
"Ain't English girls good enough for him?"
« Il est plutôt à la mode d'épouser des Américains en ce moment, oncle George »
"It is rather fashionable to marry Americans just now, Uncle George"
– Je soutiendrai les Anglaises contre le monde, Harry, dit lord Fermor
"I'll back English women against the world, Harry," said Lord Fermor
et il frappa la table du poing
and he struck the table with his fist
« Le pari est sur les Américains »

"The betting is on the Americans"
« Ils ne durent pas, m'a-t-on dit », murmura son oncle
"They don't last, I am told," muttered his uncle
« Un long engagement les épuise »
"A long engagement exhausts them"
« mais ils sont splendides à un steeple-chase »
"but they are splendid at a steeplechase"
« Ils prennent les choses dans leur foulée »
"They take things in their stride"
« Je ne pense pas que Dartmoor ait une chance »
"I don't think Dartmoor has a chance"
« Qui sont ses gens ? » grommela le vieux monsieur
"Who are her people?" grumbled the old gentleman
« En a-t-elle ? »
"Has she got any?"
Lord Henry secoua la tête
Lord Henry shook his head
« Les filles américaines sont aussi habiles à dissimuler leurs parents que les femmes anglaises le sont à dissimuler leur passé »
"American girls are as clever at concealing their parents, as English women are at concealing their past"
et il se leva, comme s'il se préparait à partir
and he got to his feet, as if he was getting ready to go
— Ce sont des emballeurs de porc, je suppose ?
"They are pork-packers, I suppose?"
« Je l'espère, oncle George, pour l'amour de Dartmoor. »
"I hope so, Uncle George, for Dartmoor's sake"
« On me dit que l'emballage du porc est la profession la plus lucrative en Amérique, après la politique »
"I am told that pork-packing is the most lucrative profession in America, after politics"
« Est-elle jolie ? »
"Is she pretty?"
« Elle se comporte comme si elle était belle »
"She behaves as if she was beautiful"
« La plupart des femmes américaines le font »
"Most American women do"
« C'est le secret de leur charme »
"It is the secret of their charm"
« Pourquoi ces femmes américaines ne peuvent-elles pas rester dans leur propre pays ? »

"Why can't these American women stay in their own country?"
« Ils nous disent toujours que c'est le paradis des femmes »
"They are always telling us that it is the paradise for women"
« C'est un paradis pour les femmes »
"It is a paradise for women"
— C'est la raison pour laquelle, comme Ève, ils sont si excessivement impatients de s'en tirer, dit lord Henry
"That is the reason why, like Eve, they are so excessively anxious to get out of it," said Lord Henry
« Au revoir, oncle George. Je serai en retard pour le déjeuner, si je m'arrête plus longtemps.
"Good-bye, Uncle George. I shall be late for lunch, if I stop any longer"
« Merci de m'avoir donné les informations que je voulais »
"Thanks for giving me the information I wanted"
« J'aime toujours tout savoir sur mes nouveaux amis »
"I always like to know everything about my new friends"
« et j'aime à ne rien savoir de mes vieux amis »
"and I like to know nothing about my old friends"
« Où déjeunez-vous, Harry ? »
"Where are you lunching, Harry?"
« Je déjeunerai chez tante Agathe. »
"I shall be lunching at Aunt Agatha's"
et j'ai invité M. Gray.
"and I have invited Mr. Gray"
« C'est son dernier protégé »
"He is her latest protégé"
« Hum ! dites à votre tante Agatha, Harry, de ne plus m'importuner avec ses appels à la charité.
"Humph! tell your Aunt Agatha, Harry, not to bother me any more with her charity appeals"
« J'en ai marre de ses repas de charité »
"I am sick of her charity meals"
« la bonne femme pense que je n'ai rien d'autre à faire que de faire des chèques pour ses lubies stupides »
"the good woman thinks I have nothing to do but to write cheques for her silly fads"
« Très bien, oncle George, je vais lui dire »
"All right, Uncle George, I'll tell her"
« Mais lui dire n'aura aucun effet »
"but telling her won't have any effect"

« Les philanthropes perdent tout sens de l'humanité »
"Philanthropic people lose all sense of humanity"
« C'est leur caractéristique distinctive »
"It is their distinguishing characteristic"
Le vieux monsieur grogna d'un air approbateur
The old gentleman growled approvingly
et il sonna pour son domestique
and he rang the bell for his servant
Lord Henry passa par l'arcade basse dans Burlington Street
Lord Henry passed up the low arcade into Burlington Street
et il tourna ses pas dans la direction de Berkeley Square
and he turned his steps in the direction of Berkeley Square
C'était donc l'histoire de la filiation de Dorian Gray
So that was the story of Dorian Gray's parentage
Aussi grossièrement qu'on le lui eût dit, il l'avait pourtant remué par la suggestion d'un roman étrange, presque moderne
Crudely as it had been told to him, it had yet stirred him by its suggestion of a strange, almost modern romance
Une belle femme qui risque tout pour une passion folle
A beautiful woman risking everything for a mad passion
Quelques semaines folles de bonheur écourtées par un crime hideux et perfide
A few wild weeks of happiness cut short by a hideous, treacherous crime
Des mois d'agonie sans voix, puis un enfant né dans la douleur
Months of voiceless agony, and then a child born in pain
La mère enlevée par la mort
The mother snatched away by death
le garçon laissé à la solitude
the boy left to solitude
et la tyrannie d'un vieil homme sans amour
and the tyranny of an old and loveless man
Oui ; C'était un contexte intéressant
Yes; it was an interesting background
Cela posait le garçon, le rendait plus parfait, pour ainsi dire
It posed the lad, made him more perfect, as it were
Derrière chaque chose exquise qui existait, il y avait quelque chose de tragique
Behind every exquisite thing that existed, there was something tragic
Les mondes devaient être en travail, pour que la fleur la plus méchante puisse souffler...

Worlds had to be in travail, so that the meanest flower might blow....
Et comme il avait été charmant au dîner la veille
And how charming he had been at dinner the night before
Les yeux effrayés et les lèvres entrouvertes de plaisir effrayé, il s'était assis en face de lui au club
with startled eyes and lips parted in frightened pleasure he had sat opposite to him at the club
les nuances rouges de la bougie tachant d'une rose plus riche l'émerveillement éveillé de son visage
the red candle shades staining to a richer rose the wakening wonder of his face
Lui parler, c'était comme jouer sur un violon exquis
Talking to him was like playing upon an exquisite violin
Il répondait à chaque contact et à chaque frisson de l'arc
He answered to every touch and thrill of the bow
Il y avait quelque chose de terriblement passionnant dans l'exercice de l'influence
There was something terribly enthralling in the exercise of influence
Aucune autre activité ne lui ressemblait
No other activity was like it
Projeter son âme dans une forme gracieuse
To project one's soul into some gracious form
de laisser son âme s'y attarder un instant
to let one's soul tarry there for a moment
entendre ses propres opinions intellectuelles se répercuter avec toute la musique supplémentaire de la passion et de la jeunesse
to hear one's own intellectual views echoed back to one with all the added music of passion and youth
transmettre son tempérament à un autre comme s'il s'agissait d'un fluide subtil ou d'un parfum étrange
to convey one's temperament into another as though it were a subtle fluid or a strange perfume
Il y avait une vraie joie là-dedans
there was a real joy in that
peut-être la joie la plus satisfaisante qui nous soit laissée à une époque aussi limitée et vulgaire que la nôtre
perhaps the most satisfying joy left to us in an age so limited and vulgar as our own
une époque grossièrement charnelle dans ses plaisirs
an age grossly carnal in its pleasures
une époque grossièrement commune dans ses objectifs

an age grossly common in its aims
C'était un type merveilleux, aussi, ce garçon
He was a marvellous type, too, this lad
ce garçon, il l'avait rencontré par un si curieux hasard dans l'atelier de Basil
this lad he had met by such curious chance in Basil's studio
il pouvait être façonné en un type de personne merveilleux
he could be fashioned into a marvellous type of person
La grâce était à lui, et la pureté blanche de l'enfance
Grace was his, and the white purity of boyhood
et il avait une beauté comme les vieux marbres grecs
and he had beauty like the old Greek marbles
Il n'y avait rien que l'on ne puisse faire avec lui
There was nothing that one could not do with him
Il pouvait être transformé en Titan ou en jouet
He could be made a Titan or a toy
Quel dommage qu'une telle beauté fût destinée à s'éteindre !
What a pity it was that such beauty was destined to fade!
Et quant à Basil, d'un point de vue psychologique, comme il était intéressant !
And as for Basil, from a psychological point of view, how interesting he was!
La nouvelle manière de voir l'art et la nouvelle façon de voir la vie
The new manner in art and the fresh mode of looking at life
il était si impressionnable par une simple présence visible
he was so impressionable by a mere visible presence
et cette présence visible est inconsciente de sa propre influence
and that visible presence is unconscious of its own influence
l'esprit silencieux qui habitait dans la forêt sombre
the silent spirit that dwelt in dim woodland
l'esprit silencieux qui marchait invisible en plein champ
the silent spirit that walked unseen in open field
soudain, elle se montre, comme une Dryade et sans peur
suddenly she shows herself, Dryadlike and not afraid
car elle ne se révèle que dans les âmes qui la cherchent
because she only reveals herself in the souls that look for her
les formes et les motifs des choses qui s'affinent
the mere shapes and patterns of things becoming refined
formes et motifs acquérant une sorte de valeur symbolique
shapes and patterns gaining a kind of symbolical value
comme si les formes étaient elles-mêmes des modèles d'une autre

forme plus parfaite
as though the forms were themselves patterns of some other and more perfect form
et ce sont leurs ombres qui rendent leurs motifs réels
and it is their shadows that make their patterns real
Comme tout cela était étrange !
how strange it all was!
Il se souvenait de quelque chose de semblable dans l'histoire
He remembered something like it in history
N'était-ce pas Platon, cet artiste de la pensée, qui l'avait analysé le premier ?
Was it not Plato, that artist in thought, who had first analyzed it?
N'est-ce pas Buonarotti qui l'avait gravé dans les marbres colorés d'une séquence de sonnets ?
Was it not Buonarotti who had carved it in the coloured marbles of a sonnet-sequence?
Mais à notre époque, c'était étrange
But in our own century it was strange
Oui; il savait qui ce serait pour Dorian Gray
Yes; he knew who it would be to Dorian Gray
il essaierait d'être à Dorian Gray ce que Dorian était au peintre
he would try to be to Dorian Gray what Dorian was to the painter
Il chercherait à le dominer, comme il l'avait déjà fait à moitié
He would seek to dominate him, how he had already half done so
Il s'approprierait cet esprit merveilleux
He would make that wonderful spirit his own
Il y avait quelque chose de fascinant chez ce fils de l'amour et de la mort
There was something fascinating in this son of love and death
Soudain, il s'arrêta et leva les yeux vers les maisons
Suddenly he stopped and glanced up at the houses
Il s'aperçut qu'il avait dépassé sa tante à une certaine distance
He found that he had passed his aunt's some distance
Souriant à lui-même, il retourna chez sa tante
smiling to himself, he turned back to his aunt's house
Lorsqu'il entra dans la salle un peu sombre, le majordome lui dit qu'ils étaient entrés pour déjeuner
When he entered the somewhat sombre hall, the butler told him that they had gone in to lunch
Il donna à l'un des valets de pied son chapeau et son bâton et entra dans la salle à manger

He gave one of the footmen his hat and stick and passed into the dining-room

– En retard comme d'habitude, Harry, s'écria sa tante en secouant la tête vers lui
"Late as usual, Harry," cried his aunt, shaking her head at him

Il inventa une excuse facile et s'assit à côté d'elle
He invented a facile excuse and took the seat next to her

puis il regarda autour de lui pour voir qui était là
then he looked round to see who was there

Dorian s'inclina timidement du bout de la table
Dorian bowed to him shyly from the end of the table

Une rougeur de plaisir s'échappa de sa joue
a flush of pleasure escaped into his cheek

En face se trouvait la duchesse de Harley, une dame d'une bonté et d'un bon caractère admirables
Opposite was the Duchess of Harley, a lady of admirable good-nature and good temper

Elle était très appréciée de tous ceux qui la connaissaient
she was much liked by everyone who knew her

Si elle n'avait pas été duchesse, les historiens contemporains l'auraient décrite comme forte
had she not been a duchess contemporary historians might have described her as stout

À côté d'elle était assis, à sa droite, Sir Thomas Burdon
Next to her sat, on her right, Sir Thomas Burdon

il était un député radical
he was a Radical member of Parliament

il a suivi son leader dans la vie publique
he followed his leader in public life

et dans la vie privée, il suivait les meilleurs cuisiniers
and in private life he followed the best cooks

il dînait avec les tories et pensait avec les libéraux
he dined with Tories and thought with the Liberals

Tout cela était conforme à une règle sage et bien connue
all of this was in accordance with a wise and well-known rule

Le poste à sa gauche était occupé par M. Erskine de Treadley
The post on her left was occupied by Mr. Erskine of Treadley

un vieux monsieur d'un charme et d'une culture considérables
an old gentleman of considerable charm and culture

il était cependant tombé dans de mauvaises habitudes de silence
he had fallen, however, into bad habits of silence

« tout ce que j'avais à dire, je l'ai dit avant d'avoir trente ans »
"everything I had to say I said before I was thirty"
Sa propre voisine était Mme Vandeleur, l'une des plus anciennes amies de sa tante
His own neighbour was Mrs. Vandeleur, one of his aunt's oldest friends
elle était une sainte parfaite parmi les femmes
she was a perfect saint amongst women
mais elle était si affreusement douée qu'elle rappelait un livre de cantiques mal relié
but she was so dreadfully dowdy that she reminded one of a badly bound hymn-book
Heureusement pour lui, elle avait de l'autre côté Lord Faudel
Fortunately for him she had on the other side Lord Faudel
Lord Faudel était un homme d'âge moyen très intelligent et médiocre
Lord Faudel was a most intelligent middle-aged mediocrity
aussi simple qu'une déclaration ministérielle à la Chambre des communes
as bald as a ministerial statement in the House of Commons
elle conversait avec lui de cette manière intensément sérieuse
she was conversing with him in that intensely earnest manner
C'est la seule erreur impardonnable, comme il l'a remarqué lui-même
this is the one unpardonable error, as he remarked once himself
Mais toutes les personnes vraiment bonnes tombent dans le piège
but all really good people fall into the trap
et personne n'échappe jamais tout à fait à ce piège
and no one ever quite escape escapes that trap
– Nous parlons du pauvre Dartmoor, lord Henry, s'écria la duchesse
"We are talking about poor Dartmoor, Lord Henry," cried the duchess
Elle lui fit un signe de tête agréable de l'autre côté de la table
she nodded pleasantly to him across the table
« Pensez-vous qu'il épousera vraiment cette jeune personne fascinante ? »
"Do you think he will really marry this fascinating young person?"
— Je crois qu'elle s'est décidée à le demander en mariage, duchesse.
"I believe she has made up her mind to propose to him, Duchess"
« Comme c'est affreux ! » s'écria lady Agatha
"How dreadful!" exclaimed Lady Agatha

« Vraiment, quelqu'un devrait intervenir »
"Really, someone should interfere"
— On m'a dit, de source sûre, que son père tient un magasin de marchandises sèches aux États-Unis, dit sir Thomas Burdon
"I am told, on excellent authority, that her father keeps an American dry-goods store," said Sir Thomas Burdon
« Mon oncle a déjà suggéré l'emballage du porc, Sir Thomas. »
"My uncle has already suggested pork-packing, Sir Thomas"
« Des marchandises sèches ! Qu'est-ce que la mercerie américaine ? demanda la duchesse
"Dry-goods! What are American dry-goods?" asked the duchess
et elle leva ses grandes mains d'étonnement et accentua le verbe
and she raised her large hands in wonder and accentuating the verb
— Des romans américains, répondit lord Henry en se servant de cailles
"American novels," answered Lord Henry, helping himself to some quail
La duchesse parut perplexe
The duchess looked puzzled
« Ne vous occupez pas de lui, ma chère, murmura lady Agatha
"Don't mind him, my dear," whispered Lady Agatha
« Il ne pense jamais rien de ce qu'il dit »
"He never means anything that he says"
« Quand l'Amérique a été découverte », dit le membre radical, et il commença à donner quelques faits ennuyeux
"When America was discovered," said the Radical member, and he began to give some wearisome facts
Comme toutes les personnes qui essaient d'épuiser un sujet, il a épuisé ses auditeurs
Like all people who try to exhaust a subject, he exhausted his listeners
La duchesse soupira et exerça son privilège d'interruption
The duchess sighed and exercised her privilege of interruption
« Je voudrais qu'il n'ait jamais été découvert du tout ! » s'écria-t-elle
"I wish to goodness it never had been discovered at all!" she exclaimed
« Vraiment, nos filles n'ont aucune chance de nos jours »
"Really, our girls have no chance nowadays"
« C'est très injuste »
"It is most unfair"
— Peut-être, après tout, l'Amérique n'a-t-elle jamais été découverte,

dit M. Erskine
"Perhaps, after all, America never has been discovered," said Mr. Erskine
« Je dirais moi-même qu'il a simplement été détecté »
"I myself would say that it had merely been detected"
« Oh ! mais j'ai vu des spécimens des habitants, répondit vaguement la duchesse
"Oh! but I have seen specimens of the inhabitants" answered the duchess vaguely
« Je dois avouer que la plupart d'entre eux sont extrêmement jolis »
"I must confess that most of them are extremely pretty"
« Et ils s'habillent bien aussi »
"And they dress well, too"
« Ils obtiennent toutes leurs robes à Paris »
"They get all their dresses in Paris"
« J'aimerais pouvoir me permettre de faire la même chose »
"I wish I could afford to do the same"
— On dit que quand les bons Américains meurent, ils vont à Paris, dit sir Thomas en riant
"They say that when good Americans die they go to Paris," chuckled Sir Thomas
il avait lui-même une grande garde-robe de vêtements abandonnés d'Humour
he himself had a large wardrobe of Humour's cast-off clothes
« Vraiment ! Et où vont les mauvais Américains quand ils meurent ? demanda la duchesse
"Really! And where do bad Americans go to when they die?" inquired the duchess
– Ils vont en Amérique, murmura lord Henry
"They go to America," murmured Lord Henry
Sir Thomas fronça les sourcils
Sir Thomas frowned
« Je crains que votre neveu n'ait des préjugés contre ce grand pays, dit-il à lady Agatha
"I am afraid that your nephew is prejudiced against that great country," he said to Lady Agatha
« J'ai voyagé dans toute l'Amérique dans des voitures fournies par les réalisateurs »
"I have travelled all over America in cars provided by the directors"
« en pareille matière, ils sont extrêmement civils »
"in such matters they are extremely civil"

« Je vous assure que c'est une éducation de le visiter »
"I assure you that it is an education to visit it"
– Mais faut-il vraiment voir Chicago pour être éduqué ? demanda M. Erskine d'un ton plaintif
"But must we really see Chicago in order to be educated?" asked Mr. Erskine plaintively
« Je ne me sens pas à la hauteur du voyage »
"I don't feel up to the journey"
Sir Thomas agita la main
Sir Thomas waved his hand
« M. Erskine de Treadley a le monde sur ses étagères »
"Mr. Erskine of Treadley has the world on his shelves"
« Nous, les hommes pratiques, aimons voir les choses, pas les lire »
"We practical men like to see things, not to read about them"
« Les Américains sont un peuple extrêmement intéressant »
"The Americans are an extremely interesting people"
« Ils sont absolument raisonnables »
"They are absolutely reasonable"
« Je pense que c'est leur caractéristique distinctive »
"I think that is their distinguishing characteristic"
« Oui, M. Erskine, un peuple absolument raisonnable »
"Yes, Mr. Erskine, an absolutely reasonable people"
« Je vous assure qu'il n'y a pas de bêtises à propos des Américains »
"I assure you there is no nonsense about the Americans"
– Comme c'est affreux ! s'écria lord Henry
"How dreadful!" cried Lord Henry
« Je peux supporter la force brute, mais la raison brutale est tout à fait insupportable »
"I can stand brute force, but brute reason is quite unbearable"
« Il y a quelque chose d'injuste dans son utilisation »
"There is something unfair about its use"
« Cela frappe en dessous de l'intellect »
"It is hitting below the intellect"
– Je ne vous comprends pas, dit sir Thomas en rougissant un peu
"I do not understand you," said Sir Thomas, growing rather red
– Oui, lord Henry, murmura M. Erskine avec un sourire
"I do, Lord Henry," murmured Mr. Erskine, with a smile
« Les paradoxes sont tous très bien à leur manière... » rejoignit le baronnet
"Paradoxes are all very well in their way...." rejoined the baronet
– Était-ce un paradoxe ? demanda M. Erskine

"Was that a paradox?" asked Mr. Erskine
"Je ne pensais pas que c'était un paradoxe. Peut-être que c'était le cas"
"I did not think it was a paradox. Perhaps it was"
« Eh bien, la voie des paradoxes est la voie de la vérité »
"Well, the way of paradoxes is the way of truth"
« Pour tester la réalité, nous devons la voir sur la corde raide »
"To test reality we must see it on the tight rope"
« Quand les vérités deviennent acrobates, nous pouvons les juger »
"When the verities become acrobats, we can judge them"
« Mon Dieu ! dit lady Agatha, comme vous vous disputez ! »
"Dear me!" said Lady Agatha, "how you men argue!"
« Je suis sûr que je ne pourrai jamais comprendre de quoi vous parlez »
"I am sure I never can make out what you are talking about"
« Oh ! Harry, je suis assez fâché contre toi »
"Oh! Harry, I am quite vexed with you"
« Pourquoi essayez-vous de persuader notre gentil M. Dorian Gray d'abandonner l'East End ? »
"Why do you try to persuade our nice Mr. Dorian Gray to give up the East End?"
« Je vous assure qu'il serait d'une valeur inestimable »
"I assure you he would be quite invaluable"
« Ils adoreraient qu'il joue du piano »
"They would love his playing the piano"
– Je veux qu'il joue avec moi, s'écria lord Henry en souriant
"I want him to play to me," cried Lord Henry, smiling
et il regarda la table et surprit un regard brillant
and he looked down the table and caught a bright answering glance
— Mais ils sont si malheureux à Whitechapel, continua lady Agatha
"But they are so unhappy in Whitechapel," continued Lady Agatha
– Je peux sympathiser avec tout, excepté avec la souffrance, dit lord Henry en haussant les épaules
"I can sympathize with everything except suffering," said Lord Henry, shrugging his shoulders
« Je ne peux pas sympathiser avec cela »
"I cannot sympathize with that"
« C'est trop laid, trop horrible, trop affligeant »
"It is too ugly, too horrible, too distressing"
« Il y a quelque chose de terriblement morbide dans la sympathie moderne avec la douleur »

"There is something terribly morbid in the modern sympathy with pain"
« Il faut sympathiser avec la couleur, la beauté, la joie de vivre »
"One should sympathize with the colour, the beauty, the joy of life"
« Moins on en dit sur les plaies de la vie, mieux c'est »
"The less said about life's sores, the better"
– Pourtant, l'East End est un problème très important, remarqua Sir Thomas en secouant gravement la tête
"Still, the East End is a very important problem," remarked Sir Thomas with a grave shake of the head
– Tout à fait, répondit le jeune lord
"Quite so," answered the young lord
« C'est le problème de l'esclavage, et nous essayons de le résoudre en amusant les esclaves »
"It is the problem of slavery, and we try to solve it by amusing the slaves"
Le politicien le regarda attentivement
The politician looked at him keenly
« Quel changement proposez-vous, alors ? » demanda-t-il
"What change do you propose, then?" he asked
Lord Henry rit
Lord Henry laughed
« Je ne désire rien changer en Angleterre, excepté le temps, répondit-il
"I don't desire to change anything in England except the weather," he answered
« Je suis tout à fait satisfait de la contemplation philosophique »
"I am quite content with philosophic contemplation"
« Mais, le XIXe siècle a fait faillite à cause d'une dépense excessive de sympathie »
"But, the nineteenth century has gone bankrupt through an over-expenditure of sympathy"
« Je suggérerais donc que nous fassions appel à la science pour nous remettre dans le droit chemin »
"so I would suggest that we should appeal to science to put us straight"
« L'avantage des émotions est qu'elles nous égarent »
"The advantage of the emotions is that they lead us astray"
« Et l'avantage de la science est qu'elle n'est pas émotionnelle »
"and the advantage of science is that it is not emotional"
— Mais nous avons de si graves responsabilités, hasarda

timidement Mme Vandeleur
"But we have such grave responsibilities," ventured Mrs. Vandeleur timidly
— **Terriblement grave, répéta lady Agatha**
"Terribly grave," echoed Lady Agatha
Lord Henry regarda M. Erskine
Lord Henry looked over at Mr. Erskine
« **L'humanité se prend trop au sérieux** »
"Humanity takes itself too seriously"
« **C'est le péché originel du monde** »
"It is the world's original sin"
« **Si l'homme des cavernes avait su rire, l'histoire aurait été différente** »
"If the caveman had known how to laugh, history would have been different"
« **Vous êtes vraiment très réconfortante** », **gazouilla la duchesse**
"You are really very comforting," warbled the duchess
« **Je me suis toujours sentie un peu coupable quand je suis venue voir votre chère tante.** »
"I have always felt rather guilty when I came to see your dear aunt"
« **parce que je ne m'intéresse pas du tout à l'East End** »
"because I take no interest at all in the East End"
« **Pour l'avenir, je pourrai la regarder en face sans rougir** »
"For the future I shall be able to look her in the face without a blush"
— **Rougir est très convenable, duchesse, remarqua lord Henry**
"A blush is very becoming, Duchess," remarked Lord Henry
« **Seulement quand on est jeune** », **répondit-elle**
"Only when one is young," she answered
« **Quand une vieille femme comme moi rougit, c'est un très mauvais signe** »
"When an old woman like myself blushes, it is a very bad sign"
— **Ah ! Lord Henry, j'aimerais que vous me disiez comment redevenir jeune.**
"Ah! Lord Henry, I wish you would tell me how to become young again"
Il réfléchit un instant
He thought for a moment
« **Vous souvenez-vous d'une grande erreur que vous ayez commise dans votre jeunesse, duchesse ? demanda-t-il**
"Can you remember any great error that you committed in your early days, Duchess?" he asked

et il la regarda de l'autre côté de la table
and he looked at her across the table
— J'ai fait beaucoup d'erreurs, je le crains, s'écria-t-elle
"I have made a great many errors, I fear," she cried
— Alors recommencez-les, dit-il gravement
"Then commit them over again," he said gravely
« Pour retrouver sa jeunesse, il suffit de répéter ses folies »
"To get back one's youth, one has merely to repeat one's follies"
« Une délicieuse théorie ! » s'exclama-t-elle
"A delightful theory!" she exclaimed
« Je dois mettre ta théorie en pratique »
"I must put your theory into practice"
« Une théorie dangereuse ! » sortit des lèvres serrées de Sir Thomas
"A dangerous theory!" came from Sir Thomas's tight lips
Lady Agatha secoua la tête, mais ne put s'empêcher d'être amusée
Lady Agatha shook her head, but could not help being amused
M. Erskine écouta
Mr. Erskine listened
« Oui, continua-t-il, c'est l'un des grands secrets de la vie »
"Yes," he continued, "that is one of the great secrets of life"
« De nos jours, la plupart des gens meurent d'une sorte de bon sens rampant »
"Nowadays most people die of a sort of creeping common sense"
« Et ils découvrent quand il est trop tard que les seules choses que l'on ne regrette jamais, ce sont ses erreurs »
"and they discover when it is too late that the only things one never regrets are one's mistakes"
Un rire courut autour de la table
A laugh ran round the table
Il joua avec l'idée et devint obstiné ; l'a lancé en l'air et l'a transformé
He played with the idea and grew wilful; tossed it into the air and transformed it
il laissa échapper la pensée et la reprit ; l'a rendue irisée de fantaisie et l'a ailée de paradoxe
he let the thought escape and recaptured it; made it iridescent with fancy and winged it with paradox
L'éloge de la folie, à mesure qu'il avançait, s'élevait en une philosophie
The praise of folly, as he went on, soared into a philosophy
et la philosophie elle-même est devenue jeune

and philosophy herself became young
on pourrait l'imaginer portant sa robe tachée de vin et sa couronne de lierre
one might fancy her wearing her wine-stained robe and wreath of ivy
et saisissant la folle musique du plaisir, elle dansait comme une Bacchante sur les collines de la vie
and catching the mad music of pleasure, she danced like a Bacchante over the hills of life
et elle se moquait du Silène lent parce qu'il était sobre
and she mocked the slow Silenus for being sober
Les faits fuyaient devant elle comme des choses effrayées de la forêt
Facts fled before her like frightened forest things
Ses pieds blancs foulaient l'immense presse devant laquelle le sage Omar est assis
Her white feet trod the huge press at which wise Omar sits
jusqu'à ce que le jus de raisin bouillonnant s'élevât autour de ses membres nus en vagues de bulles pourpres
till the seething grape-juice rose round her bare limbs in waves of purple bubbles
ou elle rampait dans l'écume rouge sur les côtés noirs, dégoulinants et inclinés de la cuve
or she crawled in red foam over the vat's black, dripping, sloping sides
C'était une improvisation extraordinaire
It was an extraordinary improvisation
Il sentit que les yeux de Dorian Gray étaient fixés sur lui
He felt that the eyes of Dorian Gray were fixed on him
la conscience qu'il y avait parmi son auditoire quelqu'un dont il voulait fasciner le tempérament
the consciousness that amongst his audience there was one whose temperament he wished to fascinate
sa conscience semblait donner à son esprit de la vivacité et donner de la couleur à son imagination
his consciousness seemed to give his wit keenness and to lend colour to his imagination
Il était brillant, fantastique, irresponsable
He was brilliant, fantastic, irresponsible
Il charmait ses auditeurs en eux-mêmes
He charmed his listeners out of themselves
et ils suivirent sa pipe en riant

and they followed his pipe, laughing
Dorian Gray ne le quittait jamais des yeux
Dorian Gray never took his gaze off him
mais il resta assis comme un homme sous le charme
but he sat like one under a spell
des sourires se poursuivant sur ses lèvres
smiles chasing each other over his lips
et l'étonnement grandit dans ses yeux sombres
and wonder growing grave in his darkening eyes
Enfin, vêtue du costume de l'époque, la réalité entra dans la pièce sous la forme d'un serviteur
At last, liveried in the costume of the age, reality entered the room in the shape of a servant
Il vint dire à la duchesse que sa voiture l'attendait
he came to tell the duchess that her carriage was waiting
Elle se tordit les mains d'un désespoir feint
She wrung her hands in mock despair
« Comme c'est ennuyeux ! » s'écria-t-elle
"How annoying!" she cried
« Je dois y aller, je dois appeler mon mari au club »
"I must go, I have to call for my husband at the club"
« Je l'emmènerai à une réunion absurde à Willis's Rooms »
"I will take him to some absurd meeting at Willis's Rooms"
« Et là, il va être dans le fauteuil »
"and there he is going to be in the chair"
« Si je suis en retard, il est sûr d'être furieux »
"If I am late he is sure to be furious"
« et je ne pourrais pas avoir une scène dans ce bonnet »
"and I couldn't have a scene in this bonnet"
« C'est beaucoup trop fragile »
"It is far too fragile"
« Un mot dur le gâcherait »
"A harsh word would ruin it"
« Non, il faut que je m'en aille, chère Agatha »
"No, I must go, dear Agatha"
« Au revoir, lord Henry, vous êtes tout à fait charmant et terriblement démoralisant. »
"Good-bye, Lord Henry, you are quite delightful and dreadfully demoralizing"
« Je suis sûr que je ne sais pas quoi dire sur vos opinions »
"I am sure I don't know what to say about your views"

« Il faut que vous veniez dîner avec nous un soir. »
"You must come and dine with us some night"
"Mardi ? Êtes-vous désengagé mardi ?"
"Tuesday? Are you disengaged Tuesday?"
– Pour vous, je jetterais n'importe qui, duchesse, dit lord Henry en s'inclinant
"For you I would throw over anybody, Duchess," said Lord Henry with a bow
— Ah ! c'est très gentil et très mal de votre part, s'écria-t-elle
"Ah! that is very nice, and very wrong of you," she cried
je puis compter sur votre venue, et elle sortit de la chambre
"so I can count on you coming," and she swept out of the room
Lady Agatha et les autres dames la suivirent
Lady Agatha and the other ladies followed her
Lord Henry s'était rassis
Lord Henry had sat down again
M. Erskine se retourna et prit une chaise près de lord Henry
Mr. Erskine moved roundand took a chair close to Lord Henry
et il posa sa main sur son bras
and he placed his hand upon his arm
« Vous parlez aussi bien qu'un livre, dit-il
"You talk as well as a book," he said
« Pourquoi n'écrivez-vous pas un livre ? »
"why don't you write a book?"
« J'aime trop lire les livres pour me soucier d'en écrire, monsieur Erskine »
"I am too fond of reading books to care to write them, Mr. Erskine"
« J'aimerais écrire un roman certainement. »
"I should like to write a novel certainly"
« un roman qui serait aussi beau qu'un tapis persan, et aussi irréel »
"a novel that would be as lovely as a Persian carpet, and as unreal"
« Mais il n'y a pas de public littéraire en Angleterre pour quoi que ce soit d'autre que les journaux, les abécédaires et les encyclopédies »
"But there is no literary public in England for anything except newspapers, primers, and encyclopaedias"
« De tous les peuples du monde, les Anglais ont le moins grand sens de la beauté de la littérature »
"Of all people in the world the English have the least sense of the beauty of literature"

– Je crains que vous n'ayez raison, répondit M. Erskine
"I fear you are right," answered Mr. Erskine

« J'avais moi-même des ambitions littéraires, mais je les ai abandonnées depuis longtemps »
"I myself used to have literary ambitions, but I gave them up long ago"

« Et maintenant, mon cher jeune ami, si vous me permettez de vous appeler ainsi. »
"And now, my dear young friend, if you will allow me to call you so"

puis-je vous demander si vous pensiez vraiment tout ce que vous nous avez dit au déjeuner ?
"may I ask if you really meant all that you said to us at lunch?"

– J'oublie tout à fait ce que j'ai dit, sourit lord Henry
"I quite forget what I said," smiled Lord Henry

« Est-ce que tout cela était très mauvais ? »
"Was it all very bad?"

— Très mauvais, confirma M. Erskine
"Very bad indeed," Mr. Erskine confirmed

« En fait, je vous considère comme extrêmement dangereux »
"In fact, I consider you extremely dangerous"

« Dieu nous en préserve, il arrive quoi que ce soit à notre bonne duchesse »
"God forbid anything happens to our good duchess"

« Nous vous considérerions tous comme le premier responsable »
"we would all look on you as being primarily responsible"

« Mais j'aimerais vous parler de la vie »
"But I should like to talk to you about life"

« La génération dans laquelle je suis né était ennuyeuse »
"The generation into which I was born was tedious"

« Un jour, quand vous serez fatigué de Londres, descendez à Treadley. »
"Some day, when you are tired of London, come down to Treadley"

« et expliquez-moi votre philosophie du plaisir autour d'un peu de Bourgogne »
"and expound to me your philosophy of pleasure over some Burgundy"

« Il se trouve que j'ai le plaisir de posséder une bouteille très admirable »
"I happen to have the pleasure of possessing a very admirable bottle"

« Je serais charmé ; une visite à Treadley serait un grand privilège"
"I would be charmed; a visit to Treadley would be a great privilege"

« Treadly a un hôte parfait et une bibliothèque parfaite »
"Treadly has a perfect host, and a perfect library"
– Vous compléterez la bibliothèque, répondit le vieux monsieur avec un salut courtois
"You will complete the library," answered the old gentleman with a courteous bow
« Et maintenant, je dois dire au revoir à votre excellente tante. »
"And now I must bid good-bye to your excellent aunt"
« Je dois arriver à l'Athenaeum »
"I am due at the Athenaeum"
« C'est l'heure où nous dormons là-bas »
"It is the hour when we sleep there"
« Vous tous, monsieur Erskine ? »
"All of you, Mr. Erskine?"
« Nous sommes quarante, dans quarante fauteuils »
"Forty of us, in forty arm-chairs"
« Nous nous entraînons pour une Académie anglaise des lettres »
"We are practising for an English Academy of Letters"
Lord Henry rit et se leva
Lord Henry laughed and rose
« Je vais au parc, s'écria-t-il
"I am going to the park," he cried
Alors qu'il sortait de la porte, Dorian Gray lui toucha le bras
As he was passing out of the door, Dorian Gray touched him on the arm
« Laissez-moi venir avec vous », murmura-t-il
"Let me come with you," he murmured
– Mais je croyais que vous aviez promis à Basil Hallward d'aller le voir, répondit lord Henry
"But I thought you had promised Basil Hallward to go and see him," answered Lord Henry
« J'aimerais mieux venir avec vous ; Ouais, je sens que je dois le faire"
"I would rather come with you; yes, I feel I must"
« S'il te plaît, laisse-moi venir avec toi »
"please do let me me come with you"
— Et vous me promettrez de me parler tout le temps ?
"And you will promise to talk to me all the time?"
Personne ne parle aussi merveilleusement que vous.
"No one talks so wonderfully as you do."
— Ah ! J'ai assez parlé pour aujourd'hui, dit lord Henry en souriant

"Ah! I have talked quite enough for to-day," said Lord Henry, smiling
« Tout ce que je veux maintenant, c'est regarder la vie »
"All I want now is to look at life"
« Vous pouvez venir voir la vie avec moi, si vous le voulez »
"You may come and look at life with me, if you care to"

Chapitre quatre
Chapter Four

Un après-midi, un mois plus tard, Dorian Gray était allongé dans un luxueux fauteuil
One afternoon, a month later, Dorian Gray was reclining in a luxurious arm-chair

il était dans la petite bibliothèque de la maison de lord Henry à Mayfair
he was in the little library of Lord Henry's house in Mayfair

C'était, à sa manière, une chambre très charmante
It was, in its way, a very charming room

la pièce avait de hautes lambrissures de chêne teinté d'olivier
the room had high panelled wainscoting of olive-stained oak

frise de couleur crème et plafond en plâtre surélevé
cream-coloured frieze and ceiling of raised plasterwork

et des tapis persans à longues franges pendaient dans la pièce
and long-fringed Persian rugs hung about the room

Sur une petite table en bois de satin se trouvait une statuette de Clodion
On a tiny satinwood table stood a statuette by Clodion

et à côté de la statue se trouvait un exemplaire des Cent Nouvelles
and beside the statue lay a copy of Les Cent Nouvelles

le livre a été relié pour Marguerite de Valois par Clovis Eve
the book was bound for Margaret of Valois by Clovis Eve

et il était poudré des marguerites dorées que la reine avait choisies
and it was powdered with the gilt daisies that Queen had selected

Quelques grandes jarres en porcelaine bleue et des tulipes-perroquets étaient disposées sur la cheminée
Some large blue china jars and parrot-tulips were arranged on the mantelshelf

et à travers les petits carreaux plombés de la fenêtre ruisselait une lumière couleur abricot
and through the small leaded panes of the window streamed apricot-coloured light

la lumière couleur abricot d'une journée d'été à Londres
the apricot-coloured light of a summer day in London

Lord Henry n'était pas encore entré
Lord Henry had not yet come in

Il était toujours en retard par principe
He was always late on principle

son principe étant que la ponctualité est le voleur de temps

his principle being that punctuality is the thief of time
Le garçon avait donc l'air plutôt boudeur
So the lad was looking rather sulky
il avait trouvé une édition richement illustrée de Manon Lescaut
he had found an elaborately illustrated edition of Manon Lescaut
les doigts nonchalants, il tourna les pages
with listless fingers he turned over the pages
Le tic-tac monotone de l'horloge Louis Quatorze l'agaçait
The formal monotonous ticking of the Louis Quatorze clock annoyed him
Une ou deux fois, il songea à s'en aller
Once or twice he thought of going away
Enfin, il entendit un pas dehors, et la porte s'ouvrit
At last he heard a step outside, and the door opened
« Comme vous êtes en retard, Harry ! » murmura-t-il
"How late you are, Harry!" he murmured
– Je crains que ce ne soit pas Harry, monsieur Gray, répondit une voix aiguë
"I am afraid it is not Harry, Mr. Gray," answered a shrill voice
Il jeta un coup d'œil rapide autour de lui et se leva
He glanced quickly round and rose to his feet
« Je vous demande pardon. Je pensais...
"I beg your pardon. I thought—"
« Tu pensais que c'était mon mari »
"You thought it was my husband"
« Ce n'est que sa femme »
"It is only his wife"
« Vous devez me laisser me présenter »
"You must let me introduce myself"
« Je vous connais assez bien par vos photographies »
"I know you quite well by your photographs"
« Je pense que mon mari en a dix-sept »
"I think my husband has got seventeen of them"
– Pas dix-sept ans, lady Henry ?
"Not seventeen, Lady Henry?"
« Eh bien, dix-huit, alors »
"Well, eighteen, then"
« Et je t'ai vu avec lui l'autre soir à l'opéra »
"And I saw you with him the other night at the opera"
Elle rit nerveusement en parlant
She laughed nervously as she spoke

et elle le regardait de ses yeux vagues de myosotis
and she watched him with her vague forget-me-not eyes
C'était une femme curieuse
She was a curious woman
ses robes semblaient toujours avoir été conçues dans une rage
her dresses always looked as if they had been designed in a rage
et elle avait l'air d'avoir mis ses robes dans une tempête
and she looked as if she had put put her dresses on in a tempest
Elle était généralement amoureuse de quelqu'un
She was usually in love with somebody
et, comme sa passion ne lui était jamais rendue, elle avait gardé toutes ses illusions
and, as her passion was never returned, she had kept all her illusions
Elle essaya d'avoir l'air pittoresque, mais ne réussit qu'à être désordonnée
She tried to look picturesque, but only succeeded in being untidy
Elle s'appelait Victoria et elle avait une manie parfaite pour aller à l'église
Her name was Victoria, and she had a perfect mania for going to church

— C'était à Lohengrin, lady Henry, je crois ?
"That was at Lohengrin, Lady Henry, I think?"
— Oui ; c'était chez le cher Lohengrin"
"Yes; it was at dear Lohengrin"
« J'aime la musique de Wagner mieux que quiconque »
"I like Wagner's music better than anybody's"
« C'est si fort qu'on peut parler tout le temps »
"It is so loud that one can talk the whole time"
« Et il n'y a pas de danger que d'autres personnes entendent ce que l'on dit »
"and there is no danger other people hear what one says"
— C'est un grand avantage, ne pensez-vous pas, monsieur Gray ?
"That is a great advantage, don't you think so, Mr. Gray?"
Le même rire nerveux et staccato s'échappa de ses lèvres minces
The same nervous staccato laugh broke from her thin lips
et ses doigts se mirent à jouer avec un long coupe-papier en écaille de tortue
and her fingers began to play with a long tortoise-shell paper-knife
Dorian sourit et secoua la tête
Dorian smiled and shook his head
« J'ai bien peur de ne pas le penser, lady Henry. »

"I am afraid I don't think so, Lady Henry"
« Je ne parle jamais pendant la musique, du moins pas pendant la bonne musique »
"I never talk during music, at least not during good music"
« Si l'on entend de la mauvaise musique, il est de son devoir de la noyer dans la conversation »
"If one hears bad music, it is one's duty to drown it in conversation"
— Ah ! c'est l'un des points de vue d'Harry, n'est-ce pas, monsieur Gray ?
"Ah! that is one of Harry's views, isn't it, Mr. Gray?"
« J'entends toujours le point de vue de Harry de la part de ses amis »
"I always hear Harry's views from his friends"
« C'est la seule façon pour moi de connaître ses opinions »
"It is the only way I get to know of his views"
« Mais vous ne devez pas penser que je n'aime pas la bonne musique »
"But you must not think I don't like good music"
« J'adore la bonne musique, mais j'en ai peur »
"I adore good music, but I am afraid of it"
« La bonne musique me rend trop romantique »
"good music makes me too romantic"
« J'ai simplement adoré les pianistes »
"I have simply worshipped pianists"
« Deux à la fois, parfois, me dit Harry »
"two at a time, sometimes, Harry tells me"
« Je ne sais pas ce qu'il en est »
"I don't know what it is about them"
« Peut-être est-ce qu'ils sont étrangers »
"Perhaps it is that they are foreigners"
« Ils le sont tous, n'est-ce pas ? »
"They all are, ain't they?"
Même ceux qui sont nés en Angleterre deviennent étrangers après un certain temps, n'est-ce pas ?
Even those that are born in England become foreigners after a time, don't they?"
« C'est tellement intelligent de leur part, et un tel compliment à l'art »
"It is so clever of them, and such a compliment to art"
« Cela le rend assez cosmopolite, n'est-ce pas ? »
"Makes it quite cosmopolitan, doesn't it?"

– Vous n'êtes jamais allé à aucune de mes fêtes, n'est-ce pas, monsieur Gray ?
"You have never been to any of my parties, have you, Mr. Gray?"
« Vous devez venir à l'une de mes fêtes »
"You must come to one of my parties"
« Je n'ai pas les moyens d'acheter des orchidées, mais je n'épargne pas les dépenses des étrangers »
"I can't afford orchids, but I spare no expense in foreigners"
« Ils rendent les chambres si pittoresques »
"They make one's rooms look so picturesque"
mais voici Harry !
"but here is Harry!"
« Harry, je suis venu te chercher, te demander quelque chose »
"Harry, I came in to look for you, to ask you something"
« J'ai oublié ce que je voulais te demander »
"I forget what it was that I wanted to ask you"
« mais au lieu de cela, j'ai trouvé M. Gray ici »
"but instead I found Mr. Gray here"
« Nous avons eu une conversation si agréable sur la musique »
"We have had such a pleasant chat about music"
« Nous avons à peu près les mêmes idées »
"We have quite the same ideas"
— Non ; Je pense que nos idées sont très différentes"
"No; I think our ideas are quite different"
« Mais il a été très agréable »
"But he has been most pleasant"
« Je suis tellement content de l'avoir vu »
"I am so glad I've seen him"
– Je suis charmé, mon amour, tout à fait charmé, dit lord Henry
"I am charmed, my love, quite charmed," said Lord Henry
et il leva ses sourcils sombres en forme de croissant
and he elevated his dark, crescent-shaped eyebrows
Il les regarda tous les deux avec un sourire amusé
he looked at them both with an amused smile
« Désolé d'être en retard, Dorian »
"So sorry I am late, Dorian"
« Je suis allé m'occuper d'un vieux brocart dans Wardour Street »
"I went to look after a piece of old brocade in Wardour Street"
« et j'ai dû négocier pendant des heures pour cela »
"and I had to bargain for hours for it"
« De nos jours, les gens connaissent le prix de tout et la valeur de

rien »
"Nowadays people know the price of everything and the value of nothing"
– **Je crains de devoir partir, s'écria lady Henry**
"I am afraid I must be going," exclaimed Lady Henry
et elle rompit un silence gênant avec son rire soudain et stupide
and she broke an awkward silence with her silly sudden laugh
« **J'ai promis de conduire avec la duchesse** »
"I have promised to drive with the duchess"
« **Au revoir, monsieur Gray. Au revoir, Harry.**
"Good-bye, Mr. Gray. Good-bye, Harry"
« **Vous dînez au restaurant, je suppose ? Moi aussi**"
"You are dining out, I suppose? So am I"
« **Peut-être vous verrai-je chez lady Thornbury** »
"Perhaps I shall see you at Lady Thornbury's"
– **J'ose le dire, ma chère, dit lord Henry en fermant la porte derrière elle**
"I dare say, my dear," said Lord Henry, shutting the door behind her
Elle ressemblait à un oiseau de paradis qui avait passé toute la nuit sous la pluie
she looked like a bird of paradise that had been out all night in the rain
et elle sortit de la chambre, laissant une légère odeur de frangipanier
and so she flitted out of the room, leaving a faint odour of frangipani
Puis il alluma une cigarette et se jeta sur le canapé
Then he lit a cigarette and flung himself down on the sofa
il a pris quelques bouffées de sa cigarette
he had a few puffs of his cigarette
« **N'épouse jamais une femme aux cheveux couleur paille, Dorian** »
"Never marry a woman with straw-coloured hair, Dorian"
« **Pourquoi, Harry ?** »
"Why, Harry?"
« **Parce qu'ils sont si sentimentaux** »
"Because they are so sentimental"
« **Mais j'aime les gens sentimentaux** »
"But I like sentimental people"
« **Ne te marie jamais du tout, Dorian** »
"Never marry at all, Dorian"
« **Les hommes se marient parce qu'ils sont fatigués** »
"Men marry because they are tired"

« Les femmes se marient parce qu'elles sont curieuses »
"women marry because they are curious"
« Les deux sont déçus par le mariage »
"both are disappointed by marriage"
« Je ne pense pas que je sois susceptible de me marier, Harry »
"I don't think I am likely to marry, Harry"
« Je suis trop amoureux »
"I am too much in love"
« C'est l'un de vos aphorismes »
"That is one of your aphorisms"
« Je le mets en pratique, comme je fais tout ce que vous dites »
"I am putting it into practice, as I do everything that you say"
– De qui êtes-vous amoureux ? demanda lord Henry après une pause
"Who are you in love with?" asked Lord Henry after a pause
— Je suis amoureux d'une actrice, dit Dorian Gray en rougissant
"I'm in love with an actress," said Dorian Gray, blushing
Lord Henry haussa les épaules
Lord Henry shrugged his shoulders
« C'est un début plutôt banal »
"That is a rather commonplace début"
« Tu ne le dirais pas si tu la voyais, Harry »
"You would not say so if you saw her, Harry"
« Qui est-elle ? »
"Who is she?"
« Elle s'appelle Sibyl Vane »
"Her name is Sibyl Vane"
« Je n'ai jamais entendu parler d'elle »
"Never heard of her"
Personne ne l'a fait.
"No one has.
« Les gens le feront un jour, cependant »
"People will someday, however"
« C'est un génie »
"She is a genius"
« Mon cher garçon, aucune femme n'est un génie »
"My dear boy, no woman is a genius"
« Les femmes sont un sexe décoratif »
"Women are a decorative sex"
« Ils n'ont jamais rien à dire, mais ils le dis-le avec charme »
"They never have anything to say, but they say it charmingly"

« Les femmes représentent le triomphe de la matière sur l'esprit »
"Women represent the triumph of matter over mind"
« Tout comme les hommes représentent le triomphe de l'esprit sur la morale »
"just as men represent the triumph of mind over morals"
« Harry, comment peux-tu ? »
"Harry, how can you?"
« Mon cher Dorian, c'est bien vrai. »
"My dear Dorian, it is quite true"
« J'analyse les femmes en ce moment, donc je devrais savoir »
"I am analysing women at present, so I ought to know"
« Le sujet n'est pas aussi abscons que je le pensais »
"The subject is not so abstruse as I thought it was"
« Je trouve qu'en fin de compte, il n'y a que deux types de femmes »
"I find that, ultimately, there are only two kinds of women"
« Il y a le genre de femme simple, et le genre de couleur »
"there is the plain kind of woman, and the coloured kind"
« Les femmes simples sont très utiles »
"The plain women are very useful"
« Si vous voulez acquérir une réputation de respectabilité, emmenez-les souper »
"If you want to gain a reputation for respectability, take them to supper"
« Les autres femmes sont très charmantes »
"The other women are very charming"
« Ils commettent une erreur, cependant »
"They commit one mistake, however"
« Ils peignent pour essayer d'avoir l'air jeune »
"They paint in order to try and look young"
« Nos grands-mères peignaient pour essayer de parler brillamment »
"Our grandmothers painted in order to try and talk brilliantly"
« Rouge et esprit allaient de pair »
"Rouge and esprit used to go together"
« C'est fini maintenant »
"That is all over now"
« Tant qu'une femme peut paraître dix ans plus jeune que sa propre fille, elle est parfaitement satisfaite »
"As long as a woman can look ten years younger than her own daughter, she is perfectly satisfied"

« En ce qui concerne la conversation, il n'y a que cinq femmes à Londres qui valent la peine d'être interrogées »
"As for conversation, there are only five women in London worth talking to"
« Et deux de ces femmes ne peuvent pas être admises dans une société décente »
"and two of these women can't be admitted into decent society"
« Cependant, parlez-moi de votre génie »
"However, tell me about your genius"
« Depuis combien de temps la connaissez-vous ? »
"How long have you known her?"
— Ah ! Harry, tes opinions me terrifient"
"Ah! Harry, your views terrify me"
— Peu importe. Depuis combien de temps la connaissez-vous ?
"Never mind that. How long have you known her?"
« Environ trois semaines »
"About three weeks"
« Et où l'avez-vous rencontrée ? »
"And where did you come across her?"
« Je vais te le dire, Harry, mais tu ne dois pas être antipathique à ce sujet »
"I will tell you, Harry, but you mustn't be unsympathetic about it"
« Après tout, cela ne serait jamais arrivé si je ne t'avais pas rencontré »
"After all, it never would have happened if I had not met you"
« Tu m'as rempli d'un désir fou de tout savoir sur la vie »
"You filled me with a wild desire to know everything about life"
« Pendant des jours après que je t'ai rencontré, quelque chose a semblé palpiter dans mes veines »
"For days after I met you, something seemed to throb in my veins"
« Alors que je me prélaillais dans le parc ou que je me promenais dans Piccadilly »
"As I lounged in the park, or strolled down Piccadilly"
« J'avais l'habitude de regarder tous ceux qui passaient devant moi et de me demander »
"I used to look at every one who passed me and wonder"
« avec une curiosité folle, je me suis demandé quel genre de vie ils menaient »
"with a mad curiosity I wondered what sort of lives they led"
« Certains d'entre eux m'ont fasciné »
"Some of them fascinated me"

« D'autres m'ont rempli de terreur »
"Others filled me with terror"
« Il y avait un poison exquis dans l'air »
"There was an exquisite poison in the air"
« J'avais la passion des sensations »
"I had a passion for sensations"
« Eh bien, un soir, vers sept heures, j'ai décidé de partir à la recherche d'une aventure. »
"Well, one evening about seven o'clock, I determined to go out in search of some adventure"
« J'ai senti que notre Londres gris et monstrueux devait avoir quelque chose en réserve pour moi »
"I felt that this grey monstrous London of ours must have something in store for me"
Londres, avec ses myriades de gens, ses pécheurs sordides et ses péchés splendides »
London, with its myriads of people, sordid sinners, and splendid sins"
« pour emprunter une de vos observations »
"to borrow one of your observations"
« J'avais envie de mille choses »
"I fancied a thousand things"
« Le simple danger m'a donné un sentiment de plaisir »
"The mere danger gave me a sense of delight"
« Je me suis souvenu de ce que tu m'avais dit en cette merveilleuse soirée où nous avons dîné ensemble pour la première fois »
"I remembered what you had said to me on that wonderful evening when we first dined together"
« Vous avez parlé de la recherche de la beauté comme étant le vrai secret de la vie »
"you spoke about the search for beauty being the real secret of life"
« Je ne sais pas à quoi je m'attendais »
"I don't know what I expected"
« mais je suis sorti et j'ai erré vers l'est »
"but I went out and wandered eastward"
« Je me suis vite perdu dans un labyrinthe de rues crasseuses et de places noires sans herbe »
"I soon lost my way in a labyrinth of grimy streets and black grassless squares"
« Vers huit heures et demie, je suis passé devant un petit théâtre absurde »

"About half-past eight I passed by an absurd little theatre"
« un de ces théâtres avec de grands jets de gaz flamboyants et des affiches criardes »
"one of those theatres with great flaring gas-jets and gaudy play-bills"
« Un homme dans le gilet le plus étonnant que j'aie jamais vu de ma vie, se tenait à l'entrée »
"A man in the most amazing waistcoat I ever beheld in my life, was standing at the entrance"
« Il fumait un vilain cigare »
"he was smoking a vile cigar"
« Il avait des boucles grasses et un énorme diamant flamboyait au centre d'une chemise souillée »
"He had greasy ringlets, and an enormous diamond blazed in the centre of a soiled shirt"
« – Avez-vous une loge de théâtre, milord ? dit-il en me voyant. »
"'Have a theatre box, my Lord?' he said, when he saw me"
« Et il a enlevé son chapeau avec un air de servilité magnifique »
"and he took off his hat with an air of gorgeous servility"
« Il y avait quelque chose chez lui, Harry, qui m'amusait »
"There was something about him, Harry, that amused me"
« C'était un tel monstre »
"He was such a monster"
« Tu vas te moquer de moi, je sais »
"You will laugh at me, I know"
mais j'y suis vraiment allé et j'ai payé une guinée entière pour la loge de scène.
"but I really went in and paid a whole guinea for the stage-box"
« Jusqu'à aujourd'hui, je ne comprends pas pourquoi je l'ai fait »
"To the present day I can't make out why I did so"
« et pourtant j'aurais raté la plus grande romance de ma vie si je ne l'avais pas fait »
"and yet I would have missed the greatest romance of my life if I hadn't"
« Je vois que vous riez. C'est horrible de votre part !
"I see you are laughing. It is horrid of you!"
— Je ne ris pas, Dorian ; au moins je ne me moque pas de toi"
"I am not laughing, Dorian; at least I am not laughing at you"
« Mais vous ne devriez pas dire la plus grande romance de votre vie »
"But you should not say the greatest romance of your life"
« Tu devrais dire la première romance de ta vie »

"You should say the first romance of your life"
« **Tu seras toujours aimé** »
"You will always be loved"
« **Et tu seras toujours amoureux de l'amour** »
"and you will always be in love with love"
« **Une grande passion est le privilège de personnes qui n'ont rien à faire** »
"A grande passion is the privilege of people who have nothing to do"
« **C'est la seule utilité des classes oisives d'un pays** »
"That is the one use of the idle classes of a country"
« **N'ayez pas peur, il y a des choses exquises en réserve pour vous** »
"Don't be afraid, there are exquisite things in store for you"
« **Ce n'est que le début** »
"This is merely the beginning"
— **Croyez-vous que ma nature soit si superficielle ? s'écria Dorian Gray avec colère**
"Do you think my nature so shallow?" cried Dorian Gray angrily
— **Non ; Je pense que ta nature est si profonde**"
"No; I think your nature so deep"
« **Comment voulez-vous dire ?** »
"How do you mean?"
« **Mon cher garçon, les gens qui n'aiment qu'une fois dans leur vie sont vraiment les gens superficiels** »
"My dear boy, the people who love only once in their lives are really the shallow people"
« **Ce qu'ils appellent loyauté et fidélité, je l'appelle léthargie de la coutume et manque d'imagination** »
"What they call loyalty and fidelity, I call lethargy of custom and lack of imagination"
« **La fidélité est à la vie émotionnelle ce que la cohérence est à la vie de l'intellect** »
"Faithfulness is to the emotional life what consistency is to the life of the intellect"
« **c'est-à-dire simplement un aveu d'échec** »
"that is to say, simply a confession of failure"
« **La fidélité ! Je dois l'analyser un jour**"
"Faithfulness! I must analyse it someday"
« **La passion de l'immobilier est dedans** »
"The passion for property is in it"
« **Il y a beaucoup de choses que nous jetterions** »
"There are many things that we would throw away"

« Nous les jetterions si nous n'avions pas peur que d'autres puissent les ramasser »
"we would throw them away if we were not afraid that others might pick them up"
« Mais je ne veux pas t'interrompre »
"But I don't want to interrupt you"
« Continuez votre histoire »
"Go on with your story"
« Eh bien, je me suis retrouvé assis dans une horrible petite loge privée »
"Well, I found myself seated in a horrid little private box"
« Une vulgaire scène de chute me regardait en face »
"a vulgar drop-scene was staring me in the face"
« J'ai regardé derrière le rideau et j'ai inspecté la maison »
"I looked out from behind the curtain and surveyed the house"
« C'était une affaire sordide »
"It was a tawdry affair"
« tous les amours et les cornes d'abondance, comme un gâteau de noces de troisième ordre »
"all Cupids and cornucopias, like a third-rate wedding-cake"
« La galerie et la fosse étaient assez pleines »
"The gallery and pit were fairly full"
« Mais les deux rangées d'étals miteux étaient tout à fait vides »
"but the two rows of dingy stalls were quite empty"
et il n'y avait presque personne dans ce qu'on appelait, je suppose, le cercle de robe.
"and there was hardly a person in what I suppose they called the dress-circle"
« Les femmes se promenaient avec des oranges et de la bière de gingembre »
"Women went about with oranges and ginger-beer"
« Et il y avait une terrible consommation de noix »
"and there was a terrible consumption of nuts going on"
« Cela a dû être comme les beaux jours du drame britannique »
"It must have been just like the palmy days of the British drama"
« Juste comme ça, j'aurais envie et très déprimant. »
"Just like that, I should fancy, and very depressing"
« Je commençai à me demander ce que je devais faire quand j'aperçus l'affiche. »
"I began to wonder what on earth I should do when I caught sight of the play-bill"

« Qu'est-ce que tu penses que c'était que la pièce, Harry ? »
"What do you think the play was, Harry?"

« Je pense ; Le garçon idiot, ou stupide mais innocent"
"I would think; The Idiot Boy, or Dumb but Innocent"

« Nos pères aimaient ce genre de pièce, je crois »
"Our fathers used to like that sort of piece, I believe"

« Plus je vis, Dorian, plus je le ressens vivement »
"The longer I live, Dorian, the more keenly I feel it"

« Tout ce qui était assez bon pour nos pères n'est pas assez bon pour nous »
"whatever was good enough for our fathers is not good enough for us"

« En art, comme en politique, les grands-pères ont toujours tort »
"In art, as in politics, les grandpères ont toujours tort"

« Ce jeu était assez bon pour nous, Harry »
"This play was good enough for us, Harry"

« C'était Roméo et Juliette »
"It was Romeo and Juliet"

« Je dois avouer que j'étais plutôt agacé à l'idée au début »
"I must admit that I was rather annoyed at the idea at first"

« Je ne pouvais pas supporter de voir Shakespeare joué dans un endroit aussi misérable »
"I couldn't bear seeing Shakespeare done in such a wretched hole of a place"

« Pourtant, je me sentais intéressé, d'une certaine manière »
"Still, I felt interested, in a sort of way"

« En tout cas, j'ai décidé d'attendre le premier acte »
"At any rate, I determined to wait for the first act"

« Il y avait un orchestre épouvantable »
"There was a dreadful orchestra"

« L'orchestre était présidé par un jeune homme assis devant un piano fêlé »
"the orchestra was presided over by a young man sat at a cracked piano"

« Le piano m'a presque fait fuir »
"the piano nearly drove me away"

« mais enfin la scène de chute a été dessinée et la pièce a commencé »
"but at last the drop-scene was drawn up and the play began"

« Roméo était un gros vieux monsieur, avec des sourcils bouchés »
"Romeo was a stout elderly gentleman, with corked eyebrows"

« une voix rauque de tragédie, et une silhouette comme un tonneau de bière »
"a husky tragedy voice, and a figure like a beer-barrel"
« Mercutio était presque aussi mauvais »
"Mercutio was almost as bad"
« Il a été joué par le comédien de base »
"He was played by the low-comedian"
« Il a introduit ses propres gags »
"he introduced gags of his own"
« Et il était en très bons termes avec la fosse »
"and he was on most friendly terms with the pit"
« Ils étaient tous les deux aussi grotesques que le paysage »
"They were both as grotesque as the scenery"
« et le paysage semblait sortir d'un stand de campagne »
"and the scenery looked as if it had come out of a country-booth"
— Mais Juliette ! Harry, imagine une fille d'à peine dix-sept ans"
"But Juliet! Harry, imagine a girl, hardly seventeen years of age"
« un petit visage fleuri, une petite tête grecque avec des boucles tressées de cheveux brun foncé »
"a little, flowerlike face, a small Greek head with plaited coils of dark-brown hair"
« Des yeux qui étaient des puits violets de passion »
"eyes that were violet wells of passion"
« Des lèvres qui étaient comme les pétales d'une rose »
"lips that were like the petals of a rose"
« Elle était la plus belle chose que j'aie jamais vue de ma vie »
"She was the loveliest thing I have ever seen in my life"
« Tu m'as dit une fois que le pathos t'a laissé indifférent »
"You said to me once that pathos left you unmoved"
« Mais tu as dit que la beauté, la beauté seule, pouvait remplir tes yeux de larmes »
"but you said that beauty, mere beauty, could fill your eyes with tears"
« Je te le dis, Harry, je pouvais à peine voir cette fille à cause de la brume de larmes qui m'a traversé »
"I tell you, Harry, I could hardly see this girl for the mist of tears that came across me"
« Et sa voix, je n'ai jamais entendu une telle voix. »
"And her voice—I never heard such a voice"
« Sa voix était très basse au début »
"her voice was very low at first"

« Elle avait des notes profondes et douces qui semblaient tomber seules à l'oreille »
"she had deep mellow notes that seemed to fall singly upon one's ear"
« Puis c'est devenu un peu plus fort, et ça sonnait comme une flûte ou un enfant de chœur lointain »
"Then it became a little louder, and sounded like a flute or a distant choir boy"
« Puis vint la scène du jardin, et sa voix évolua davantage »
"then came the garden-scene, and her voice evolved more"
« Sa voix avait toute l'extase tremblante que l'on entend juste avant l'aube lorsque les rossignols chantent »
"her voice had all the tremulous ecstasy that one hears just before dawn when nightingales are singing"
« Il y a eu des moments, plus tard, où il y avait la passion sauvage des violons »
"There were moments, later on, when it had the wild passion of violins"
« Vous savez comment une voix peut vous émouvoir »
"You know how a voice can stir one"
« Ta voix et la voix de Sibyl Vane sont deux choses que je n'oublierai jamais »
"Your voice and the voice of Sibyl Vane are two things that I shall never forget"
« Quand je ferme les yeux, je les entends »
"When I close my eyes, I hear them"
« Et chacun d'eux dit quelque chose de différent »
"and each of them says something different"
« Je ne sais pas lequel suivre »
"I don't know which to follow"
« Pourquoi ne l'aimerais-je pas ? »
"Why should I not love her?"
« Harry, je l'aime »
"Harry, I do love her"
« Elle est tout pour moi dans la vie »
"She is everything to me in life"
« Nuit après nuit, je vais la voir jouer »
"Night after night I go to see her play"
« Un soir, elle est Rosalind, et le lendemain soir, elle est Imogen »
"One evening she is Rosalind, and the next evening she is Imogen"
« Je l'ai vue mourir dans l'obscurité d'un tombeau italien, suçant le poison des lèvres de son amant »

"I have seen her die in the gloom of an Italian tomb, sucking the poison from her lover's lips"
« Je l'ai vue errer dans la forêt d'Arden »
"I have watched her wandering through the forest of Arden"
« Je l'ai vue déguisée en joli garçon en bas, pourpoint et bonnet délicat »
"I have seen her disguised as a pretty boy in hose and doublet and dainty cap"
« Elle est devenue folle et est venue en présence d'un roi coupable »
"She has been mad, and has come into the presence of a guilty king"
et elle lui a donné de la rue à vêtir et des herbes amères à goûter.
"and she has given him rue to wear and bitter herbs to taste of"
« Elle a été innocente »
"She has been innocent"
« Et les mains noires de la jalousie ont écrasé sa gorge de roseau »
"and the black hands of jealousy have crushed her reedlike throat"
« Je l'ai vue à toutes les époques et dans tous les costumes »
"I have seen her in every age and in every costume"
« Les femmes ordinaires ne font jamais appel à l'imagination »
"Ordinary women never appeal to one's imagination"
« Ils sont limités à leur siècle »
"They are limited to their century"
« Aucun glamour ne les transfigure jamais »
"No glamour ever transfigures them"
« On connaît leur esprit aussi facilement qu'on connaît leurs bonnets »
"One knows their minds as easily as one knows their bonnets"
« On peut toujours les trouver »
"One can always find them"
« Il n'y a aucun mystère dans aucun d'entre eux »
"There is no mystery in any of them"
« Ils se promènent dans le parc le matin et bavardent lors de thés l'après-midi »
"They ride in the park in the morning and chatter at tea-parties in the afternoon"
« Ils ont leur sourire stéréotypé et leurs manières à la mode »
"They have their stereotyped smile and their fashionable manner"
« Ils sont assez évidents »
"They are quite obvious"
— Mais une actrice ! Comme une actrice est différente !
"But an actress! How different an actress is!"

"Harry ! Pourquoi ne m'avez-vous pas dit que la seule chose qui vaille la peine d'être aimée est une actrice ?
"Harry! why didn't you tell me that the only thing worth loving is an actress?"
« Parce que j'ai aimé tant d'entre eux, Dorian »
"Because I have loved so many of them, Dorian"
« Oh, oui, des gens horribles avec des cheveux teints et des visages peints »
"Oh, yes, horrid people with dyed hair and painted faces"
« Ne courez pas sur les cheveux teints et les visages peints »
"Don't run down dyed hair and painted faces"
— Il y a quelquefois un charme extraordinaire, dit lord Henry
"There is an extraordinary charm in them, sometimes," said Lord Henry
« J'aurais aimé ne pas t'avoir parlé de Sibyl Vane »
"I wish now I had not told you about Sibyl Vane"
— Vous n'auriez pas pu vous empêcher de me le dire, Dorian.
"You could not have helped telling me, Dorian"
« Tout au long de ta vie, tu me diras tout ce que tu fais »
"All through your life you will tell me everything you do"
« Oui, Harry, je crois que c'est vrai »
"Yes, Harry, I believe that is true"
« Je ne peux pas m'empêcher de vous dire des choses »
"I cannot help telling you things"
« Tu as une curieuse influence sur moi »
"You have a curious influence over me"
« Si jamais je faisais un crime, je viendrais vous l'avouer »
"If I ever did a crime, I would come and confess it to you"
« Tu me comprendrais »
"You would understand me"
« Les gens comme toi, les rayons de soleil obstinés de la vie, ne commettent pas de crimes, Dorian »
"People like you, the wilful sunbeams of life, don't commit crimes, Dorian"
— Mais je vous suis tout de même très reconnaissant du compliment.
"But I am much obliged for the compliment, all the same"
« Et maintenant, dis-moi, en bon garçon, quelles sont tes relations réelles avec Sibyl Vane ? »
"And now tell me like a good boy, what are your actual relations with Sibyl Vane?"

il alluma une cigarette en préparation de l'histoire
he lit a cigarette in preparation for the story
Dorian Gray se leva d'un bond, les joues rouges et les yeux brûlants
Dorian Gray leaped to his feet, with flushed cheeks and burning eyes
"Harry ! Sibyl Vane est sacrée !
"Harry! Sibyl Vane is sacred!"
– Il n'y a que les choses sacrées qui valent la peine d'être touchées, Dorian, dit lord Henry
"It is only the sacred things that are worth touching, Dorian," said Lord Henry
Il y avait une étrange touche de pathos dans sa voix
there was a strange touch of pathos in his voice
— Mais pourquoi serais-tu fâché ?
"But why should you be annoyed?"
« Je suppose qu'elle t'appartiendra un jour »
"I suppose she will belong to you someday"
« Quand on est amoureux, on commence toujours par se tromper soi-même »
"When one is in love, one always begins by deceiving one's self"
« et on finit toujours par tromper les autres »
"and one always ends by deceiving others"
« C'est ce que le monde appelle une romance »
"That is what the world calls a romance"
— Vous la connaissez, en tout cas, je suppose ?
"You know her, at any rate, I suppose?"
« Bien sûr que je la connais »
"Of course I know her"
« Je l'ai rencontrée le premier soir où j'étais au théâtre »
"I met her on the first night that I was at the theatre"
« L'horrible vieil homme est venu dans la loge après la fin de la représentation »
"the horrid old man came round to the box after the performance was over"
« Il m'a proposé de m'emmener dans les coulisses et de me présenter à elle »
"he offered to take me behind the scenes and introduce me to her"
« J'étais furieux contre lui et je lui ai dit que Juliette était morte depuis des centaines d'années »
"I was furious with him, and told him that Juliet had been dead for hundreds of years"

« Je lui ai dit que son corps reposait dans une tombe en marbre à Vérone »
"I told him that her body was lying in a marble tomb in Verona"
« Il y avait un regard vide d'étonnement sur son visage »
"there was a blank look of amazement over his face"
« il a dû avoir l'impression que j'avais pris trop de champagne, ou quelque chose comme ça »
"he must have been under the impression that I had taken too much champagne, or something"
« Je ne suis pas surpris »
"I am not surprised"
« Puis il m'a demandé si j'écrivais pour l'un des journaux »
"Then he asked me if I wrote for any of the newspapers"
« Je lui ai dit que je ne les avais même jamais lus »
"I told him I never even read them"
« Il semblait terriblement déçu de cela »
"He seemed terribly disappointed at that"
« et il m'a confié que tous les critiques dramatiques étaient en conspiration contre lui »
"and he confided to me that all the dramatic critics were in a conspiracy against him"
« Et il m'a dit que chaque critique pouvait être acheté »
"and he told me that every critic could be bought"
— Je ne devrais pas m'étonner qu'il ait tout à fait raison là-bas.
"I should not wonder if he was quite right there"
« Mais, d'un autre côté, à en juger par leur apparence, la plupart d'entre eux ne peuvent pas être chers du tout »
"But, on the other hand, judging from their appearance, most of them cannot be at all expensive"
— Eh bien, il semblait penser qu'ils étaient au-dessus de ses moyens, dit Dorian en riant
"Well, he seemed to think they were beyond his means," laughed Dorian
« À ce moment-là, cependant, les lumières s'éteignaient dans le théâtre, et je devais partir »
"By this time, however, the lights were being put out in the theatre, and I had to go"
« Il voulait que j'essaie des cigares qu'il m'a fortement recommandés, mais j'ai refusé »
"He wanted me to try some cigars that he strongly recommended, but I declined"

« La nuit suivante, bien sûr, je suis revenu à l'endroit »
"The next night, of course, I arrived at the place again"
« Quand il m'a vu, il m'a fait une révérence basse »
"When he saw me, he made me a low bow"
« et il m'a assuré que j'étais un généreux mécène de l'art »
"and he assured me that I was a munificent patron of art"
« C'était une brute des plus offensives, bien qu'il ait eu une passion extraordinaire pour Shakespeare »
"He was a most offensive brute, though he had an extraordinary passion for Shakespeare"
« Il m'a dit une fois, avec un air de fierté, que ses cinq faillites étaient entièrement dues au Barde »
"He told me once, with an air of pride, that his five bankruptcies were entirely due to The Bard"
« Et il a insisté pour l'appeler ainsi »
"and he insisted on calling him that"
« Il semblait penser que c'était une distinction »
"He seemed to think it a distinction"
— C'était une distinction, mon cher Dorian, une grande distinction.
"It was a distinction, my dear Dorian—a great distinction"
« La plupart des gens font faillite parce qu'ils ont trop investi dans la prose de la vie »
"Most people become bankrupt through having invested too heavily in the prose of life"
« S'être ruiné pour de la poésie est un honneur »
"To have ruined one's self over poetry is an honour"
— Mais quand avez-vous parlé pour la première fois à miss Sibyl Vane ?
"But when did you first speak to Miss Sibyl Vane?"
« La troisième nuit »
"The third night"
« Elle jouait Rosalind »
"She had been playing Rosalind"
« Je n'ai pas pu m'empêcher de tourner »
"I could not help going round"
« Je lui avais jeté des fleurs et elle m'avait regardé »
"I had thrown her some flowers, and she had looked at me"
du moins, je croyais qu'elle m'avait regardé.
"at least, I fancied that she had looked at me"
« Le vieil homme était persévérant »
"The old man was persistent"

« Il semblait déterminé à m'emmener derrière la scène, alors j'ai accepté »
"He seemed determined to take me behind the stage, so I consented"
« C'était curieux que je ne veuille pas la connaître, n'est-ce pas ? »
"It was curious my not wanting to know her, wasn't it?"
— Non ; Je ne pense pas"
"No; I don't think so"
« Mon cher Harry, pourquoi ? »
"My dear Harry, why?"
« Je te le dirai une autre fois »
"I will tell you some other time"
« Maintenant, je veux en savoir plus sur la fille »
"Now I want to know about the girl"
« Sibylle ? Oh, elle était si timide et si douce"
"Sibyl? Oh, she was so shy and so gentle"
« Il y a quelque chose d'enfant en elle »
"There is something of a child about her"
« Ses yeux se sont écarquillés d'émerveillement exquis quand je lui ai dit ce que je pensais de sa performance »
"Her eyes opened wide in exquisite wonder when I told her what I thought of her performance"
« et elle semblait tout à fait inconsciente de son pouvoir »
"and she seemed quite unconscious of her power"
« Je pense que nous étions tous les deux plutôt nerveux »
"I think we were both rather nervous"
« Le vieil homme se tenait souriant à la porte de la salle poussiéreuse »
"The old man stood grinning at the doorway of the dusty greenroom"
« Il a fait des discours élaborés sur nous deux »
"he made elaborate speeches about us both"
« Et nous nous regardions comme des enfants »
"and we stood looking at each other like children"
« Il a insisté pour m'appeler Mon Seigneur »
"He insisted on calling me My Lord"
« J'ai donc dû assurer à Sibyl que je n'étais rien de tel »
"so I had to assure Sibyl that I was not anything of the kind"
« Elle m'a dit tout simplement : 'Tu ressembles plus à un prince' »
"She said quite simply to me, 'You look more like a prince'"
« Je dois vous appeler prince charmant »
'I must call you Prince Charming'
« Sur ma parole, Dorian, Miss Sibyl sait faire des compliments »

"Upon my word, Dorian, Miss Sibyl knows how to pay compliments"
« Tu ne la comprends pas, Harry »
"You don't understand her, Harry"
« Elle me considérait simplement comme une personne dans une pièce de théâtre »
"She regarded me merely as a person in a play"
« Elle ne connaît rien de la vie »
"She knows nothing of life"
« Elle vit avec sa mère, une femme fatiguée et fanée »
"She lives with her mother, a faded tired woman"
« sa mère a joué Lady Capulet dans une sorte d'emballage magenta le premier soir »
"her mother played Lady Capulet in a sort of magenta dressing-wrapper on the first night"
« Et elle a l'air d'avoir connu des jours meilleurs »
"and she looks as if she had seen better days"
« Je connais ce regard. Cela me déprime, murmura lord Henry en examinant ses bagues
"I know that look. It depresses me," murmured Lord Henry, examining his rings
« L'homme voulait me raconter son histoire »
"The man wanted to tell me her history"
« mais j'ai dit que cela ne m'intéressait pas »
"but I said it did not interest me"
« Tu avais tout à fait raison »
"You were quite right"
« Il y a toujours quelque chose d'infiniment méchant dans les tragédies des autres »
"There is always something infinitely mean about other people's tragedies"
« Sibyl est la seule chose qui m'intéresse »
"Sibyl is the only thing I care about"
« Qu'est-ce que cela m'importe d'où elle vient ? »
"What is it to me where she came from?"
« De sa petite tête à ses petits pieds, elle est absolument et entièrement divine »
"From her little head to her little feet, she is absolutely and entirely divine"
« Tous les soirs de ma vie, je vais la voir jouer »
"Every night of my life I go to see her act"
« et chaque nuit elle est plus merveilleuse »

"and every night she is more marvellous"
« C'est la raison, je suppose, pour laquelle vous ne dînez jamais avec moi maintenant. »
"That is the reason, I suppose, that you never dine with me now"
« Je pensais que vous deviez avoir une curieuse romance sous la main »
"I thought you must have some curious romance on hand"
et vous avez une curieuse romance, mais ce n'est pas tout à fait ce à quoi je m'attendais.
"and you do have a curious romance, but it is not quite what I expected"
« Mon cher Harry, nous déjeunons ensemble tous les jours »
"My dear Harry, we have lunch together every day"
« Et si nous ne déjeunons pas ensemble, nous soupons ensemble »
"and if we don't have lunch together then we sup together"
— Et j'ai été plusieurs fois à l'Opéra avec vous, dit Dorian
"and I have been to the opera with you several times," said Dorian
et il ouvrit ses yeux bleus d'étonnement
and he opened his blue eyes in wonder
« Tu arrives toujours terriblement en retard »
"You always come dreadfully late"
« Eh bien, je ne peux m'empêcher d'aller voir Sibyl jouer, s'écria-t-il
"Well, I can't help going to see Sibyl play," he cried
même si ce n'est que pour un seul acte de la pièce »
"even if it is only for a single act of the play"
« J'ai faim de sa présence »
"I get hungry for her presence"
« Je pense à l'âme merveilleuse qui est cachée dans ce petit corps d'ivoire »
"I think of the wonderful soul that is hidden away in that little ivory body"
« Et cette pensée me remplit d'admiration »
"and the thought fills me with awe"
« Tu peux dîner avec moi ce soir, Dorian, n'est-ce pas ? »
"You can dine with me tonight, Dorian, can't you?"
Il secoua la tête
He shook his head
« Ce soir, c'est Imogen, répondit-il, et demain soir, ce sera Juliette. »
"Tonight she is Imogen," he answered, "and tomorrow night she will be Juliet"

« Quand est-ce que c'est Sibyl Vane ? »
"When is she Sibyl Vane?"
« Jamais »
"Never"
« Je vous félicite »
"I congratulate you"
« Comme vous êtes horrible ! »
"How horrid you are!"
« Elle est toutes les grandes héroïnes du monde en une »
"She is all the great heroines of the world in one"
« Elle est plus qu'un individu »
"She is more than an individual"
« Vous riez, mais je vous dis qu'elle a du génie »
"You laugh, but I tell you she has genius"
« Je l'aime, et je dois qu'elle m'aime »
"I love her, and I must make her love me"
« Toi qui connais tous les secrets de la vie »
"You, who know all the secrets of life"
dis-moi comment charmer Sibyl Vane pour qu'elle m'aime !
"tell me how to charm Sibyl Vane to love me!"
"Je veux rendre Roméo jaloux.
"I want to make Romeo jealous.
« Je veux que les amoureux du monde entier entendent nos rires et deviennent tristes »
"I want the dead lovers of the world to hear our laughter and grow sad"
« Je veux un souffle de notre passion pour remuer leur poussière dans la conscience »
"I want a breath of our passion to stir their dust into consciousness"
« Je veux réveiller leurs cendres dans la douleur »
"I want to wake their ashes into pain"
« Mon Dieu, Harry, comme je l'adore ! »
"My God, Harry, how I worship her!"
Il marchait de long en large dans la pièce pendant qu'il parlait
He was walking up and down the room as he spoke
Des taches rouges trépidantes brûlaient sur ses joues
Hectic spots of red burned on his cheeks
Il était terriblement excité
He was terribly excited
Lord Henry le regardait avec un subtil sentiment de plaisir
Lord Henry watched him with a subtle sense of pleasure

Comme il était différent maintenant du garçon timide et effrayé qu'il avait rencontré dans l'atelier de Basil Hallward !
How different he was now from the shy frightened boy he had met in Basil Hallward's studio!
Sa nature s'était développée comme une fleur
His nature had developed like a flower
une fleur qui avait porté des fleurs de flamme écarlate
a flower that had borne blossoms of scarlet flame
De sa cachette secrète s'était glissée son âme
Out of its secret hiding-place had crept his soul
et le désir était venu à sa rencontre en chemin
and desire had come to meet it on the way
– Et que comptez-vous faire ? dit enfin lord Henry
"And what do you propose to do?" said Lord Henry at last
« Je veux que toi et Basil veniez avec moi un soir et la voyiez jouer »
"I want you and Basil to come with me some night and see her act"
« Je n'ai pas la moindre crainte du résultat »
"I have not the slightest fear of the result"
« Vous êtes certain de reconnaître son génie »
"You are certain to acknowledge her genius"
« Alors nous devons la sortir des mains de cet horrible homme »
"Then we must get her out of that horrible man's hands"
« Elle est liée à lui pour trois ans »
"She is bound to him for three years"
« Je vais devoir lui payer quelque chose, bien sûr »
"I shall have to pay him something, of course"
« Quand tout sera réglé, je prendrai un théâtre du West End »
"When all that is settled, I shall take a West End theatre"
et là je la ferai sortir comme il faut.
"and there I will bring her out properly"
« Elle rendra le monde aussi fou qu'elle m'a rendu fou »
"She will make the world as mad as she has made me"
« Ce serait impossible, mon cher garçon »
"That would be impossible, my dear boy"
« Oui, elle le fera »
"Yes, she will"
Elle n'a pas seulement de l'art, de l'instinct d'art consommé, en elle
She has not merely art, consummate art-instinct, in her
Mais elle a aussi de la personnalité
but she has personality also

« Et vous m'avez souvent dit que ce sont les personnalités, et non les principes, qui font bouger l'époque »
"and you have often told me that it is personalities, not principles, that move the age"
« Eh bien, quelle nuit allons-nous passer ? »
"Well, what night shall we go?"
« Laissez-moi voir. Aujourd'hui, c'est mardi"
"Let me see. Today is Tuesday"
« Réparons demain »
"Let us fix tomorrow"
Elle joue Juliette demain."
She plays Juliet tomorrow."
« D'accord. Le Bristol à huit heures ; et j'aurai le cher Basil"
"All right. The Bristol at eight o'clock; and I will get dear Basil"
"Pas huit, Harry, s'il vous plaît. Six heures et demie"
"Not eight, Harry, please. Half-past six"
« Nous devons être là avant que le rideau ne se lève »
"We must be there before the curtain rises"
« Vous devez la voir dans le premier acte, où elle rencontre Roméo »
"You must see her in the first act, where she meets Romeo"
« Six heures et demie ! Quelle heure ! »
"Half-past six! What an hour!"
« Ce sera comme prendre un thé à la viande, ou lire un roman anglais. »
"It will be like having a meat-tea, or reading an English novel"
« Il doit être à sept heures. Aucun gentleman ne dîne avant sept heures.
"It must be at seven. No gentleman dines before seven"
« Verrez-vous le cher Basil entre ceci et alors ? »
"Shall you see dear Basil between this and then?"
« Ou dois-je lui écrire ? »
"Or shall I write to him?"
« Basil Hallward ! Je ne l'ai pas vu depuis une semaine"
"Basil Hallward! I have not laid eyes on him for a week"
« C'est plutôt horrible de ma part »
"It is rather horrid of me"
« Il m'a envoyé mon portrait dans le cadre le plus merveilleux »
"he has sent me my portrait in the most wonderful frame"
« le cadre qu'il a spécialement conçu par lui-même »
"the frame he specially designed by himself"

« Je suis encore un peu jaloux de l'image »
"I am still a little jealous of the picture"
mon portrait a maintenant un mois de moins que moi"
my portrait is now whole month younger than I am"
mais je dois avouer que je me délecte de mon portrait.
"but I must admit that I delight in my portrait"
« Peut-être ferais-tu mieux de lui écrire. »
"Perhaps you had better write to him"
« Je ne veux pas être seul avec lui »
"I don't want to be with him alone"
« Il dit des choses qui m'énervent »
"He says things that annoy me"
« Il me donne de bons conseils »
"He gives me good advice"
Lord Henry sourit
Lord Henry smiled
« Les gens aiment beaucoup donner eux-mêmes ce dont ils ont le plus besoin »
"People are very fond of giving away what they need most themselves"
« C'est ce que j'appelle la profondeur de la générosité »
"It is what I call the depth of generosity"
« Oh, Basil est le meilleur des gars »
"Oh, Basil is the best of fellows"
mais il me semble qu'il n'est qu'un peu un Philistin.
"but he seems to me to be just a bit of a Philistine"
« Depuis que je te connais, Harry, j'ai découvert que »
"Since I have known you, Harry, I have discovered that"
« Basil, mon cher enfant, met tout ce qu'il y a de charmant en lui dans son travail »
"Basil, my dear boy, puts everything that is charming in him into his work"
« La conséquence est qu'il n'a plus rien pour la vie »
"The consequence is that he has nothing left for life"
« Tout ce qui lui reste, ce sont ses préjugés, ses principes et son bon sens »
"all he is left with is his prejudices, his principles, and his common sense"
« Les seuls artistes que j'ai jamais connus qui sont personnellement charmants sont de mauvais artistes »
"The only artists I have ever known who are personally delightful are

bad artists"
« Les bons artistes existent simplement dans ce qu'ils font »
"Good artists exist simply in what they make"
« et par conséquent ils sont parfaitement inintéressants en ce qu'ils sont »
"and consequently they are perfectly uninteresting in what they are"
« Un grand poète, un très grand poète, est la plus peu poétique de toutes les créatures »
"A great poet, a really great poet, is the most unpoetic of all creatures"
« Mais les poètes inférieurs sont absolument fascinants »
"But inferior poets are absolutely fascinating"
« Plus leurs rimes sont mauvaises, plus elles ont l'air pittoresques »
"The worse their rhymes are, the more picturesque they look"
« Le simple fait d'avoir publié un livre de sonnets de second ordre rend un homme tout à fait irrésistible »
"The mere fact of having published a book of second-rate sonnets makes a man quite irresistible"
« Il vit la poésie qu'il ne peut pas écrire »
"He lives the poetry that he cannot write"
« Les autres écrivent la poésie qu'ils n'osent pas réaliser »
"The others write the poetry that they dare not realize"
— Je me demande si c'est vraiment le cas, Harry ? dit Dorian Gray
"I wonder is that really so, Harry?" said Dorian Gray
et il mit du parfum sur son mouchoir dans un grand flacon au bouchon d'or
and he put some perfume on his handkerchief out of a large, gold-topped bottle
« Ça doit l'être, si tu le dis-les »
"It must be, if you say it"
« Et maintenant je suis parti »
"And now I am off"
« Imogen m'attend »
"Imogen is waiting for me"
"N'oubliez pas demain. Au revoir"
"Don't forget about tomorrow. Good-bye"
En quittant la chambre, les paupières lourdes de lord Henry s'abaissèrent, et il commença à réfléchir
As he left the room, Lord Henry's heavy eyelids drooped, and he began to think
Certes, peu de gens l'avaient jamais autant intéressé que Dorian Gray

Certainly few people had ever interested him so much as Dorian Gray
Le garçon adorait follement quelqu'un d'autre
the lad madly adored someone else
et pourtant cela ne lui causa pas la moindre contrariété ou jalousie
and yet it caused him not the slightest pang of annoyance or jealousy
Il était satisfait du développement
He was pleased by the development
Cela a fait de lui une étude plus intéressante
It made him a more interesting study
Il avait toujours été fasciné par les méthodes des sciences naturelles
He had been always enthralled by the methods of natural science
mais le sujet ordinaire de cette science lui avait semblé insignifiant et sans importance
but the ordinary subject-matter of that science had seemed to him trivial and of no import
Et donc il avait commencé par se vivisectionner lui-même, comme il avait fini par vivisectionner les autres
And so he had begun by vivisecting himself, as he had ended by vivisecting others
La vie humaine lui semblait la seule chose qui valait la peine d'être étudiée
Human life—that appeared to him the one thing worth investigating
Comparé à cela, il n'y avait rien d'autre de valeur
Compared to it there was nothing else of any value
on peut observer la vie dans son curieux creuset de douleur et de plaisir
one can watch life in its curious crucible of pain and pleasure
mais on ne peut pas porter sur son visage un masque de verre
but one cannot wear over one's face a mask of glass
et on ne pouvait pas non plus empêcher les vapeurs sulfureuses de troubler le cerveau
nor could one keep the sulphurous fumes from troubling the brain
il rendait l'imagination trouble de fantaisies monstrueuses et de rêves difformes
it made the imagination turbid with monstrous fancies and misshapen dreams
Il y avait des poisons si subtils que pour connaître leurs propriétés, il fallait en avoir la nausée
There were poisons so subtle that to know their properties one had to

sicken of them
Il y avait des maladies si étranges qu'il fallait les traverser
There were maladies so strange that one had to pass through them
sinon il n'y avait aucun moyen de comprendre la nature des maladies
else there was no way of understanding the nature of the maladies
Et pourtant, quelle belle récompense !
And, yet, what a great reward one received!
Comme le monde entier est devenu merveilleux pour un seul !
How wonderful the whole world became to one!
Noter la curieuse logique dure de la passion, et la vie émotionnelle colorée de l'intellect
To note the curious hard logic of passion, and the emotional coloured life of the intellect
pour observer où ils se rencontraient et où ils se séparaient
to observe where they met, and where they separated
à quel moment ils étaient à l'unisson, et à quel moment ils étaient en désaccord
at what point they were in unison, and at what point they were at discord
il y avait un délice à cela !
there was a delight in that!
quel en était le coût ?
hat matter what the cost was?
On ne pourrait jamais payer un prix trop élevé pour une sensation
One could never pay too high a price for any sensation
Il était conscient, et cette pensée fit briller de plaisir dans ses yeux d'agate brune
He was conscious, and the thought brought a gleam of pleasure into his brown agate eyes
à travers certaines de ses paroles musicales, l'âme de Dorian Gray s'était tournée vers cette fille blanche
through certain musical words of his, Dorian Gray's soul had turned to this white girl
des paroles prononcées avec une parole musicale prosternèrent Dorian en adoration devant elle
words said with musical utterance bowed Dorian in worship before her
Dans une large mesure, le garçon était sa propre création
To a large extent the lad was his own creation
Il l'avait rendu prématuré, cela en faisait partie

He had made him premature, that was part of it
Les gens ordinaires attendaient que la vie leur révèle ses secrets
Ordinary people waited till life disclosed to them its secrets
mais pour quelques-uns, pour les élus, les mystères de la vie sont révélés avant que le voile ne soit levé
but to the few, to the elect, the mysteries of life are revealed before the veil has been drawn away
Parfois, c'était l'effet de l'art
Sometimes this was the effect of art
L'art de la littérature traite principalement directement des passions et de l'intellect
mainly the art of literature deals directly with the passions and the intellect
Mais de temps en temps, une personnalité complexe prend la place de l'art
But now and then a complex personality takes the place of art
La vie aussi a ses chefs-d'œuvre élaborés
life too has its elaborate masterpieces
tout comme la poésie, la sculpture ou la peinture ont leurs chefs-d'œuvre
just as poetry has, or sculpture, or painting have their masterpieces
Oui, le garçon était prématuré
Yes, the lad was premature
Il récoltait sa moisson alors que c'était encore le printemps
He was gathering his harvest while it was yet spring
Le pouls et la passion de la jeunesse étaient en lui
The pulse and passion of youth were in him
mais il devenait gêné
but he was becoming self-conscious
C'était délicieux de le regarder
It was delightful to watch him
Son beau visage et son âme étaient des choses à admirer
his beautiful face and soul were things to wonder at
Peu importe comment tout cela se terminait, ou était destiné à se terminer
It was no matter how it all ended, or was destined to end
Il était comme l'une de ces figures gracieuses d'un spectacle ou d'une pièce de théâtre
He was like one of those gracious figures in a pageant or a play
leurs joies semblent être éloignées de l'une d'entre elles
their joys seem to be remote from one

mais leurs chagrins éveillent le sens de la beauté
but their sorrows stir one's sense of beauty
et leurs blessures sont comme des roses rouges
and their wounds are like red roses
L'âme et le corps, le corps et l'âme, comme ils étaient mystérieux !
Soul and body, body and soul — how mysterious they were!
Il y avait de l'animalité dans l'âme
There was animalism in the soul
et le corps a eu ses moments de spiritualité
and the body had its moments of spirituality
Les sens pouvaient s'affiner et l'intellect pouvait se dégrader
The senses could refine, and the intellect could degrade
Qui pourrait dire où l'impulsion charnelle a cessé, ou où l'impulsion psychique a commencé ?
Who could say where the fleshly impulse ceased, or the psychical impulse began?
Combien superficielles étaient les définitions arbitraires des psychologues ordinaires !
How shallow were the arbitrary definitions of ordinary psychologists!
Et pourtant, combien difficile de trancher entre les prétentions des diverses écoles !
And yet how difficult to decide between the claims of the various schools!
L'âme était-elle une ombre assise dans la maison du péché ?
Was the soul a shadow seated in the house of sin?
Ou le corps était-il vraiment dans l'âme, comme le pensait Giordano Bruno ?
Or was the body really in the soul, as Giordano Bruno thought?
La séparation de l'esprit et de la matière était un mystère
The separation of spirit from matter was a mystery
et l'union de l'esprit avec la matière était aussi un mystère
and the union of spirit with matter was a mystery also
Il a commencé à se demander si nous pourrions jamais faire une psychologie absolue
He began to wonder whether we could ever make an absolute psychology
une psychologie une science si absolue que chaque petite source de vie nous serait révélée
a psychology so absolute a science that each little spring of life would be revealed to us

Comme l'était la psychologie, nous nous sommes toujours mal compris et avons rarement compris les autres
As psychology was, we always misunderstood ourselves and rarely understood others
L'expérience n'avait aucune valeur éthique
Experience was of no ethical value
L'expérience n'était que le nom que les hommes donnaient à leurs erreurs
Experience was merely the name men gave to their mistakes
Les moralistes avaient, en règle générale, considéré l'expérience comme un mode d'avertissement
Moralists had, as a rule, regarded experience as a mode of warning
ils avaient prétendu que l'expérience avait une certaine efficacité éthique dans la formation du caractère
they had claimed experience had certain ethical efficacy in the formation of character
ils avaient fait l'éloge de l'expérience comme quelque chose qui nous avait appris ce qu'il fallait suivre
they had praised experience as something that taught us what to follow
et l'expérience nous a montré ce qu'il fallait éviter
and experience showed us what to avoid
Mais il n'y avait pas de force motrice dans l'expérience
But there was no motive power in experience
C'était une cause aussi peu active que la conscience elle-même
It was as little of an active cause as conscience itself
Tout ce que cette expérience a vraiment démontré, c'est que notre avenir serait le même que notre passé
All that experience really demonstrated was that our future would be the same as our past
et cela démontrait que le péché que nous avions fait une fois avec dégoût, nous le ferions plusieurs fois avec joie
and it demonstrated that the sin we had done once with loathing we would do many times with joy
Il était clair pour lui que la méthode expérimentale était la seule méthode pour la tâche
It was clear to him that the experimental method was the only method for the task
c'était la seule méthode par laquelle on pouvait arriver à une analyse scientifique des passions
it was the only method by which one could arrive at any scientific

analysis of the passions
et certainement Dorian Gray était un sujet fait pour ses curiosités
and certainly Dorian Gray was a subject made to for his curiosities
il semblait promettre des résultats riches et fructueux
he seemed to promise rich and fruitful results
Son amour soudain et fou pour Sibyl Vane était un phénomène psychologique d'un grand intérêt
His sudden mad love for Sibyl Vane was a psychological phenomenon of no small interest
Il ne faisait aucun doute que la curiosité y était pour beaucoup
There was no doubt that curiosity had much to do with it
la curiosité et l'envie de nouvelles expériences
curiosity and the desire for new experiences
Pourtant, ce n'était pas une passion simple, mais plutôt très complexe
yet it was not a simple, but rather a very complex passion
Ce qu'il y avait dans sa passion pour l'instinct purement sensuel de l'enfance avait été transformé
What there was in his passion of the purely sensuous instinct of boyhood had been transformed
son enfance avait été transformée par les rouages de l'imagination
his boyhood had been transformed by the workings of the imagination
elle s'était transformée en quelque chose qui semblait au garçon lui-même éloigné de la raison
it had changed into something that seemed to the lad himself to be remote from sense
pour cette raison même, c'était d'autant plus dangereux
because of that very reason it was all the more dangerous
Ce sont les passions sur l'origine desquelles nous nous sommes trompés qui nous ont le plus fortement tyrannisés
It was the passions about whose origin we deceived ourselves that tyrannized most strongly over us
Nos motifs les plus faibles étaient ceux dont nous étions conscients de la nature
Our weakest motives were those of whose nature we were conscious
Il arrivait souvent que lorsque nous pensions expérimenter sur d'autres
It often happened that when we thought we were experimenting on others
Vraiment, nous expérimentions sur nous-mêmes

really we were experimenting on ourselves
Tandis que lord Henry rêvait de ces choses, on frappa à la porte
While Lord Henry sat dreaming on these things, a knock came to the door
Son valet est entré et lui a rappelé qu'il était temps de s'habiller pour le dîner
his valet entered and reminded him it was time to dress for dinner
Il se leva et regarda dans la rue
He got up and looked out into the street
Le coucher du soleil avait frappé d'or écarlate les fenêtres supérieures des maisons d'en face
The sunset had smitten into scarlet gold the upper windows of the houses opposite
Les vitres brillaient comme des plaques de métal chauffé
The panes glowed like plates of heated metal
Le ciel au-dessus était comme une rose fanée
The sky above was like a faded rose
Il pensa à la jeune vie couleur de feu de son ami et se demanda comment tout cela allait se terminer
He thought of his friend's young fiery-coloured life and wondered how it was all going to end
Quand il arriva chez lui, vers midi et demi, il vit un télégramme posé sur la table du vestibule
When he arrived home, about half-past twelve o'clock, he saw a telegram lying on the hall table
Il l'ouvrit et découvrit qu'il était de Dorian Gray
He opened it and found it was from Dorian Gray
le télégramme lui apprit que Dorian était fiancé à Sibyl Vane
the telegram told him that Dorian was engaged to be married to Sibyl Vane

Chapitre cinq
Chapter Five

Elle enfouit son visage sur les genoux de la femme fanée et fatiguée
she buried her face in the lap of the faded, tired-looking woman

« Mère, mère, je suis si heureuse ! » murmura la jeune fille
"Mother, Mother, I am so happy!" whispered the girl

elle était assise dans le seul fauteuil que contenait leur salon miteux
she was sitting in the one arm-chair that their dingy sitting-room contained

elle tournait le dos à la lumière stridente et intrusive
her back was turned to the shrill intrusive light

« Je suis si heureuse ! » répéta-t-elle, « et vous devez être heureux aussi ! »
"I am so happy!" she repeated, "and you must be happy, too!"

Mme Vane grimaça et posa ses mains minces et blanchies au bismuth sur la tête de sa fille
Mrs. Vane winced and put her thin, bismuth-whitened hands on her daughter's head

« Heureuse ! » répéta-t-elle, « je ne suis heureuse que lorsque je te vois sur scène »
"Happy!" she echoed, "I am only happy, Sibyl, when I see you on stage"

« Vous ne devez penser à rien d'autre qu'à votre jeu »
"You must not think of anything but your acting"

« M. Isaacs a été très bon avec nous, et nous lui devons de l'argent »
"Mr. Isaacs has been very good to us, and we owe him money"

La fille leva les yeux et fit la moue
The girl looked up and pouted

« L'argent, mère ? s'écria-t-elle, qu'importe l'argent ? »
"Money, Mother?" she cried, "what does money matter?"

« L'amour est plus que l'argent »
"Love is more than money"

« M. Isaacs nous a avancé cinquante livres pour payer nos dettes »
"Mr. Isaacs has advanced us fifty pounds to pay off our debts"

« Et nous pouvons obtenir une tenue appropriée pour James »
"and we can get a proper outfit for James"

« Tu ne dois pas oublier cela, Sibylle »
"You must not forget that, Sibyl"

« Cinquante livres, c'est une très grosse somme »
"Fifty pounds is a very large sum"

« M. Isaacs a été très prévenant »
"Mr. Isaacs has been most considerate"
La jeune fille, se leva et se dirigea vers la fenêtre
the girl, raised to her feet and went over to the window
« Ce n'est pas un gentleman, Mère, et je déteste la façon dont il me parle. »
"He is not a gentleman, Mother, and I hate the way he talks to me"
« Je ne sais pas comment nous pourrions nous passer de lui, » répondit la vieille femme d'un ton irrité
"I don't know how we could manage without him," answered the elder woman querulously
Sibyl Vane secoua la tête et rit
Sibyl Vane tossed her head and laughed
« Nous ne voulons plus de lui, Mère »
"We don't want him anymore, Mother"
« Le prince charmant dirige la vie pour nous maintenant. » Puis elle s'arrêta
"Prince Charming rules life for us now." Then she paused
Une rose tremblait dans son sang et ombrageait ses joues
A rose shook in her blood and shadowed her cheeks
Une respiration rapide écarta les pétales de ses lèvres. Ils tremblaient.
Quick breath parted the petals of her lips. They trembled.
Un vent de passion méridionale la balaya et agita les plis délicats de sa robe
Some southern wind of passion swept over her and stirred the dainty folds of her dress
« Je l'aime », dit-elle simplement
"I love him," she said simply
« Enfant stupide ! enfant insensé ! » fut la phrase de perroquet lancée en réponse
"Foolish child! foolish child!" was the parrot-phrase flung in answer
L'agitation des doigts tordus et faussement ornés de bijoux donnait du grotesque aux mots
The waving of crooked, false-jewelled fingers gave grotesqueness to the words
La jeune fille rit à nouveau
The girl laughed again
La joie d'un oiseau en cage était dans sa voix
The joy of a caged bird was in her voice
Ses yeux captèrent la mélodie et la firent écho avec éclat

Her eyes caught the melody and echoed it in radiance
puis ses yeux se fermèrent un instant, comme pour cacher leur secret
then her eyes closed for a moment, as though to hide their secret
Quand ses yeux s'ouvrirent, la brume d'un rêve les avait traversés
When her eyes opened, the mist of a dream had passed across them
Une sagesse aux lèvres minces lui parlait depuis sa chaise usée, faisait allusion à la prudence
Thin-lipped wisdom spoke at her from the worn chair, hinted at prudence
Cité de ce livre de lâcheté
quoted from that book of cowardice
L'auteur singe le nom de bon sens
the author apes the name of common sense
Elle n'écouta pas. Elle était libre dans sa prison de passion
She did not listen. She was free in her prison of passion
Son prince, le prince charmant, était avec elle
Her prince, Prince Charming, was with her
Elle avait fait appel à la mémoire pour le refaire
She had called on memory to remake him
Elle avait envoyé son âme à sa recherche, et elle l'avait ramené
She had sent her soul to search for him, and it had brought him back
Son baiser brûla à nouveau sur sa bouche
His kiss burned again upon her mouth
Ses paupières étaient chaudes de son souffle
Her eyelids were warm with his breath
Puis la sagesse changea de méthode et parla d'espial et de découverte
Then wisdom altered its method and spoke of espial and discovery
Ce jeune homme pourrait être riche
This young man might be rich
Si c'est le cas, le mariage devrait être envisagé
If so, marriage should be thought of
Contre la coquille de son oreille se brisèrent les vagues de la ruse mondaine
Against the shell of her ear broke the waves of worldly cunning
Les flèches de l'artisanat tirées par elle
The arrows of craftsmanship shot by her
Elle vit les lèvres minces bouger et sourit
She saw the thin lips moving, and smiled
Soudain, elle ressentit le besoin de parler

Suddenly she felt the need to speak
Le silence verbeux la troublait
The wordy silence troubled her
« Mère, mère, s'écria-t-elle, pourquoi m'aime-t-il tant ? »
"Mother, Mother," she cried, "why does he love me so much?"
« Je sais pourquoi je l'aime »
"I know why I love him"
« Je l'aime parce qu'il est comme ce que l'amour lui-même devrait être »
"I love him because he is like what love itself should be"
« Mais que voit-il en moi ? »
"But what does he see in me?"
« Je ne suis pas digne de lui »
"I am not worthy of him"
— Et pourtant, pourquoi, je ne saurais le dire, bien que je me sente tellement au-dessous de lui.
"And yet—why, I cannot tell—though I feel so much beneath him"
« Je ne me sens pas humble »
"I don't feel humble"
« Je me sens fier, terriblement fier »
"I feel proud, terribly proud"
« Mère, aimiez-vous mon père comme j'aime le prince charmant ? »
"Mother, did you love my father as I love Prince Charming?"
La vieille femme pâlit sous la poudre grossière qui barbouillait ses joues
The elder woman grew pale beneath the coarse powder that daubed her cheeks
et ses lèvres sèches se contractèrent d'un spasme de douleur
and her dry lips twitched with a spasm of pain
Sybil se précipita vers elle, lui jeta les bras autour du cou et l'embrassa
Sybil rushed to her, flung her arms round her neck, and kissed her
« Pardonne-moi, Mère »
"Forgive me, Mother"
« Je sais que cela te fait de la peine de parler de notre père »
"I know it pains you to talk about our father"
« Mais cela ne fait que te faire de la peine parce que tu l'aimais tellement »
"But it only pains you because you loved him so much"
« N'ayez pas l'air si triste »
"Don't look so sad"

« Je suis aussi heureux aujourd'hui que tu l'étais il y a vingt ans »
"I am as happy today as you were twenty years ago"
— Ah ! laisse-moi être heureux pour toujours !
"Ah! let me be happy forever!"
« Mon enfant, tu es bien trop jeune pour penser à tomber amoureux »
"My child, you are far too young to think of falling in love"
— D'ailleurs, que savez-vous de ce jeune homme ?
"Besides, what do you know of this young man?"
« Vous ne connaissez même pas son nom »
"You don't even know his name"
« Tout cela est très gênant »
"The whole thing is most inconvenient"
« Et vraiment, pourquoi avez-vous dû tomber amoureux alors que James part en Australie »
"and really, why did you have to fall in love when James is going away to Australia"
« et j'ai tellement de choses à penser »
"and I have so much to think of"
« Je dois dire que vous auriez dû faire preuve de plus de considération »
"I must say that you should have shown more consideration"
« Cependant, comme je l'ai déjà dit, s'il est riche... »
"However, as I said before, if he is rich ..."
— Ah ! Mère, mère, laissez-moi être heureuse !
"Ah! Mother, Mother, let me be happy!"
Mme Vane la regarda et la serra dans ses bras
Mrs. Vane glanced at her with and clasped her in her arms
un de ces faux gestes théâtraux qui deviennent si souvent un mode de seconde nature pour un acteur de théâtre
one of those false theatrical gestures that so often become a mode of second nature to a stage-player
À ce moment, la porte s'ouvrit et un jeune garçon aux cheveux bruns rugueux entra dans la pièce
At this moment, the door opened and a young lad with rough brown hair came into the room
Il était de forte taille, et ses mains et ses pieds étaient grands et quelque peu maladroits dans ses mouvements
He was thick-set of figure, and his hands and feet were large and somewhat clumsy in movement
Il n'était pas aussi bien élevé que sa sœur

He was not so finely bred as his sister
On aurait difficilement deviné la relation étroite qui existait entre eux
One would hardly have guessed the close relationship that existed between them
Mme Vane fixa ses yeux sur lui et intensifia son sourire
Mrs. Vane fixed her eyes on him and intensified her smile
Elle a élevé mentalement son fils à la dignité d'un public
She mentally elevated her son to the dignity of an audience
Elle était sûre que le tableau était intéressant
She felt sure that the tableau was interesting
– Vous pourriez garder quelques-uns de vos baisers pour moi, Sibyl, je pense, dit le garçon avec un grognement bon enfant
"You might keep some of your kisses for me, Sibyl, I think," said the lad with a good-natured grumble
— Ah ! mais vous n'aimez pas qu'on vous embrasse, Jim, s'écria-t-elle
"Ah! but you don't like being kissed, Jim," she cried
« Tu es un vieil ours affreux »
"You are a dreadful old bear"
Et elle a couru à travers la pièce et l'a serré dans ses bras
And she ran across the room and hugged him
James Vane regarda sa sœur avec tendresse
James Vane looked into his sister's face with tenderness
« Je veux que tu viennes me promener, Sibyl »
"I want you to come out with me for a walk, Sibyl"
« Je ne pense pas que je reverrai jamais cet horrible Londres »
"I don't suppose I shall ever see this horrid London again"
« Je suis sûr que je ne veux pas »
"I am sure I don't want to"
– Mon fils, ne dites pas des choses aussi affreuses, murmura Mme Vane
"My son, don't say such dreadful things," murmured Mrs Vane
et elle prit une robe de théâtre sordide avec un soupir
and she took up a tawdry theatrical dress, with a sigh
et elle commença à rafistoler la robe
and she began to patch up the dress
Elle se sentait un peu déçue qu'il n'ait pas rejoint le groupe
She felt a little disappointed that he had not joined the group
Cela aurait augmenté le pittoresque théâtral de la situation
It would have increased the theatrical picturesqueness of the

situation
« Pourquoi pas, mère ? Je le pense vraiment"
"Why not, Mother? I mean it"
« Tu me fais mal, mon fils »
"You pain me, my son"
« J'espère que vous reviendrez d'Australie dans une position d'aisance »
"I trust you will return from Australia in a position of affluence"
« Je crois qu'il n'y a aucune société d'aucune sorte dans les colonies »
"I believe there is no society of any kind in the Colonies"
« rien que j'appellerais société »
"nothing that I would call society"
« donc, quand vous aurez fait fortune, vous devrez revenir et vous affirmer à Londres »
"so when you have made your fortune, you must come back and assert yourself in London"
« La société ! » murmura le garçon
"Society!" muttered the lad
« Je ne veux rien savoir à ce sujet »
"I don't want to know anything about that"
« J'aimerais gagner de l'argent pour vous faire sortir de la scène, vous et Sibyl »
"I should like to make some money to take you and Sibyl off the stage"
« Je déteste ça »
"I hate it"
– Oh ! Jim ! dit Sibyl en riant, comme vous êtes méchant !
"Oh, Jim!" said Sibyl, laughing, "how unkind of you!"
"Mais tu vas vraiment te promener avec moi ? Ce sera sympa !
"But are you really going for a walk with me? That will be nice!"
« J'avais peur que tu ne dises au revoir à certains de tes amis »
"I was afraid you were going to say good-bye to some of your friends"
« Tom Hardy, qui t'a donné cette hideuse pipe »
"Tom Hardy, who gave you that hideous pipe"
« Ned Langton, qui se moque de toi parce que tu fumes dans cette pipe »
"Ned Langton, who makes fun of you for smoking from that pipe"
« C'est très gentil de ta part de me laisser ton dernier après-midi »
"It is very sweet of you to let me have your last afternoon"

« Où irons-nous ? Allons au parc"
"Where shall we go? Let us go to the park"
« Je suis trop minable, répondit-il en fronçant les sourcils
"I am too shabby," he answered, frowning
« Seuls les gens chics vont au parc »
"Only fancy people go to the park"
« C'est absurde, Jim », murmura-t-elle en caressant la manche de son manteau
"Nonsense, Jim," she whispered, stroking the sleeve of his coat
Il hésita un instant
He hesitated for a moment
« Très bien, dit-il enfin, mais ne vous habillez pas trop longtemps. »
"Very well," he said at last, "but don't be too long dressing"
Elle a dansé à la porte
She danced out of the door
On pouvait l'entendre chanter alors qu'elle montait les escaliers en courant
One could hear her singing as she ran upstairs
Ses petits pieds claquaient au-dessus de sa tête
Her little feet pattered overhead
Il a fait le tour de la pièce deux ou trois fois
He walked up and down the room two or three times
Puis il se tourna vers la silhouette immobile sur la chaise
Then he turned to the still figure in the chair
« Mère, mes affaires sont-elles prêtes ? » demanda-t-il
"Mother, are my things ready?" he asked
« Tout à fait prêt, James », répondit-elle, gardant les yeux sur son travail
"Quite ready, James," she answered, keeping her eyes on her work
Depuis quelques mois, elle se sentait mal à l'aise lorsqu'elle était seule avec son fils rude et sévère
For some months past she had felt ill at ease when she was alone with this rough stern son of hers
Sa nature secrète superficielle était troublée lorsque leurs regards se rencontrèrent
Her shallow secret nature was troubled when their eyes met
Elle se demandait s'il soupçonnait quelque chose
She used to wonder if he suspected anything
Le silence, car il ne fit aucune autre observation, lui devint intolérable

The silence, for he made no other observation, became intolerable to her

Elle commença à se plaindre
She began to complain

Les femmes se défendent en attaquant, tout comme elles attaquent par des capitulations soudaines et étranges
Women defend themselves by attacking, just as they attack by sudden and strange surrenders

« J'espère que vous serez content, James, de votre vie de marin, dit-elle
"I hope you will be contented, James, with your sea-faring life," she said

« Vous devez vous rappeler que c'est votre propre choix »
"You must remember that it is your own choice"

Vous auriez pu entrer dans un bureau d'avocat"
You could have entered a solicitor's office"

« Les avocats sont une classe très respectable »
"Solicitors are a very respectable class"

« Et à la campagne, ils dînent souvent avec les meilleures familles »
"and in the countryside they often dine with the best families"

« Je déteste les bureaux et je déteste les employés », a-t-il répondu
"I hate offices, and I hate clerks," he replied

« Mais vous avez tout à fait raison »
"But you are quite right"

« J'ai choisi ma propre vie »
"I have chosen my own life"

« Tout ce que je dis, c'est de veiller sur Sibyl »
"All I say is, watch over Sibyl"

« Ne la laissez pas se faire de mal »
"Don't let her come to any harm"

« Mère, tu dois veiller sur elle »
"Mother, you must watch over her"

« James, tu parles vraiment très étrangement »
"James, you really talk very strangely"

« Bien sûr que je veille sur Sibyl »
"Of course I watch over Sibyl"

« J'ai entendu dire qu'un monsieur vient tous les soirs au théâtre et va derrière pour lui parler »
"I hear a gentleman comes every night to the theatre and goes behind to talk to her"

"C'est vrai ? Qu'en est-il de ça ?

"Is that right? What about that?"
« Tu parles de choses que tu ne comprends pas, James »
"You are speaking about things you don't understand, James"
« Dans la profession, nous sommes habitués à recevoir beaucoup d'attention très gratifiante »
"In the profession we are accustomed to receive a great deal of most gratifying attention"
« Moi-même, je recevais beaucoup de bouquets à la fois »
"I myself used to receive many bouquets at one time"
« C'est à ce moment-là que le jeu d'acteur a vraiment été compris »
"That was when acting was really understood"
« Quant à Sibyl, je ne sais pas pour l'instant si son attachement est sérieux ou non »
"As for Sibyl, I do not know at present whether her attachment is serious or not"
« Mais il ne fait aucun doute que le jeune homme en question est un parfait gentleman »
"But there is no doubt that the young man in question is a perfect gentleman"
« Il est toujours très poli avec moi »
"He is always most polite to me"
« D'ailleurs, il a l'air d'être riche »
"Besides, he has the appearance of being rich"
« Et les fleurs qu'il envoie sont belles »
"and the flowers he sends are lovely"
— Vous ne connaissez pas son nom, cependant, dit le garçon durement
"You don't know his name, though," said the lad harshly
« Non », répondit sa mère avec une expression placide sur son visage
"No," answered his mother with a placid expression in her face
« Il n'a pas encore révélé son vrai nom »
"He has not yet revealed his real name"
« Je pense que c'est assez romantique de sa part »
"I think it is quite romantic of him"
« Il est probablement un membre de l'aristocratie »
"He is probably a member of the aristocracy"
James Vane se mordit la lèvre
James Vane bit his lip
« Veille sur Sibylle, mère, s'écria-t-il, veille sur elle »
"Watch over Sibyl, Mother," he cried, "watch over her"

« Mon fils, tu m'affliges beaucoup »
"My son, you distress me very much"
« Sibyl est toujours sous mes soins particuliers »
"Sibyl is always under my special care"
« Bien sûr, si ce monsieur est riche, il n'y a aucune raison pour qu'elle ne contracte pas une alliance avec lui »
"Of course, if this gentleman is wealthy, there is no reason why she should not contract an alliance with him"
« J'espère qu'il fait partie de l'aristocratie »
"I trust he is one of the aristocracy"
« Il en a toute l'apparence, je dois dire »
"He has all the appearance of it, I must say"
« Ce pourrait être un mariage des plus brillants pour Sibyl »
"It might be a most brilliant marriage for Sibyl"
« Ils feraient un couple charmant »
"They would make a charming couple"
"Sa beauté est vraiment remarquable ; tout le monde les remarque"
"His good looks are really quite remarkable; everybody notices them"
Le garçon marmonna quelque chose pour lui-même et tambourina sur la vitre avec ses doigts grossiers
The lad muttered something to himself and drummed on the window-pane with his coarse fingers
Il venait de se retourner pour dire quelque chose quand la porte s'ouvrit et Sibyl entra en courant
He had just turned round to say something when the door opened and Sibyl ran in
« Comme vous êtes sérieux tous les deux ! » s'écria-t-elle. « Qu'y a-t-il ? »
"How serious you both are!" she cried. "What is the matter?"
« Rien, répondit-il. « Je suppose qu'il faut être sérieux parfois »
"Nothing," he answered. "I suppose one must be serious sometimes"
Au revoir, mère ; Je dînerai à cinq heures.
Good-bye, Mother; I will have my dinner at five o'clock"
« Tout est emballé, sauf mes chemises, donc vous n'avez pas besoin de vous inquiéter »
"Everything is packed, except my shirts, so you need not trouble"
« Au revoir, mon fils », répondit-elle avec un salut de majesté tendue
"Good-bye, my son," she answered with a bow of strained stateliness
Elle était extrêmement agacée par le ton qu'il avait adopté avec elle
She was extremely annoyed at the tone he had adopted with her

et il y avait quelque chose dans son regard qui l'avait effrayée.
and there was something in his look that had made her feel afraid.
« Embrasse-moi, maman », dit la jeune fille
"Kiss me, Mother," said the girl
Ses lèvres fleuries touchèrent la joue desséchée et réchauffèrent son givre
Her flowerlike lips touched the withered cheek and warmed its frost
« Mon enfant ! mon enfant ! s'écria Mme Vane
"My child! my child!" cried Mrs. Vane
et elle leva les yeux vers le plafond à la recherche d'une galerie imaginaire
and she looked up to the ceiling in search of an imaginary gallery
« Viens, Sibyl, » dit son frère avec impatience
"Come, Sibyl," said her brother impatiently
Il détestait les affectations de sa mère
He hated his mother's affectations
Ils sortirent sous la lumière vacillante du soleil et se promenèrent sur la morne route d'Euston.
They went out into the flickering, wind-blown sunlight and strolled down the dreary Euston Road.
Les passants jetèrent un coup d'œil émerveillé au jeune homme maussade et lourd
The passersby glanced in wonder at the sullen heavy youth
le jeune homme qui, vêtu de vêtements grossiers et mal ajustés, était en compagnie d'une fille si gracieuse et si raffinée
the youth who, in coarse, ill-fitting clothes, was in the company of such a graceful, refined-looking girl
Il était comme un vulgaire jardinier marchant avec une rose
He was like a common gardener walking with a rose
Jim fronçait les sourcils de temps en temps lorsqu'il surprenait le regard inquisiteur d'un étranger
Jim frowned from time to time when he caught the inquisitive glance of some stranger
Il avait cette aversion d'être regardé,
He had that dislike of being stared at,
le sentiment qui vient aux génies tard dans la vie et ne quitte jamais le lieu commun
the feeling which comes on geniuses late in life and never leaves the commonplace
Sibyl, cependant, était tout à fait inconsciente de l'effet qu'elle produisait

Sibyl, however, was quite unconscious of the effect she was producing
Son amour tremblait de rire sur ses lèvres
Her love was trembling in laughter on her lips
Elle pensait au prince charmant
She was thinking of Prince Charming
pour penser à lui d'autant plus, elle ne parlait pas de lui
so that she might think of him all the more, she did not talk of him
mais au lieu de cela, elle bavardait sur le navire sur lequel Jim allait naviguer
but instead she prattled on about the ship in which Jim was going to sail
Elle parla de l'or qu'il était certain de trouver
she spoke about the gold he was certain to find
Elle s'enquit de la merveilleuse héritière dont il devait sauver la vie des méchants bushrangers en chemise rouge
she inquired about the wonderful heiress whose life he was to save from the wicked, red-shirted bushrangers
parce qu'il ne devait pas rester un marin, ou un supercargo, ou quoi que ce soit d'autre
because he was not to remain a sailor, or a supercargo, or whatever he was going to be
Oh, non ! L'existence d'un marin était épouvantable
Oh, no! A sailor's existence was dreadful
Imaginez être enfermé dans un horrible navire, avec les vagues rauques et bossues qui tentent d'entrer
Fancy being cooped up in a horrid ship, with the hoarse, humpbacked waves trying to get in
et un vent noir soufflant les mâts et déchirant les voiles en longs rubans hurlants !
and a black wind blowing the masts down and tearing the sails into long screaming ribbons!
Il devait quitter le navire à Melbourne
He was to leave the vessel at Melbourne
il devait dire poliment au revoir au capitaine
he was to bid a polite good-bye to the captain
puis il partit immédiatement pour les champs aurifères
and then he was go off at once to the gold-fields
Avant la fin d'une semaine, il devait tomber sur une grosse pépite d'or pur
Before a week was over he was to come across a large nugget of pure

gold
la plus grosse pépite jamais découverte
the largest nugget that had ever been discovered
puis il devait apporter ses pépites d'or sur la côte dans un chariot gardé par six policiers à cheval
and then he was to bring his gold nuggets down to the coast in a wagon guarded by six mounted policemen
Les bushrangers devaient les attaquer trois fois
The bushrangers were to attack them three times
et ils furent vaincus par un immense carnage
and they were be defeated with immense slaughter
Ou, non. Il ne devait pas du tout aller dans les champs aurifères
Or, no. He was not to go to the gold-fields at all
C'étaient des endroits horribles, où les hommes s'enivraient
They were horrid places, where men got intoxicated
là, les hommes se tiraient dessus dans les bars et utilisaient un langage grossier
there men shot each other in bar-rooms, and used bad language
Il devait être un bon éleveur de moutons
He was to be a nice sheep-farmer
un soir, alors qu'il rentrait chez lui
one evening, as he was riding home
il devait voir la belle héritière être enlevée par un voleur sur un cheval noir
he was to see the beautiful heiress being carried off by a robber on a black horse
il devait la poursuivre et la sauver
he was to give chase, and rescue her
Bien sûr, elle tomberait amoureuse de lui, et lui d'elle
Of course, she would fall in love with him, and he with her
et ils se marieraient, et reviendraient à la maison, et vivraient dans une immense maison à Londres
and they would get married, and come home, and live in an immense house in London
Oui, il y avait des choses délicieuses en réserve pour lui
Yes, there were delightful things in store for him
Mais il faut qu'il soit très bon, et qu'il ne perde pas son sang-froid, ni ne dépense son argent sottement
But he must be very good, and not lose his temper, or spend his money foolishly
Elle n'avait qu'un an de plus que lui, mais elle en savait tellement

plus sur la vie
She was only a year older than he was, but she knew so much more of life
Il devait aussi être sûr de lui écrire par courrier
He must be sure, also, to write to her by every mail
et il devait faire ses prières chaque soir avant de s'endormir
and he had to say his prayers each night before he went to sleep
Dieu était très bon et veillerait sur lui
God was very good, and would watch over him
Elle prierait aussi pour lui
She would pray for him, too
et dans quelques années, il reviendrait tout riche et heureux
and in a few years he would come back quite rich and happy
Le garçon l'écouta d'un air boudeur et ne répondit rien
The lad listened sulkily to her and made no answer
Il avait le cœur brisé en quittant la maison
He was heart-sick at leaving home
mais ce n'était pas seulement cela qui le rendait sombre et morose
but it was not this alone that made him gloomy and morose
Bien qu'il fût inexpérimenté, il avait encore un sens aigu du danger de la position de Sibyl
Inexperienced though he was, he had still a strong sense of the danger of Sibyl's position
Ce jeune dandy qui lui faisait l'amour ne pouvait lui vouloir aucun bien
This young dandy who was making love to her could mean her no good
C'était un gentleman, et il le détestait pour cela
He was a gentleman, and he hated him for that
il le haïssait par un curieux instinct de race qu'il ne pouvait expliquer
he hated him through some curious race-instinct for which he could not account
un instinct qui, pour cette raison, était d'autant plus dominant en lui
an instinct which for that reason was all the more dominant within him
Il était conscient aussi de la superficialité et de la vanité de la nature de sa mère
He was conscious also of the shallowness and vanity of his mother's nature

et en cela il voyait le péril infini pour Sibyl et le bonheur de Sibylle
and in that he saw the infinite peril for Sibyl and Sibyl's happiness
Les enfants commencent par aimer leurs parents
Children begin by loving their parents
en vieillissant, ils les jugent
as they grow older they judge them
parfois ils leur pardonnent
sometimes they forgive them
Sa mère! Il avait quelque chose à lui demander
His mother! He had something on his mind to ask of her
quelque chose qu'il avait ruminé pendant de nombreux mois de silence
something that he had brooded on for many months of silence
Une phrase fortuite qu'il avait entendue au théâtre
A chance phrase that he had heard at the theatre
un ricanement chuchoté qui était parvenu à ses oreilles un soir alors qu'il attendait à la porte de la scène
a whispered sneer that had reached his ears one night as he waited at the stage-door
elle avait déclenché une série de pensées horribles
it had set loose a train of horrible thoughts
Il s'en souvenait comme si c'eût été le fouet d'une cravache sur son visage
He remembered it as if it had been the lash of a hunting-crop across his face
Ses sourcils se froncent en un sillon cunéiforme
His brows knit together into a wedge-like furrow
et avec un tressaillement de douleur, il se mordit la lèvre inférieure
and with a twitch of pain he bit his underlip
– Vous n'écoutez pas un mot de ce que je dis, Jim, s'écria Sibyl
"You are not listening to a word I am saying, Jim," cried Sibyl
et je fais les plus beaux projets pour votre avenir.
"and I am making the most delightful plans for your future"
« Dis quelque chose »
"Do say something"
« Que voulez-vous que je dise ? »
"What do you want me to say?"
« Oh ! que tu seras un bon garçon et que tu ne nous oublieras pas, répondit-elle en lui souriant
"Oh! that you will be a good boy and not forget us," she answered,

smiling at him
Il haussa les épaules
He shrugged his shoulders
« Tu m'oublieras plus que je ne le suis de t'oublier, Sibyl »
"You are more likely to forget me than I am to forget you, Sibyl"
Elle rougit. « Que voulez-vous dire, Jim ? » demanda-t-elle
She flushed. "What do you mean, Jim?" she asked
« Tu as un nouvel ami, j'entends »
"You have a new friend, I hear"
« Qui est-il ? Pourquoi ne m'avez-vous pas parlé de lui ? Il ne te veut rien de bon"
"Who is he? Why have you not told me about him? He means you no good"
« Arrête, Jim ! » s'écria-t-elle
"Stop, Jim!" she exclaimed
« Vous ne devez rien dire contre lui. Je l'aime"
"You must not say anything against him. I love him"
– Eh bien, vous ne savez même pas son nom, répondit le garçon
"Why, you don't even know his name," answered the lad
« Qui est-il ? J'ai le droit de savoir"
"Who is he? I have a right to know"
« Il s'appelle le prince charmant »
"He is called Prince Charming"
« Tu n'aimes pas le nom »
"Don't you like the name"
« Oh ! espèce de garçon stupide ! vous ne devriez jamais l'oublier"
"Oh! you silly boy! you should never forget it"
« Si seulement vous le voyiez, vous penseriez qu'il est la personne la plus merveilleuse du monde »
"If you only saw him, you would think him the most wonderful person in the world"
« Un jour, tu le rencontreras – quand tu reviendras d'Australie. »
"Someday you will meet him—when you come back from Australia"
« Tu vas tellement l'aimer »
"You will like him so much"
"Tout le monde l'aime, et je... Je l'aime"
"Everybody likes him, and I ... I love him"
« J'aimerais que tu puisses venir au théâtre ce soir »
"I wish you could come to the theatre tonight"
« Il va être là, et je dois jouer Juliette »
"He is going to be there, and I am to play Juliet"

« Oh ! comme je vais le jouer !
"Oh! how I shall play it!"
« Imagine, Jim, être amoureux et jouer le rôle de Juliette ! »
"Imagine, Jim, to be in love and play the role Juliet!"
"L'avoir assis là ! Et je joue mon rôle pour son plus grand plaisir !
"To have him sitting there! And I play my role for his delight!"
« J'ai peur d'effrayer la compagnie, de l'effrayer ou de la captiver »
"I am afraid I may frighten the company, frighten or enthral them"
« Être amoureux, c'est se dépasser »
"To be in love is to surpass one's self"
« Le pauvre et affreux M. Isaacs criera 'génie' à ses mocassins au bar »
"Poor dreadful Mr. Isaacs will be shouting 'genius' to his loafers at the bar"
« Il m'a prêché comme un dogme ; ce soir, il m'annoncera comme une révélation »
"He has preached me as a dogma; to-night he will announce me as a revelation"
"Je le sens. Et c'est tout à lui, son seul, le prince charmant, mon merveilleux amant, mon dieu des grâces"
"I feel it. And it is all his, his only, Prince Charming, my wonderful lover, my god of graces"
« Mais je suis pauvre à côté de lui »
"But I am poor beside him"
« Pauvre ? Qu'est-ce que cela fait ?
"Poor? What does that matter?"
« Quand la pauvreté s'insinue à la porte, l'amour s'envole par la fenêtre »
"When poverty creeps in at the door, love flies in through the window"
« Nos proverbes veulent être réécrits »
"Our proverbs want rewriting"
« Ils ont été fabriqués en hiver, et c'est l'été maintenant ; le printemps pour moi, je pense"
"They were made in winter, and it is summer now; spring-time for me, I think"
« Une danse de fleurs dans un ciel bleu »
"a very dance of blossoms in blue skies"
– C'est un gentleman, dit le garçon d'un air maussade
"He is a gentleman," said the lad sullenly
« Un prince ! » s'écria-t-elle musicalement

"A prince!" she cried musically
« Que voulez-vous de plus ? »
"What more do you want?"
« Il veut vous asservir »
"He wants to enslave you"
« Je frémis à l'idée d'être libre »
"I shudder at the thought of being free"
« Je veux que tu te méfies de lui »
"I want you to beware of him"
« Le voir, c'est l'adorer »
"To see him is to worship him"
« Le connaître, c'est lui faire confiance »
"to know him is to trust him"
« Sibyl, tu es folle de lui »
"Sibyl, you are mad about him"
Elle rit et lui prit le bras
She laughed and took his arm
« Cher vieux Jim, tu parles comme si tu étais cent »
"You dear old Jim, you talk as if you were a hundred"
« Un jour, tu seras amoureux toi-même »
"Someday you will be in love yourself"
« Alors tu sauras ce que c'est »
"Then you will know what it is"
« N'ayez pas l'air si boudeur »
"Don't look so sulky"
« Vous devriez sûrement être heureux de penser cela »
"Surely you should be glad to think that"
« bien que tu t'en ailles, tu me laisses plus heureux que je ne l'ai jamais été auparavant »
"though you are going away, you leave me happier than I have ever been before"
« La vie a été dure pour nous deux, terriblement dure et difficile »
"Life has been hard for us both, terribly hard and difficult"
« Mais ce sera différent maintenant »
"But it will be different now"
« Vous allez dans un nouveau monde, et j'en ai trouvé un »
"You are going to a new world, and I have found one"
« Voici deux chaises ; asseyons-nous et voyons passer les gens intelligents"
"Here are two chairs; let us sit down and see the smart people go by"
Ils prirent place au milieu d'une foule de spectateurs

They took their seats amidst a crowd of watchers
Les parterres de tulipes de l'autre côté de la route flambaient comme des anneaux de feu lancinants
The tulip-beds across the road flamed like throbbing rings of fire
Une poussière blanche – un nuage tremblant de racine d'iris, semblait-il – flottait dans l'air haletant
A white dust—tremulous cloud of orris-root it seemed—hung in the panting air
Les parasols aux couleurs vives dansaient et plongeaient comme des papillons monstrueux
The brightly coloured parasols danced and dipped like monstrous butterflies
Elle faisait parler son frère de lui-même, de ses espérances et de ses perspectives
She made her brother talk of himself, of his hopes and his prospects
Il parlait lentement et avec effort
He spoke slowly and with effort
Ils se passaient des mots en déplaçant les pièces
They passed words to each other chess players moving pieces
Sibyl se sentait oppressée. Elle ne pouvait pas communiquer sa joie
Sibyl felt oppressed. She could not communicate her joy
Un léger sourire courbant cette bouche maussade était tout l'écho qu'elle pouvait gagner
A faint smile curving that sullen mouth was all the echo she could win
Après un certain temps, elle se tut
After some time she became silent
Soudain, elle aperçut des cheveux dorés et des lèvres riantes
Suddenly she caught a glimpse of golden hair and laughing lips
et dans une voiture découverte avec deux dames, Dorian Gray passa devant
and in an open carriage with two ladies Dorian Gray drove past
Elle se leva d'un bond
She started to her feet
« Le voilà ! » s'écria-t-elle
"There he is!" she cried
— Qui ? demanda Jim Vane
"Who?" said Jim Vane
« Prince charmant », répondit-elle en s'occupant du Victoria
"Prince Charming," she answered, looking after the Victoria
Il se leva d'un bond et la saisit brutalement par le bras

He jumped up and seized her roughly by the arm
« Montrez-le-moi. Lequel est-il ? Signalez-le"
"Show him to me. Which is he? Point him out"
« Il faut que je le voie ! » s'écria-t-il
"I must see him!" he exclaimed
mais à ce moment-là, le quatre-en-main du duc de Berwick s'interposa entre
but at that moment the Duke of Berwick's four-in-hand came between
et quand il eut laissé l'espace libre, la voiture était sortie du parc
and when it had left the space clear, the carriage had swept out of the park
— Il est parti, murmura tristement Sibyl
"He is gone," murmured Sibyl sadly
« J'aurais aimé que tu le voies »
"I wish you had seen him"
« s'il te fait du mal, je le tuerai »
"if he ever does you any wrong, I shall kill him"
« car aussi sûr qu'il y a un Dieu dans le ciel »
"for as sure as there is a God in heaven"
Elle le regarda avec horreur
She looked at him in horror
Il répéta ses mots
He repeated his words
Ils fendent l'air comme un poignard
They cut the air like a dagger
Les gens autour commencèrent à rester bouche bée
The people round began to gape
Une dame debout près d'elle ricanait
A lady standing close to her tittered
« Va-t'en, Jim ; va-t'en, murmura-t-elle
"Come away, Jim; come away," she whispered
Il la suivit obstinément alors qu'elle traversait la foule
He followed her doggedly as she passed through the crowd
Il se sentit heureux de ce qu'il avait dit
He felt glad at what he had said
Lorsqu'ils atteignirent la statue d'Achille, elle se retourna
When they reached the Achilles Statue, she turned round
Il y avait de la pitié dans ses yeux qui se transformait en rire sur ses lèvres
There was pity in her eyes that became laughter on her lips

Elle secoua la tête vers lui
She shook her head at him
« Tu es stupide, Jim, complètement stupide »
"You are foolish, Jim, utterly foolish"
« Tu es un garçon de mauvaise humeur, voilà tout. »
"you are a bad-tempered boy, that is all"
« Comment peux-tu dire des choses aussi horribles ? »
"How can you say such horrible things?"
« Vous ne savez pas de quoi vous parlez »
"You don't know what you are talking about"
« Vous êtes simplement jaloux et méchant »
"You are simply jealous and unkind"
— Ah ! J'aimerais que tu tombes amoureux"
"Ah! I wish you would fall in love"
« L'amour rend les gens bons »
"Love makes people good"
« Et ce que tu as dit était méchant »
"and what you said was wicked"
« J'ai seize ans, répondit-il, et je sais qui je suis »
"I am sixteen," he answered, "and I know who I am"
« Mère ne t'aide pas »
"Mother is no help to you"
« Elle ne comprend pas comment s'occuper de vous »
"She doesn't understand how to look after you"
« J'aimerais maintenant ne pas aller en Australie du tout »
"I wish now that I was not going to Australia at all"
« J'ai l'esprit de tout jeter »
"I have a great mind to chuck the whole thing up"
« Je le ferais, si mes articles n'avaient pas été signés »
"I would, if my articles hadn't been signed"
« Oh, ne sois pas si sérieux, Jim »
"Oh, don't be so serious, Jim"
« Tu es comme l'un des héros de ces mélodrames stupides dans lesquels maman aimait tant jouer »
"You are like one of the heroes of those silly melodramas Mother used to be so fond of acting in"
« Je ne vais pas me quereller avec vous »
"I am not going to quarrel with you"
« Je l'ai vu, et oh ! »
"I have seen him, and oh!"
« Le voir est un bonheur parfait »

"to see him is perfect happiness"
« Je sais que tu ne ferais jamais de mal à quelqu'un que j'aime, n'est-ce pas ? »
"I know you would never harm anyone I love, would you?"
— Pas tant que vous l'aimerez, je suppose, fut la réponse maussade
"Not as long as you love him, I suppose," was the sullen answer
« Je l'aimerai toujours ! » s'écria-t-elle
"I shall love him forever!" she cried
— Et lui ? T'aimera-t-il pour toujours ?
"And he? Will he love you forever?"
« Pour toujours, aussi ! »
"Forever, too!"
« Il ferait mieux de t'aimer pour toujours »
"He had better love you for ever"
Elle recula devant lui
She shrank from him
Puis elle rit et posa sa main sur son bras
Then she laughed and put her hand on his arm
Il n'était qu'un garçon
He was merely a boy
À l'arche de marbre, ils hélèrent un omnibus
At the Marble Arch they hailed an omnibus
l'omnibus les laissa près de leur maison miteuse d'Euston Road
the omnibus left them close to their shabby home in the Euston Road
Il était plus de cinq heures
It was after five o'clock
Sibyl a dû s'allonger pendant quelques heures avant de monter sur scène
Sibyl had to lie down for a couple of hours before going on stage
Jim insista pour qu'elle le fasse
Jim insisted that she should do so
Il a dit qu'il préférait se séparer d'elle quand leur mère n'était pas présente
He said that he would rather part with her when their mother was not present
Elle ne manquerait pas de faire une scène, et il détestait les scènes de toutes sortes
She would be sure to make a scene, and he detested scenes of every kind
Dans la chambre de Sybil, ils se séparèrent
In Sybil's own room they parted

Il y avait de la jalousie dans le cœur du garçon
There was jealousy in the lad's heart
et il y avait une haine meurtrière féroce contre l'étranger
and there was a fierce murderous hatred of the stranger
l'étranger qui, à ce qu'il lui semblait, s'était interposé entre eux
the stranger who, as it seemed to him, had come between them
Pourtant, elle jeta ses bras autour de son cou
Yet, she flung her arms around his neck
et ses doigts s'égarèrent dans ses cheveux
and her fingers strayed through his hair
il l'adoucit et l'embrassa avec une réelle affection
he softened and kissed her with real affection
Il avait les larmes aux yeux en descendant
There were tears in his eyes as he went downstairs
Sa mère l'attendait en bas
His mother was waiting for him below
Elle grommela de son manque de ponctualité, alors qu'il entrait
She grumbled at his unpunctuality, as he entered
Il ne répondit rien, mais s'assit à son maigre repas
He made no answer, but sat down to his meagre meal
Les mouches bourdonnaient autour de la table et rampaient sur le tissu taché
The flies buzzed round the table and crawled over the stained cloth
À travers le grondement des omnibus et le cliquetis des fiacres
Through the rumble of omnibuses, and the clatter of street-cabs
Il pouvait entendre la voix bourdonnante dévorer chaque minute qui lui restait
he could hear the droning voice devouring each minute that was left to him
Après un certain temps, il repoussa son assiette
After some time, he thrust away his plate
et il mit sa tête dans ses mains
and he put his head in his hands
Il estimait qu'il avait le droit de savoir
He felt that he had had a right to know
Cela aurait dû lui être dit plus tôt, si c'était comme il le soupçonnait
It should have been told to him before, if it was as he suspected
Plombée par la peur, sa mère le regardait
Leaden with fear, his mother watched him
Des mots tombèrent machinalement de ses lèvres
Words dropped mechanically from her lips

Un mouchoir en dentelle en lambeaux se contracta entre ses doigts
A tattered lace handkerchief twitched in her fingers
Quand l'horloge sonna six heures, il se leva et se dirigea vers la porte
When the clock struck six, he got up and went to the door
Puis il se retourna et la regarda
Then he turned back and looked at her
Leurs yeux se rencontrèrent, et dans le sien il vit un appel sauvage à la miséricorde
Their eyes met, and in hers he saw a wild appeal for mercy
son appel à la clémence le rendit furieux
her appeal for mercy enraged him
« Mère, j'ai quelque chose à vous demander, dit-il
"Mother, I have something to ask you," he said
Ses yeux erraient vaguement dans la pièce
Her eyes wandered vaguely about the room
Elle ne répondit pas
She made no answer
« Dis-moi la vérité. J'ai le droit de savoir"
"Tell me the truth. I have a right to know"
« Étiez-vous mariée à mon père ? »
"Were you married to my father?"
Elle poussa un profond soupir
She heaved a deep sigh
C'était un soupir de soulagement
It was a sigh of relief
le moment qu'elle avait redouté cette nuit et ce jour, pendant des semaines et des mois
the moment that night and day, for weeks and months, she had dreaded
le moment terrible était enfin arrivé
the terrible moment had come at last
et pourtant elle n'éprouvait aucune terreur
and yet she felt no terror
En fait, dans une certaine mesure, ce fut une déception pour elle
Indeed, in some measure it was a disappointment to her
La franchise vulgaire de la question appelait une réponse directe
The vulgar directness of the question called for a direct answer
Rien n'avait progressivement conduit à la situation
nothing had gradually led up to the situation
la question était grossière

the question was crude
La situation lui rappelait une mauvaise répétition
the situation reminded her of a bad rehearsal
« Non », répondit-elle, étonnée de la rude simplicité de la vie
"No," she answered, wondering at the harsh simplicity of life
« Mon père était un scélérat alors ! » s'écria le garçon en serrant les poings
"My father was a scoundrel then!" cried the lad, clenching his fists
Elle secoua la tête
She shook her head
« Je savais qu'il n'était pas libre »
"I knew he was not free"
« Nous nous aimions beaucoup »
"We loved each other very much"
« S'il avait vécu, il aurait pris des dispositions pour nous »
"If he had lived, he would have made provision for us"
« Ne parle pas contre lui, mon fils »
"Don't speak against him, my son"
« C'était ton père, et un gentleman »
"He was your father, and a gentleman"
« En effet, il était très connecté »
"Indeed, he was highly connected"
Un juron s'échappa de ses lèvres
An oath broke from his lips
« Je ne me soucie pas de moi, s'exclama-t-il, mais ne laissez pas Sibyl...
"I don't care for myself," he exclaimed, "but don't let Sibyl...."
« C'est un gentleman, n'est-ce pas, qui est amoureux d'elle ? »
"It is a gentleman, isn't it, who is in love with her?"
« Très connecté, aussi, je suppose. »
"Highly connected, too, I suppose."
Pendant un instant, un sentiment hideux d'humiliation s'empara de la femme
For a moment a hideous sense of humiliation came over the woman
Sa tête s'est baissée et elle s'est essuyé les yeux avec des mains tremblantes
Her head drooped and she wiped her eyes with shaking hands
« Sibyl a une mère, murmura-t-elle ; « Je n'en avais aucune »
"Sibyl has a mother," she murmured; "I had none"
Le garçon était touché
The lad was touched

Il s'avança vers elle, et, se baissant, il l'embrassa
He went towards her, and stooping down, he kissed her
« Je suis désolé si je vous ai fait de la peine en vous demandant des nouvelles de mon père, dit-il
"I am sorry if I have pained you by asking about my father," he said
« mais je n'ai pas pu m'en empêcher »
"but I could not help it"
« Il faut que je parte maintenant. Au revoir"
"I must go now. Good-bye"
« N'oubliez pas que vous n'aurez plus qu'un seul enfant à vous occuper »
"Don't forget that you will have only one child now to look after"
et croyez-moi que si cet homme fait du tort à ma sœur, je découvrirai qui il est.
"and believe me that if this man wrongs my sister, I will find out who he is"
et je le traquerai et le tuerai comme un chien. Je le jure"
"and I will track him down, and kill him like a dog. I swear it"
La folie exagérée de la menace et les mots mélodramatiques fous
The exaggerated folly of the threat and the mad melodramatic words
Le geste passionné qui accompagnait la menace lui rendait la vie plus vivante
the passionate gesture that accompanied the threat made life seem more vivid to her
Elle connaissait bien l'atmosphère
She was familiar with the atmosphere
Elle respirait plus librement
She breathed more freely
et pour la première fois depuis de nombreux mois, elle admirait vraiment son fils
and for the first time for many months she really admired her son
Elle aurait aimé continuer la scène sur la même échelle émotionnelle
She would have liked to have continued the scene on the same emotional scale
mais il fallait descendre les malles et chercher des silencieux
but trunks had to be carried down and mufflers looked for
La corvée de la maison d'hébergement s'affairait
The lodging-house drudge bustled in and out
Il y avait le marchandage avec le cocher
There was the bargaining with the cabman

L'instant s'est perdu dans des détails vulgaires
The moment was lost in vulgar details
Finalement, son fils s'est enfui
finally her son was driving away
Elle agita le mouchoir de dentelle en lambeaux de la fenêtre
she waved the tattered lace handkerchief from the window
il y avait un sentiment renouvelé de déception
there was with a renewed feeling of disappointment
Elle était consciente qu'une grande occasion avait été gâchée
She was conscious that a great opportunity had been wasted
Elle se consola en disant à Sibyl combien elle se sentait désolée
She consoled herself by telling Sibyl how desolate she felt her life would be
maintenant qu'elle n'avait plus qu'un enfant à charge
now that she had only one child to look after
Elle se souvint de la phrase
She remembered the phrase
Cela lui avait plu
It had pleased her
De la menace, elle ne dit rien
Of the threat she said nothing
Il a été exprimé de manière vivante et dramatique
It was vividly and dramatically expressed
Elle sentait qu'ils en riraient tous un jour
She felt that they would all laugh at it some day

Chapitre six
Chapter Six

le dîner avait été préparé pour trois ce soir-là
dinner had been laid for three that evening

Hallward était conduit dans une petite chambre privée au Bristol
Hallward was being shown into a little private room at the Bristol

– Je suppose que vous avez appris la nouvelle, Basil ? dit lord Henry
"I suppose you have heard the news, Basil?" said Lord Henry

« Non, Harry, » répondit l'artiste
"No, Harry," answered the artist

et il donna son chapeau et son manteau au garçon qui s'inclinait
and he gave his hat and coat to the bowing waiter

« Qu'est-ce que c'est ? Rien sur la politique, j'espère ! »
"What is it? Nothing about politics, I hope!"

« Les nouvelles de la politique ne m'intéressent pas »
"news of politics don't interest me"

« Il n'y a pratiquement pas une seule personne à la Chambre des communes qui vaille la peine d'être peinte »
"There is hardly a single person in the House of Commons worth painting"

« Bien que beaucoup d'entre eux seraient meilleurs s'ils étaient un peu blanchis à la chaux »
"though many of them would be the better if they were a little whitewashed"

– Dorian Gray est fiancé, dit lord Henry
"Dorian Gray is engaged to be married," said Lord Henry

il guettait la réaction de Basil pendant qu'il parlait
he watched for Basil's reaction as he spoke

Hallward fut surpris, puis il fronça les sourcils
Hallward was surprised, and then he frowned

« Dorian s'est fiancé ! » s'écria-t-il. « Impossible ! »
"Dorian engaged to be married!" he cried. "Impossible!"

« C'est parfaitement vrai »
"It is perfectly true"

– À qui est-il fiancé ?
"To whom is he engaged?"

« À une petite actrice ou à une autre »
"To some little actress or other"

« Je n'arrive pas à y croire »
"I can't believe it"

« Dorian est beaucoup trop raisonnable »
"Dorian is far too sensible"
« Dorian est bien trop sage pour ne pas faire de sottises de temps en temps, mon cher Basil. »
"Dorian is far too wise not to do foolish things now and then, my dear Basil"
« Le mariage n'est pas une chose que l'on peut faire de temps en temps, Harry »
"Marriage is hardly a thing that one can do now and then, Harry"
– Sauf en Amérique, reprit lord Henry langoureusement
"Except in America," rejoined Lord Henry languidly
« Mais je n'ai pas dit qu'il était marié »
"But I didn't say he was married"
« J'ai dit qu'il était fiancé pour se marier »
"I said he was engaged to be married"
« Il y a une grande différence »
"There is a great difference"
« J'ai un souvenir distinct d'être marié »
"I have a distinct remembrance of being married"
mais je n'ai aucun souvenir d'avoir été fiancé.
"but I have no recollection at all of being engaged"
« Je suis enclin à penser que je n'ai jamais été fiancé »
"I am inclined to think that I never was engaged"
« Mais pensez à la naissance, à la position et à la richesse de Dorian »
"But think of Dorian's birth, and position, and wealth"
« Il serait absurde qu'il se marie autant au-dessous de lui »
"It would be absurd for him to marry so much beneath him"
« Si tu veux qu'il épouse cette fille, dis-lui ça, Basil »
"If you want to make him marry this girl, tell him that, Basil"
« Il est sûr de le faire, alors »
"He is sure to do it, then"
« Les hommes font des choses complètement stupides »
"men do thoroughly stupid thing"
« mais ils font toujours des bêtises pour les motifs les plus nobles »
"but they always do thoroughly stupid out of the noblest motives"
« J'espère que la fille va bien, Harry »
"I hope the girl is good, Harry"
« Je ne veux pas voir Dorian attaché à une vile créature »
"I don't want to see Dorian tied to some vile creature"
« une vile créature qui pourrait dégrader sa nature et ruiner son

intellect »
"a vile creature who might degrade his nature and ruin his intellect"
– Oh ! elle vaut mieux que bien, elle est belle, murmura lord Henry
"Oh, she is better than good—she is beautiful," murmured Lord Henry
et il sirota un verre de vermouth et d'amer à l'orange
and he sipped a glass of vermouth and orange-bitters
« Dorian dit qu'elle est belle »
"Dorian says she is beautiful"
« et il ne se trompe pas souvent sur des choses de ce genre »
"and he is not often wrong about things of that kind"
« Votre portrait de lui a accéléré son appréciation »
"Your portrait of him has quickened his appreciation"
« son appréciation de l'apparence personnelle des autres »
"his appreciation of the personal appearance of other people"
« Cela a eu cet excellent effet, entre autres »
"It has had that excellent effect, amongst others"
« Nous devons la voir ce soir, si ce garçon n'oublie pas son rendez-vous »
"We are to see her tonight, if that boy doesn't forget his appointment"
« Es-tu sérieux ? »
"Are you serious?"
« Je suis assez sérieux, Basil, imaginez si jamais j'étais plus sérieux »
"I am quite serious, Basil, imagine if I was ever more serious"
« l'idée d'être un jour plus sérieux que je ne le suis maintenant me rendrait malheureux »
"the thought of ever being more serious than I am now would make me miserable"
– Mais l'approuvez-vous, Harry ? demanda le peintre
"But do you approve of it, Harry?" asked the painter
Il marchait de long en large dans la pièce et se mordait la lèvre
he was walking up and down the room and biting his lip
« Vous ne pouvez pas l'approuver, peut-être »
"You can't approve of it, possibly"
« C'est un engouement stupide »
"It is some silly infatuation"
« Je n'approuve ni ne désapprouve rien maintenant »
"I never approve, or disapprove, of anything now"
« C'est une attitude absurde à adopter envers la vie »
"It is an absurd attitude to take towards life"

« Nous ne sommes pas envoyés dans le monde pour exprimer nos préjugés moraux »
"We are not sent into the world to air our moral prejudices"
« Je ne fais jamais attention à ce que disent les gens ordinaires »
"I never take any notice of what common people say"
« et je ne me mêle jamais de ce que font les gens charmants »
"and I never interfere with what charming people do"
« Si une personnalité me fascine, elle me ravit absolument »
"If a personality fascinates me, it is absolutely delightful to me"
« quel que soit le mode d'expression choisi par cette personnalité »
"whatever mode of expression that personality selects"
« Dorian Gray tombe amoureux d'une belle fille qui joue Juliette »
"Dorian Gray falls in love with a beautiful girl who acts Juliet"
« Et puis il propose de l'épouser »
"and then he proposes to marry her"
« Pourquoi pas ? S'il épousait Messaline, il n'en serait pas moins intéressant.
"Why not? If he wedded Messalina, he would be none the less interesting"
« Tu sais que je ne suis pas un champion du mariage »
"You know I am not a champion of marriage"
« Le vrai inconvénient du mariage est qu'il rend désintéressé »
"The real drawback to marriage is that it makes one unselfish"
« Et les gens altruistes sont incolores, ils manquent d'individualité »
"And unselfish people are colourless, they lack individuality"
« Pourtant, il y a certains tempéraments que le mariage rend plus complexes »
"Still, there are certain temperaments that marriage makes more complex"
« Ils conservent leur égoïsme, et y ajoutent beaucoup d'autres egos »
"They retain their egotism, and add to it many other egos"
« Ils sont obligés d'avoir plus d'une vie »
"They are forced to have more than one life"
« Ils deviennent plus organisés »
"They become more highly organized"
« Je croirais que c'est là le but de l'existence de l'homme »
"I should fancy that is the object of man's existence"
« De plus, chaque expérience a de la valeur »
"Besides, every experience is of value"

« Et quoi que l'on puisse dire contre le mariage, c'est certainement une expérience »
"and whatever one may say against marriage, it is certainly an experience"
« J'espère que Dorian Gray fera de cette fille sa femme »
"I hope that Dorian Gray will make this girl his wife"
« J'espère qu'il l'adorera passionnément pendant six mois »
"I hope he passionately adores her for six months"
« et puis j'espère qu'il sera soudainement fasciné par quelqu'un d'autre »
"and then I hope he suddenly becomes fascinated by someone else"
« Il serait une étude merveilleuse »
"He would be a wonderful study"
– Vous ne voulez pas dire un seul mot de tout cela, Harry ; vous savez que vous ne le faites pas"
"You don't mean a single word of all that, Harry; you know you don't"
« Si la vie de Dorian Gray était gâchée, personne ne serait plus triste que vous »
"If Dorian Gray's life were spoiled, no one would be sorrier than yourself"
« Tu es bien meilleur que tu ne prétends l'être »
"You are much better than you pretend to be"
Lord Henry se mit à rire. « Il y a une raison pour laquelle nous aimons tous penser si bien des autres »
Lord Henry laughed. "there is a reason we all like to think so well of others"
« Parce que nous avons tous peur pour nous-mêmes »
"because we are all afraid for ourselves"
« La base de l'optimisme est la terreur pure »
"The basis of optimism is sheer terror"
« Nous aimons nous considérer comme généreux »
"we like to think of ourselves as generous"
« Nous attribuons aux autres les vertus qui sont susceptibles de nous être bénéfiques »
"we credit others with the virtues that are likely to benefit us"
« Nous louons le banquier pour que nous puissions mettre notre compte à découvert »
"We praise the banker so that we may overdraw our account"
« Et nous trouvons de bonnes qualités chez le bandit de grand chemin »

"and we find good qualities in the highwayman"
« dans l'espoir qu'il puisse épargner nos poches »
"in the hope that he may spare our pockets"
« Je pense tout ce que j'ai dit »
"I mean everything that I have said"
« J'ai le plus grand mépris pour l'optimisme »
"I have the greatest contempt for optimism"
« Quant à une vie gâtée, aucune vie n'est gâtée si ce n'est celle dont la croissance est arrêtée »
"As for a spoiled life, no life is spoiled but one whose growth is arrested"
« Si vous voulez abîmer une nature, vous n'avez qu'à la réformer »
"If you want to mar a nature, you have merely to reform it"
« Quant au mariage, bien sûr que ce serait idiot »
"As for marriage, of course that would be silly"
« Mais il y a d'autres liens plus intéressants entre les hommes et les femmes »
"but there are other and more interesting bonds between men and women"
« Je vais certainement encourager ces relations »
"I will certainly encourage these relationships"
« Ils ont le charme d'être à la mode »
"They have the charm of being fashionable"
« Mais voici Dorian lui-même »
"But here is Dorian himself"
« Il vous en dira plus que moi »
"He will tell you more than I can"
– Mon cher Harry, mon cher Basil, vous devez tous deux me féliciter ! dit le garçon
"My dear Harry, my dear Basil, you must both congratulate me!" said the lad
et il jeta sa cape du soir aux ailes doublées de satin
and he threw off his evening cape with its satin-lined wings
et il serra la main de chacun de ses amis
and he shook each of his friends by the hand
« Je n'ai jamais été aussi heureux »
"I have never been so happy"
« Bien sûr, c'est soudain, toutes les choses vraiment délicieuses le sont »
"Of course, it is sudden, all really delightful things are"
« Et pourtant, il me semble que c'est la seule chose que j'ai

recherchée toute ma vie »
"And yet it seems to me to be the one thing I have been looking for all my life"
Il était rouge d'excitation et de plaisir
He was flushed with excitement and pleasure
et il avait l'air extraordinairement beau
and he looked extraordinarily handsome
– J'espère que vous serez toujours très heureux, Dorian, dit Hallward
"I hope you will always be very happy, Dorian," said Hallward
mais je ne vous pardonne pas de ne pas m'avoir fait part de vos fiançailles.
"but I don't quite forgive you for not having let me know of your engagement"
« Et je ne peux pas te pardonner d'avoir prévenu Harry en premier »
"and I can't forgive you for letting Harry know first"
– Et je ne vous pardonne pas d'être en retard pour le dîner, interrompit lord Henry
"And I don't forgive you for being late for dinner," broke in Lord Henry
Il posa sa main sur l'épaule du garçon et sourit en parlant
he put his hand on the lad's shoulder and smiled as he spoke
« Venez, asseyons-nous et essayons à quoi ressemble le nouveau chef ici »
"Come, let us sit down and try what the new chef here is like"
« Et puis vous nous direz comment tout cela s'est passé »
"and then you will tell us how it all came about"
— Il n'y a vraiment pas grand-chose à dire, s'écria Dorian
"There is really not much to tell," cried Dorian
Ils prirent place à la petite table ronde
they took their seats at the small round table
« Ce qui s'est passé était simplement ceci : »
"What happened was simply this:"
"Après t'avoir quitté hier soir, Harry, je me suis habillé
"After I left you yesterday evening, Harry, I dressed
« J'ai dîné dans ce petit restaurant italien »
"I had some dinner at that little Italian restaurant"
« le petit restaurant italien de Rupert Street que vous m'avez présenté »
"the little Italian restaurant in Rupert Street you introduced me to"

« et je descendis à huit heures au théâtre »
"and I went down at eight o'clock to the theatre"
« Sibyl jouait le rôle de Rosalind »
"Sibyl was playing the role of Rosalind"
« Bien sûr, le paysage était épouvantable et l'Orlando absurde »
"Of course, the scenery was dreadful and the Orlando absurd"
« Mais Sibyl ! Tu aurais dû la voir !
"But Sibyl! You should have seen her!"
« Quand elle est arrivée dans ses vêtements de garçon, elle était parfaitement merveilleuse »
"When she came on in her boy's clothes, she was perfectly wonderful"
« Elle portait un jerkin en velours couleur mousse avec des manches cannelle »
"She wore a moss-coloured velvet jerkin with cinnamon sleeves"
« Slim, marron, bas à jarretières croisées »
"slim, brown, cross-gartered hose"
un petit bonnet vert délicat avec une plume de faucon prise dans un bijou"
a dainty little green cap with a hawk's feather caught in a jewel"
« et un manteau à capuche doublé de rouge terne »
"and a hooded cloak lined with dull red"
« Elle ne m'avait jamais semblé plus exquise »
"She had never seemed to me more exquisite"
« Tu as cette figurine de Tanagra dans ton studio, Basil »
"you have that Tanagra figurine in your studio, Basil"
« Elle avait toute la grâce délicate de cette figurine Tanagra »
"She had all the delicate grace of that Tanagra figurine"
« Ses cheveux se sont regroupés autour de son visage comme des feuilles sombres autour d'une rose pâle »
"Her hair clustered round her face like dark leaves round a pale rose"
« Quant à son jeu, eh bien, vous la verrez ce soir. »
"As for her acting—well, you shall see her tonight"
« C'est tout simplement une artiste née »
"She is simply a born artist"
« Je me suis assis dans la boîte miteuse, absolument captivé »
"I sat in the dingy box absolutely enthralled"
« J'ai oublié que j'étais à Londres et au XIXe siècle »
"I forgot that I was in London and in the nineteenth century"
« J'étais parti avec mon amour dans une forêt qu'aucun homme n'avait jamais vue »

"I was away with my love in a forest that no man had ever seen"

« Une fois la représentation terminée, je suis allé derrière et je lui ai parlé »

"After the performance was over, I went behind and spoke to her"

« Nous étions assis ensemble derrière le théâtre »

"we were sitting together behind the theatre"

« soudain il y eut dans ses yeux un regard que je n'avais jamais vu auparavant »

"suddenly there came into her eyes a look that I had never seen there before"

« Mes lèvres se sont déplacées vers les siennes et nous nous sommes embrassés »

"My lips moved towards hers and we kissed each other"

« Je ne peux pas vous décrire ce que j'ai ressenti à ce moment-là »

"I can't describe to you what I felt at that moment"

« Il me semblait que toute ma vie avait été réduite à un point parfait »

"It seemed to me that all my life had been narrowed to one perfect point"

« Un moment parfait de pure joie rose »

"one perfect moment of pure rose-coloured joy"

« Elle tremblait de tout son corps et tremblait comme un narcisse blanc »

"She trembled all over and shook like a white narcissus"

« Puis elle s'est jetée à genoux et m'a baisé les mains »

"Then she flung herself on her knees and kissed my hands"

« Je sens que je ne devrais pas vous dire tout cela, mais je ne peux pas m'en empêcher »

"I feel that I should not tell you all this, but I can't help it"

« Bien sûr, nos fiançailles sont un secret de mort »

"Of course, our engagement is a dead secret"

« Elle ne l'a même pas dit à sa propre mère »

"She has not even told her own mother"

« Je ne sais pas ce que diront mes tuteurs »

"I don't know what my guardians will say"

« Lord Radley est sûr d'être furieux, mais je m'en fiche »

"Lord Radley is sure to be furious, but I don't care"

« Je serai majeur dans moins d'un an »

"I shall be of age in less than a year"

« et ensuite je peux faire ce que je veux »

"and then I can do what I like"

— J'ai eu raison, Basil, n'est-ce pas ?
"I have been right, Basil, haven't I?"
« Retirer mon amour de la poésie, c'était bien ? »
"to take my love out of poetry was good?"
et trouver ma femme dans les pièces de Shakespeare, c'était bien ?
"and to find my wife in Shakespeare's plays was good?"
« Les lèvres que Shakespeare a appris à parler m'ont chuchoté leur secret à l'oreille »
"Lips that Shakespeare taught to speak have whispered their secret in my ear"
« J'ai eu les bras de Rosalind autour de moi »
"I have had the arms of Rosalind around me"
« et j'ai embrassé Juliette sur la bouche »
"and I have kissed Juliet on the mouth"
— Oui, Dorian, je suppose que vous aviez raison, dit lentement Hallward
"Yes, Dorian, I suppose you were right," said Hallward slowly
— L'avez-vous vue aujourd'hui ? demanda lord Henry
"Have you seen her today?" asked Lord Henry
Dorian Gray secoua la tête
Dorian Gray shook his head
« Je l'ai laissée dans la forêt d'Arden »
"I left her in the forest of Arden"
« Je la trouverai dans un verger à Vérone »
"I shall find her in an orchard in Verona"
Lord Henry sirota son champagne d'une manière méditative
Lord Henry sipped his champagne in a meditative manner
« À quel moment précis avez-vous mentionné le mot mariage, Dorian ? »
"At what particular point did you mention the word marriage, Dorian?"
— Et qu'a-t-elle répondu ?
"And what did she say in answer?"
« Peut-être que tu as tout oublié »
"Perhaps you forgot all about it"
« Mon cher Harry, je n'ai pas traité cela comme une transaction commerciale »
"My dear Harry, I did not treat it as a business transaction"
« et je n'ai fait aucune proposition formelle »
"and I did not make any formal proposal"
« Je lui ai dit que je l'aimais »

"I told her that I loved her"
« Et elle a dit qu'elle n'était pas digne d'être ma femme »
"and she said she was not worthy to be my wife"
« Pas digne ! Eh bien, le monde entier n'est rien pour moi en comparaison d'elle.
"Not worthy! Why, the whole world is nothing to me compared with her"
— Les femmes sont merveilleusement pratiques, murmura lord Henry
"Women are wonderfully practical," murmured Lord Henry
« Ils sont beaucoup plus pratiques que nous »
"they are much more practical than we are"
« Dans des situations de ce genre, nous oublions souvent de dire quoi que ce soit sur le mariage »
"In situations of that kind we often forget to say anything about marriage"
« Et ils nous rappellent toujours le mariage »
"and they always remind us about marriage"
Hallward posa la main sur son bras
Hallward laid his hand upon his arm
"Ne le fais pas, Harry. Tu as agacé Dorian"
"Don't, Harry. You have annoyed Dorian"
« Il n'est pas comme les autres hommes »
"He is not like other men"
« Il n'apporterait jamais de malheur à personne »
"He would never bring misery upon anyone"
« Sa nature est trop fine pour cela »
"His nature is too fine for that"
Lord Henry regarda de l'autre côté de la table
Lord Henry looked across the table
« Dorian n'est jamais fâché contre moi, répondit-il
"Dorian is never annoyed with me," he answered
« J'ai posé la question pour la meilleure raison possible »
"I asked the question for the best reason possible"
« J'ai posé la question pour la seule raison, en effet »
"I asked the question for the only reason, indeed"
« Cela excuse de poser n'importe quelle question – simple curiosité »
"that excuses one for asking any question—simple curiosity"
« J'ai une théorie selon laquelle ce sont toujours les femmes qui nous demandent en mariage »

"I have a theory that it is always the women who propose to us"
« Ce n'est pas nous qui demandons les femmes en mariage »
"it is not not we who propose to the women"
« Sauf, bien sûr, dans la vie de la classe moyenne »
"Except, of course, in middle-class life"
« Mais les classes moyennes ne sont pas modernes »
"But then the middle classes are not modern"
Dorian Gray rit et secoua la tête
Dorian Gray laughed, and tossed his head
– Vous êtes tout à fait incorrigible, Harry ; mais ça ne me dérange pas"
"You are quite incorrigible, Harry; but I don't mind"
« Il est impossible d'être en colère contre toi »
"It is impossible to be angry with you"
« Quand vous verrez Sibyl Vane, vous sentirez le voir »
"When you see Sibyl Vane, you will feel see it"
« L'homme qui pourrait lui faire du mal serait une bête »
"the man who could wrong her would be a beast"
« Une bête sans cœur »
"a beast without a heart"
« Comment quelqu'un peut-il vouloir faire honte à la chose qu'il aime ? »
"how can anyone wish to shame the thing he loves?"
« J'adore Sibyl Vane »
"I love Sibyl Vane"
« Je veux la placer sur un piédestal d'or »
"I want to place her on a pedestal of gold"
« et je veux voir le monde adorer la femme qui est à moi »
"and I want to see the world worship the woman who is mine"
« Qu'est-ce que le mariage ? Un vœu irrévocable »
"What is marriage? An irrevocable vow"
"Vous vous moquez de lui pour cela. Ah! Ne vous moquez pas"
"You mock at it for that. Ah! don't mock"
« C'est un vœu irrévocable que je veux faire »
"It is an irrevocable vow that I want to take"
« Sa confiance me rend fidèle, sa croyance me rend bon »
"Her trust makes me faithful, her belief makes me good"
« Quand je suis avec elle, je regrette tout ce que tu m'as appris »
"When I am with her, I regret all that you have taught me"
« Je deviens différent de ce que tu m'as connu »
"I become different from what you have known me to be"

« Je suis changé »
"I am changed"
et le simple contact de la main de Sibyl Vane me fait oublier.
"and the mere touch of Sibyl Vane's hand makes me forget"
« Je t'oublie, toi et toutes tes théories »
"I forget you and all your theories"
« Toutes vos théories fausses, fascinantes, empoisonnées et délicieuses »
"all your wrong, fascinating, poisonous, delightful theories"
tout en se servant de la salade, lord Henry demanda ;
while helping himself to some salad, Lord Henry inquired;
"Et quelles sont ces théories ? Si je peux me permettre"
"And what are those theories? If I may ask"
« Oh, vos théories sur la vie, l'amour et vos théories sur le plaisir »
"Oh, your theories about life, love, and your theories about pleasure"
« J'oublie toutes tes théories, en fait, Harry »
"I forget all your theories, in fact, Harry"
répondit-il de sa voix lente et mélodieuse
he answered in his slow melodious voice
« Le plaisir est la seule chose qui vaille la peine d'avoir une théorie »
"Pleasure is the only thing worth having a theory about"
« Mais j'ai peur de ne pas pouvoir revendiquer ma théorie comme la mienne »
"But I am afraid I cannot claim my theory as my own"
« Cela appartient à la nature, pas à moi »
"It belongs to Nature, not to me"
« Le plaisir est le test de la nature, son signe d'approbation »
"Pleasure is Nature's test, her sign of approval"
« Quand on est heureux, on est toujours bon »
"When we are happy, we are always good"
« Mais quand on est bon, on n'est pas toujours heureux »
"but when we are good, we are not always happy"
— Ah ! mais qu'entendez-vous par bien ? s'écria Basil Hallward
"Ah! but what do you mean by good?" cried Basil Hallward
— Oui, répéta Dorian en se renversant dans son fauteuil
"Yes," echoed Dorian, leaning back in his chair
et il regarda lord Henry par-dessus les lourdes grappes d'iris aux lèvres violettes
and he looked at Lord Henry over the heavy clusters of purple-lipped irises

qu'entendez-vous par bon, Harry ?
"what do you mean by good, Harry?"
il toucha le mince pied de son verre de ses doigts pâles et fins
he touched the thin stem of his glass with his pale, fine-pointed fingers
« Être bon, c'est être en harmonie avec soi-même », a-t-il répondu
"To be good is to be in harmony with one's self," he replied
« La discorde, c'est être forcé d'être en harmonie avec les autres »
"Discord is to be forced to be in harmony with others"
« Sa propre vie, c'est ce qui est important »
"One's own life—that is the important thing"
« Quant à la vie de ses voisins, eh bien... »
"As for the lives of one's neighbours, well..."
« si l'on veut être un prig ou un puritain »
"if one wishes to be a prig or a Puritan"
« alors on peut afficher ses opinions morales à leur sujet »
"then one can flaunt one's moral views about them"
« Mais la vie des autres et leur morale ne nous regardent pas »
"but the lives of others and their morals are not one's concern"
« De plus, l'individualisme a vraiment le but le plus élevé »
"Besides, individualism has really the higher goal"
« La morale moderne consiste à accepter le standard de son âge »
"Modern morality consists in accepting the standard of one's age"
« Mais un homme cultivé ne doit jamais accepter les normes de son âge »
"but a man of culture must never accept the standards of one's age"
« Accepter la norme de son âge est une forme de la plus grossière immoralité »
"to accept the standard of his age is a form of the grossest immorality"
le peint n'était pas si sûr de la conclusion de lord Henry
the painted was not so sure of Lord Henry's conclusion
« Nous ne pouvons pas vivre uniquement pour nous-mêmes »
"we can't live merely for one self"
« Sûrement, Harry, on paie un prix terrible pour le faire ? »
"surely, Harry, one pays a terrible price for doing so?"
« Oui, nous sommes surfacturés pour tout de nos jours »
"Yes, we are overcharged for everything nowadays"
« Je crois qu'il y a une véritable tragédie des pauvres »
"I should fancy that there is one real tragedy of the poor"
« Ils ne peuvent se permettre que l'abnégation »

"they can afford nothing but self-denial"
« **Les beaux péchés sont comme les belles choses"** »
"Beautiful sins are like beautiful things""
« **Ils sont le privilège des riches** »
"they are the privilege of the rich"
« **Il faut payer autrement que par de l'argent** »
"One has to pay in other ways but money"
— **De quelles manières, cher Basil ?**
"What sort of ways, dear Basil?"
« **Oh ! J'imagine qu'il faut payer par le remords, par la souffrance, par ..."**
"Oh! I should fancy one has to pay in remorse, in suffering, in ..."
« **Eh bien, il faut payer dans la conscience de la dégradation** »
"well, one has to pay in the consciousness of degradation"
Lord Henry haussa les épaules
Lord Henry shrugged his shoulders
« **Mon cher, l'art médiéval est charmant** »
"My dear fellow, medieval art is charming"
« **Mais les émotions médiévales sont dépassées** »
"but medieval emotions are out of date"
« **On peut les utiliser dans la fiction, bien sûr** »
"One can use them in fiction, of course"
« **Mais alors, les choses utilisées dans la fiction ne peuvent plus être utilisées dans les faits** »
"But then, the things used in fiction can no longer be used in facts"
« **Croyez-moi, aucun homme civilisé ne regrette jamais un plaisir** »
"Believe me, no civilized man ever regrets a pleasure"
« **Et aucun homme non civilisé ne sait jamais ce que c'est qu'un plaisir** »
"and no uncivilized man ever knows what a pleasure is"
— **Je sais ce que c'est que le plaisir, s'écria Dorian Gray**
"I know what pleasure is," cried Dorian Gray
« **Le plaisir, c'est d'adorer quelqu'un** »
"pleasure is to adore someone"
répondit-il en jouant avec des fruits ;
he answered while toying with some fruits;
« **C'est certainement mieux que d'être adoré** »
"That is certainly better than being adored"
« **Être adoré est une nuisance** »
"Being adored is a nuisance"
« **Les femmes nous traitent comme l'humanité traite ses dieux** »

"Women treat us just as humanity treats its gods"
« Ils nous vénèrent et nous dérangent toujours pour faire quelque chose pour eux »
"They worship us, and are always bothering us to do something for them"
Le garçon murmura gravement en réponse ;
the lad murmured gravely in reply;
« J'aurais dû dire que tout ce qu'ils demandaient, ils nous l'avaient d'abord donné »
"I should have said that whatever they ask for they had first given to us"
« Ils créent l'amour dans nos natures »
"They create love in our natures"
« Ils ont le droit de le réclamer »
"They have a right to demand it back"
– C'est tout à fait vrai, Dorian, s'écria Hallward
"That is quite true, Dorian," cried Hallward
– Rien n'est jamais tout à fait vrai, dit lord Henry
"Nothing is ever quite true," said Lord Henry
— C'est tout à fait vrai, interrompit Dorian
"THIS is quite true" interrupted Dorian
« Vous devez admettre, Harry, que les femmes donnent aux hommes l'or même de leur vie »
"You must admit, Harry, that women give to men the very gold of their lives"
« Peut-être », soupira-t-il, « mais ils veulent invariablement le récupérer en très petites pièces »
"Possibly," he sighed, "but they invariably want it back in very small coins"
« C'est là le souci »
"That is the worry"
« Les femmes, comme l'a dit un jour un Français plein d'esprit, nous inspirent »
"Women, as some witty Frenchman once put it, inspire us"
« Ils nous inspirent l'envie de faire des chefs-d'œuvre »
"they inspire us with the desire to do masterpieces"
« Et ils nous empêchent toujours de réaliser les chefs-d'œuvre »
"and they always prevent us from carrying the masterpieces out"
« Harry, tu es affreux ! »
"Harry, you are dreadful!"
« Je ne sais pas pourquoi je t'aime tant »

"I don't know why I like you so much"
« Tu m'aimeras toujours, Dorian, répondit-il
"You will always like me, Dorian," he replied
« Voulez-vous prendre du café, les gars ? »
"Will you have some coffee, you fellows?"
« Serveur, apportez du café, du champagne et des cigarettes »
"Waiter, bring coffee, and fine-champagne, and some cigarettes"
« Non, ne vous occupez pas des cigarettes, j'en ai. »
"No, don't mind the cigarettes—I have some"
« Basil, je ne peux pas te permettre de fumer des cigares »
"Basil, I can't allow you to smoke cigars"
« Tu dois avoir une cigarette »
"You must have a cigarette"
« Une cigarette est le type parfait d'un plaisir parfait »
"A cigarette is the perfect type of a perfect pleasure"
« C'est exquis, et cela laisse insatisfait »
"It is exquisite, and it leaves one unsatisfied"
« Que peut-on vouloir de plus ? »
"What more can one want?"
« Oui, Dorian, tu m'aimeras toujours »
"Yes, Dorian, you will always be fond of me"
« Je vous représente tous les péchés que vous n'avez jamais eu le courage de commettre »
"I represent to you all the sins you have never had the courage to commit"
– Quelles sottises vous racontez, Harry ! s'écria le garçon
"What nonsense you talk, Harry!" cried the lad
Il prit une lumière d'un dragon d'argent cracheur de feu que le serveur avait apporté
he took a light from a fire-breathing silver dragon that the waiter had brought
« Descendons au théâtre »
"Let us go down to the theatre"
« Quand Sibyl entrera en scène, vous aurez un nouvel idéal de vie »
"When Sibyl comes on the stage you will have a new ideal of life"
« Elle représentera pour vous quelque chose que vous n'avez jamais connu »
"She will represent something to you that you have never known"
– J'ai tout su, dit lord Henry, avec un regard fatigué dans les yeux
"I have known everything," said Lord Henry, with a tired look in his eyes

« mais je suis toujours prêt pour une nouvelle émotion »
"but I am always ready for a new emotion"
« Je crains cependant que, pour moi en tout cas, cela n'existe pas »
"I am afraid, however, that, for me at any rate, there is no such thing"
« Pourtant, ta merveilleuse fille peut me faire vibrer »
"Still, your wonderful girl may thrill me"
"J'adore jouer. C'est tellement plus réel que la vie"
"I love acting. It is so much more real than life"
« Allons-y. Dorian, tu viendras avec moi ?
"Let us go. Dorian, you will come with me?"
« Je suis vraiment désolé, Basil, mais il n'y a de place que pour deux dans le brougham »
"I am so sorry, Basil, but there is only room for two in the brougham"
« Vous devez nous suivre dans un hansom »
"You must follow us in a hansom"
Ils se levèrent et enfilèrent leurs manteaux, sirotant leur café debout
They got up and put on their coats, sipping their coffee standing
Le peintre était silencieux et préoccupé
The painter was silent and preoccupied
Il y avait une tristesse autour de lui
There was a gloom over him
Il ne pouvait pas supporter ce mariage
He could not bear this marriage
et pourtant cela lui semblait mieux que beaucoup d'autres choses qui auraient pu arriver
and yet it seemed to him better than many other things that might have happened
Après quelques minutes, ils descendirent tous
After a few minutes, they all passed downstairs
Il partit seul, comme il avait été convenu
He drove off by himself, as had been arranged
et il regarda les lumières clignotantes de la petite brougham devant lui
and he watched the flashing lights of the little brougham in front of him
Un étrange sentiment de perte l'envahit
A strange sense of loss came over him
Il sentait que Dorian Gray ne serait plus jamais pour lui tout ce qu'il avait été dans le passé
He felt that Dorian Gray would never again be to him all that he had

been in the past
La vie s'était mise entre eux
Life had come between them
Ses yeux s'assombrirent
His eyes darkened
et les rues bondées et évasées devinrent floues à ses yeux
and the crowded flaring streets became blurred to his eyes
Lorsque le fiacre s'arrêta au théâtre, il lui sembla qu'il avait vieilli de plusieurs années
When the cab drew up at the theatre, it seemed to him that he had grown years older

Chapitre sept
Chapter Seven

Pour une raison ou une autre, la maison était bondée cette nuit-là
For some reason or other, the house was crowded that night

Le gros gérant qui les a rencontrés à la porte rayonnait d'une oreille à l'autre
the fat manager who met them at the door was beaming from ear to ear

Il avait un sourire huileux et tremblant
he had an oily tremulous smile

Il les escorta jusqu'à leur loge de théâtre avec une sorte d'humilité pompeuse
He escorted them to their theatre box with a sort of pompous humility

Il agita ses grosses mains ornées de bijoux et parla à tue-tête
he waved his fat jewelled hands and talked at the top of his voice

Dorian Gray le détestait plus que jamais
Dorian Gray loathed him more than ever

Il avait l'impression d'être venu chercher Miranda et d'avoir été accueilli par Caliban
He felt as if he had come to look for Miranda, and had been met by Caliban

Lord Henry, d'un autre côté, l'aimait plutôt
Lord Henry, upon the other hand, rather liked him

Au moins, il déclara qu'il l'aimait
At least he declared he that he liked him

et il insista pour lui serrer la main
and he insisted on shaking him by the hand

et il l'assura qu'il était fier de rencontrer un homme qui avait découvert un véritable génie
and he assured him that he was proud to meet a man who had discovered a real genius

Par-dessus tout, il était heureux de rencontrer un homme qui avait fait faillite à cause d'un poète
most of all he was happy to meet a man who had gone bankrupt over a poet

Hallward s'amusait à regarder les visages dans la fosse
Hallward amused himself with watching the faces in the pit

La chaleur était terriblement oppressante
The heat was terribly oppressive

et l'immense lumière du soleil flambait comme un dahlia

monstrueux avec des pétales de feu jaune
and the huge sunlight flamed like a monstrous dahlia with petals of yellow fire
Les jeunes gens de la galerie avaient enlevé leurs manteaux et leurs gilets
The youths in the gallery had taken off their coats and waistcoats
et ils suspendirent leurs manteaux sur le côté
and they hung their coats over the side
Ils se parlaient à travers le théâtre
They talked to each other across the theatre
et ils partageaient leurs oranges avec les filles sordides qui étaient assises à côté d'eux
and they shared their oranges with the tawdry girls who sat beside them
Certaines femmes riaient dans la fosse
Some women were laughing in the pit
Leurs voix étaient horriblement aiguës et discordantes
Their voices were horribly shrill and discordant
Le bruit des bouchons qui claquait venait du bar
The sound of the popping of corks came from the bar
« Quel endroit pour trouver sa divinité ! » dit lord Henry
"What a place to find one's divinity in!" said Lord Henry
— Oui ! répondit Dorian Gray
"Yes!" answered Dorian Gray
« C'est là que je l'ai trouvée »
"It was here I found her"
« Et elle est divine au-dessus de tous les êtres vivants »
"and she is divine beyond all living things"
« Quand elle sera sur scène, vous oublierez tout »
"When she is on stage you will forget everything"
« Ces gens rudes et ordinaires, avec leurs visages grossiers et leurs gestes brutaux »
"These common rough people, with their coarse faces and brutal gestures"
« Ils deviennent très différents quand elle est sur scène »
"they become quite different when she is on the stage"
« Ils s'assoient en silence et la regardent »
"They sit silently and watch her"
« Ils pleurent et rient comme elle le veut »
"They weep and laugh as she wills them to do"
« Elle les rend aussi réactifs qu'un violon »

"She makes them as responsive as a violin"
« Elle les spiritualise »
"She spiritualizes them"
« et on sent qu'ils sont de la même chair et du même sang que soi »
"and one feels that they are of the same flesh and blood as one's self"
« La même chair et le même sang que soi-même ! Oh, j'espère que non ! s'écria lord Henry
"The same flesh and blood as one's self! Oh, I hope not!" exclaimed Lord Henry
il scrutait les occupants de la galerie à travers sa lunette d'opéra
he was scanning the occupants of the gallery through his opera-glass
— Ne faites pas attention à lui, Dorian, dit le peintre
"Don't pay any attention to him, Dorian," said the painter
« Je comprends ce que tu veux dire »
"I understand what you mean"
« et je crois en cette fille »
"and I believe in this girl"
« Quiconque que vous aimez doit être merveilleux »
"Any one you love must be marvellous"
« et toute fille qui a l'effet que vous décrivez doit être belle et noble »
"and any girl who has the effect you describe must be fine and noble"
« Spiritualiser son âge, c'est quelque chose qui vaut la peine d'être fait »
"To spiritualize one's age, that is something worth doing"
« Si cette fille peut donner une âme à ceux qui ont vécu sans âme »
"If this girl can give a soul to those who have lived without one"
« Si elle peut créer le sens de la beauté chez des gens dont la vie a été sordide et laide »
"if she can create the sense of beauty in people whose lives have been sordid and ugly"
« Si elle peut les dépouiller de leur égoïsme »
"if she can strip them of their selfishness"
« Si elle peut leur prêter des larmes pour des douleurs qui ne sont pas les leurs »
"if she can lend them tears for sorrows that are not their own"
« Alors elle est digne de toute votre adoration »
"then she is worthy of all your adoration"
« Alors elle est digne de l'adoration du monde »
"then she is worthy of the adoration of the world"
« Ce mariage est tout à fait juste »

"This marriage is quite right"
« Je ne le pensais pas au début, mais je l'admets maintenant »
"I did not think so at first, but I admit it now"
« Les dieux ont créé Sibyl Vane pour toi »
"The gods made Sibyl Vane for you"
« Sans elle, vous auriez été incomplet »
"Without her you would have been incomplete"
– Merci, Basil, répondit Dorian Gray en lui serrant la main
"Thanks, Basil," answered Dorian Gray, pressing his hand
« Je savais que tu me comprendrais »
"I knew that you would understand me"
« Harry est si cynique, il me terrifie »
"Harry is so cynical, he terrifies me"
« Mais voici l'orchestre, c'est assez épouvantable »
"But here is the orchestra, it is quite dreadful"
« Mais cela ne dure qu'environ cinq minutes »
"but it only lasts for about five minutes"
« Puis le rideau se lève »
"Then the curtain rises"
et vous verrez la fille à qui je vais donner toute ma vie.
"and you will see the girl to whom I am going to give all my life"
« la fille à qui j'ai donné tout ce qu'il y a de bon en moi »
"the girl to whom I have given everything that is good in me"
Un quart d'heure après
A quarter of an hour afterwards
au milieu d'un extraordinaire tumulte d'applaudissements
amidst an extraordinary turmoil of applause
Sibyl Vane est montée sur scène
Sibyl Vane stepped on to the stage
Oui, elle était certainement belle à regarder
Yes, she was certainly lovely to look at
une des plus belles créatures, pensa lord Henry, qu'il eût jamais vue
one of the loveliest creatures, Lord Henry thought, that he had ever seen
Il y avait quelque chose du faon dans sa grâce timide et ses yeux effrayés
There was something of the fawn in her shy grace and startled eyes
Une légère rougeur, comme l'ombre d'une rose dans un miroir d'argent
A faint blush, like the shadow of a rose in a mirror of silver

La rougeur lui monta aux joues lorsqu'elle jeta un coup d'œil à la maison enthousiaste et bondée
the blush came to her cheeks as she glanced at the crowded enthusiastic house
Elle recula de quelques pas et ses lèvres semblèrent trembler
She stepped back a few paces and her lips seemed to tremble
Basil Hallward se leva d'un bond et se mit à applaudir
Basil Hallward leaped to his feet and began to applaud
Immobile, et comme dans un rêve, Dorian Gray était assis, la regardant
Motionless, and as one in a dream, sat Dorian Gray, gazing at her
Lord Henry regarda à travers ses lunettes en murmurant : « Charmant ! charmant ! "
Lord Henry peered through his glasses, murmuring, "Charming! charming!"
La scène était le vestibule de la maison de Capulet
The scene was the hall of Capulet's house
Roméo en habit de pèlerin était entré avec Mercutio et ses autres amis
Romeo in his pilgrim's dress had entered with Mercutio and his other friends
L'orchestre a entamé quelques mesures de musique et la danse a commencé
The band struck up a few bars of music, and the dance began
la foule d'acteurs disgracieux et mal vêtus
the crowd of ungainly, shabbily dressed actors
Sibyl Vane se déplaçait à travers eux comme une créature d'un monde plus fin
Sibyl Vane moved through them like a creature from a finer world
Son corps se balançait, tandis qu'elle dansait, comme une plante se balance dans l'eau
Her body swayed, while she danced, as a plant sways in the water
Les courbes de sa gorge étaient les courbes d'un lys blanc
The curves of her throat were the curves of a white lily
Ses mains semblaient être faites d'ivoire froid
Her hands seemed to be made of cool ivory
Pourtant, elle était curieusement apathique
Yet she was curiously listless
Elle ne montra aucun signe de joie lorsque ses yeux se posèrent sur Roméo
She showed no sign of joy when her eyes rested on Romeo

Les quelques mots qu'elle avait à dire
The few words she had to speak
« Bon pèlerin, tu te fais trop de mal à la main »
"Good pilgrim, you do wrong your hand too much"
« Que montre la dévotion polie en ceci ; »
"Which mannerly devotion shows in this;"
« Car les saints ont des mains que les mains des pèlerins touchent »
"For saints have hands that pilgrims' hands do touch"
« Et paume contre paume est le baiser sacré des palmiers »
"And palm to palm is holy palmers' kiss"
Le bref dialogue qui suit a été dit d'une manière tout à fait artificielle
the brief dialogue that follows was spoken in a thoroughly artificial manner
La voix était exquise
The voice was exquisite
mais du point de vue du ton, c'était absolument faux
but from the point of view of tone it was absolutely false
C'était mal en couleur
It was wrong in colour
Cela a enlevé toute la vie du couplet
It took away all the life from the verse
Cela a rendu la passion irréelle
It made the passion unreal
Dorian Gray pâlit en la regardant
Dorian Gray grew pale as he watched her
Il était perplexe et anxieux
He was puzzled and anxious
Aucun de ses amis n'osait lui dire quoi que ce soit
Neither of his friends dared to say anything to him
Elle leur semblait absolument incompétente
She seemed to them to be absolutely incompetent
Ils ont été horriblement déçus
They were horribly disappointed
Pourtant, ils pensaient que le véritable test de toute Juliette était la scène du balcon
Yet they felt that the true test of any Juliet is the balcony scene
Ils attendaient cela
They waited for that
Si elle échouait là-bas, il n'y avait rien en elle
If she failed there, there was nothing in her

Elle avait l'air charmante quand elle sortit au clair de lune
She looked charming as she came out in the moonlight
On ne pouvait pas le nier
That could not be denied
Mais l'immobilité de son jeu était insupportable
But the staginess of her acting was unbearable
et son jeu empira à mesure qu'elle avançait
and her acting grew worse as she went on
Ses gestes devinrent absurdement artificiels
Her gestures became absurdly artificial
Elle a trop insisté sur tout ce qu'elle avait à dire"
She overemphasized everything that she had to say"
Le beau passage ;
The beautiful passage;
« Tu sais que le masque de la nuit est sur mon visage »
"Thou knowest the mask of night is on my face"
« Sinon, une jeune fille rougirait sur ma joue »
"Else would a maiden blush bepaint my cheek"
« Pour ce que tu m'as entendu dire ce soir »
"For that which thou hast heard me speak tonight"
ses lignes étaient déclamées avec la précision douloureuse d'une écolière
her lines were declaimed with the painful precision of a schoolgirl
une écolière à qui un professeur d'élocution de second ordre a appris à réciter
a schoolgirl who has been taught to recite by some second-rate professor of elocution
Quand elle se pencha sur le balcon et arriva à ces lignes merveilleuses :
When she leaned over the balcony and came to those wonderful lines—
« Bien que je me réjouisse en toi »
"Although I joy in thee"
« Je n'ai aucune joie de ce contrat ce soir »
"I have no joy of this contract tonight"
« C'est trop téméraire, trop imprudent, trop soudain : »
"It is too rash, too unadvised, too sudden:"
« Trop semblable à l'éclair, qui cesse d'être »
"Too like the lightning, which doth cease to be"
« Avant que l'on puisse dire : « Cela s'allège. » Douce, bonne nuit !
"Ere one can say, 'It lightens.' Sweet, good-night!"

« Ce bourgeon d'amour par le souffle mûrissant de l'été »
"This bud of love by summer's ripening breath"
« Peut s'avérer une belle fleur la prochaine fois que nous nous rencontrerons... »
"May prove a beauteous flower when next we meet-"
elle prononça ces mots comme s'ils n'avaient aucun sens pour elle
she spoke the words as though they conveyed no meaning to her
Ce n'était pas de la nervosité
It was not nervousness
En effet, loin d'être nerveuse, elle était absolument contenue
Indeed, so far from being nervous, she was absolutely self-contained
C'était tout simplement du mauvais art
It was simply bad art
Elle était un échec complet
She was a complete failure
Même le public ordinaire non éduqué de la fosse et de la galerie a perdu son intérêt
Even the common uneducated audience of the pit and gallery lost their interest
Ils s'agitèrent et commencèrent à parler fort et à siffler
They got restless, and began to talk loudly and to whistle
Le directeur se tenait au fond du cercle de robes
The manager was standing at the back of the dress-circle
il tapait du pied et jurait de rage
he was stamping his feet and swearing with rage
La seule personne qui ne bougeait pas était la jeune fille elle-même
The only person unmoved was the girl herself
Lorsque le deuxième acte fut terminé, il y eut une tempête de sifflements
When the second act was over, there came a storm of hisses
Lord Henry se leva de sa chaise et mit son manteau
Lord Henry got up from his chair and put on his coat
« Elle est très belle, Dorian, dit-il, mais ce n'est pas une actrice. »
"She is quite beautiful, Dorian," he said, "but she is not an actress"
« Allons-y, suggéra-t-il »
"Let us go," he suggested
– Je vais voir la pièce jusqu'au bout, répondit le garçon d'une voix dure et amère
"I am going to see the play through," answered the lad, in a hard bitter voice
« Je suis terriblement désolé de vous avoir fait perdre une soirée,

Harry »
"I am awfully sorry that I have made you waste an evening, Harry"
« Je m'excuse auprès de vous deux »
"I apologize to you both"
– Mon cher Dorian, je croirais que miss Vane est malade, interrompit Hallward
"My dear Dorian, I should think Miss Vane was ill," interrupted Hallward
« Nous viendrons un autre soir »
"We will come some other night"
– Je voudrais qu'elle fût malade, répliqua-t-il
"I wish she were ill," he rejoined
« Mais elle me semble simplement insensible et froide »
"But she seems to me to be simply callous and cold"
« Elle a entièrement changé »
"She has entirely altered"
« Hier soir, c'était une grande artiste »
"Last night she was a great artist"
« Ce soir, elle n'est qu'une actrice médiocre et banale »
"This evening she is merely a commonplace mediocre actress"
« Ne parle pas comme ça de quelqu'un que tu aimes, Dorian »
"Don't talk like that about any one you love, Dorian"
« L'amour est une chose plus merveilleuse que l'art »
"Love is a more wonderful thing than art"
– Ce ne sont que des imitations, remarqua lord Henry
"They are both simply forms of imitation," remarked Lord Henry
« Mais laissez-nous partir », insista-t-il
"But do let us go," he insisted
« Dorian, tu ne dois pas rester ici plus longtemps »
"Dorian, you must not stay here any longer"
« Il n'est pas bon pour la morale de voir de mauvais acteurs »
"It is not good for one's morals to see bad acting"
« D'ailleurs, je ne suppose pas que vous voudrez que votre femme agisse »
"Besides, I don't suppose you will want your wife to act"
« alors qu'est-ce que ça fait si elle joue Juliette comme une poupée de bois » ?
"so what does it matter if she plays Juliet like a wooden doll"?
« Elle est très charmante »
"She is very lovely"
« Si elle en sait aussi peu sur la vie que sur le théâtre, elle sera

délicieuse »
"if she knows as little about life as she does about acting, she will be delightful"
« Il n'y a que deux types de personnes qui sont vraiment fascinantes »
"There are only two kinds of people who are really fascinating"
« Des gens qui savent absolument tout »
"people who know absolutely everything"
« et des gens qui ne savent absolument rien »
"and people who know absolutely nothing"
« Mon Dieu, mon cher enfant, n'ayez pas l'air si tragique ! »
"Good heavens, my dear boy, don't look so tragic!"
« Le secret pour rester jeune est de ne jamais avoir une émotion qui ne convient pas »
"The secret of remaining young is never to have an emotion that is unbecoming"
« Venez au club avec Basil et moi »
"Come to the club with Basil and myself"
« Nous fumerons des cigarettes et boirons à la beauté de Sibyl Vane »
"We will smoke cigarettes and drink to the beauty of Sibyl Vane"
"Elle est belle. Que voulez-vous de plus ?"
"She is beautiful. What more can you want?"
– Va-t'en, Harry, cria le garçon
"Go away, Harry," cried the lad
"Je veux être seul. Cher Basil, tu dois partir"
"I want to be alone. Dear Basil, you must go"
— Ah ! ne vois-tu pas que mon cœur se brise ?
"Ah! can't you see that my heart is breaking?"
Les larmes chaudes lui vinrent aux yeux
The hot tears came to his eyes
Ses lèvres tremblèrent et il se précipita au fond de la loge du théâtre
His lips trembled, and he rushed to the back of the theatre box
Il s'appuya contre le mur, cachant son visage dans ses mains
he leaned up against the wall, hiding his face in his hands
– Allons-y, Basil, dit lord Henry avec une étrange tendresse dans la voix
"Let us go, Basil," said Lord Henry with a strange tenderness in his voice
et les deux jeunes gens sortirent ensemble

and the two young men went out together
Quelques instants plus tard, les feux de la rampe se sont allumés
A few moments afterwards the footlights flared up
et le rideau se leva sur le troisième acte
and the curtain rose on the third act
Dorian Gray retourna à sa place
Dorian Gray went back to his seat
Il avait l'air pâle, fier et indifférent
He looked pale, and proud, and indifferent
La pièce s'éternisait et semblait interminable
The play dragged on, and seemed interminable
La moitié du public est sortie, marchant dans de lourdes bottes et riant
Half of the audience went out, tramping in heavy boots and laughing
Tout cela a été un fiasco
The whole thing was a fiasco
Le dernier acte a été joué devant des bancs presque vides
The last act was played to almost empty benches
Le rideau est tombé sur un rire et quelques gémissements
The curtain went down on a titter and some groans
Dès que ce fut terminé, Dorian Gray s'est précipité dans les coulisses
As soon as it was over, Dorian Gray rushed behind the scenes
La jeune fille se tenait là, seule, avec un air de triomphe sur son visage
The girl was standing there alone, with a look of triumph on her face
Ses yeux étaient éclairés d'un feu exquis
Her eyes were lit with an exquisite fire
Il y avait un rayonnement en elle
There was a radiance about her
Ses lèvres entrouvertes souriaient à quelque secret qui leur était propre
Her parted lips were smiling over some secret of their own
Quand il entra, elle le regarda
When he entered, she looked at him
et une expression de joie infinie l'envahit
and an expression of infinite joy came over her
« Comme j'étais une mauvaise actrice ce soir, Dorian ! » s'écria-t-elle
"How bad an actress I was tonight, Dorian!" she cried
« Horrible ! » répondit-il en la regardant avec étonnement

"Horrible!" he answered, gazing at her in amazement
"Horrible ? C'était épouvantable"
"Horrible? It was dreadful"
« Êtes-vous malade ? »
"Are you ill?"
« Vous n'avez aucune idée de ce que c'était »
"You have no idea what it was"
« Vous n'avez aucune idée de ce que j'ai souffert »
"You have no idea what I suffered"
La jeune fille sourit. « Dorian », répondit-elle
The girl smiled. "Dorian," she answered
elle s'attarda sur son nom avec une musique longue dans la voix
she lingered over his name with long-drawn music in her voice
« Comme si son nom était plus doux que le miel aux pétales rouges de sa bouche »
"as though his name were sweeter than honey to the red petals of her mouth"
« Dorian, tu aurais dû comprendre »
"Dorian, you should have understood"
« Mais tu comprends maintenant, n'est-ce pas ? »
"But you understand now, don't you?"
« Comprendre quoi ? » demanda-t-il avec colère
"Understand what?" he asked, angrily
« tu comprends pourquoi j'ai été si mauvais ce soir »
"you understand why I was so bad tonight"
« tu comprends pourquoi je serai toujours mauvais »
"you understand why I shall always be bad"
« tu comprends pourquoi je ne jouerai plus jamais bien sur scène »
"you understand why I shall never act well on stage again"
Il haussa les épaules
He shrugged his shoulders
« Vous êtes malade, je suppose »
"You are ill, I suppose"
« Quand on est malade, il ne faut pas monter sur scène »
"When you are ill you shouldn't go on stage"
« Tu te rends ridicule »
"You make yourself ridiculous"
« Mes amis s'ennuyaient. Je m'ennuyais"
"My friends were bored. I was bored"
Elle semblait ne pas l'écouter
She seemed not to listen to him

Elle était transfigurée de joie
She was transfigured with joy
Une extase de bonheur la dominait
An ecstasy of happiness dominated her
« Dorian, Dorian », s'écria-t-elle
"Dorian, Dorian," she cried
« Avant de te connaître, le métier d'acteur était la seule réalité de ma vie »
"before I knew you, acting was the one reality of my life"
« Ce n'est que dans le théâtre que j'ai vécu »
"It was only in the theatre that I lived"
« Je pensais que tout était vrai »
"I thought that it was all true"
« J'étais Rosalind un soir et Portia l'autre »
"I was Rosalind one night and Portia the other"
« La joie de Béatrice était ma joie »
"The joy of Beatrice was my joy"
« et les chagrins de Cordelia étaient aussi les miens »
"and the sorrows of Cordelia were mine also"
« Je croyais en tout ce que je faisais »
"I believed in everything that I acted"
« Les gens ordinaires qui étaient sur scène avec moi me semblaient divins »
"The common people who were on the stage with me seemed to me to be godlike"
« Les scènes peintes étaient mon monde »
"The painted scenes were my world"
« Je ne connaissais que des ombres, et je les croyais réelles »
"I knew nothing but shadows, and I thought them real"
« Tu es venu – oh, mon bel amour ! – et tu as libéré mon âme de prison. »
"You came—oh, my beautiful love!—and you freed my soul from prison"
« Tu m'as appris ce qu'est vraiment la réalité »
"You taught me what reality really is"
« Ce soir, pour la première fois de ma vie, j'ai vu à travers le vide »
"Tonight, for the first time in my life, I saw through the hollowness"
« J'ai vu à travers l'imposture »
"I saw through the sham"
« J'ai vu à travers la bêtise du spectacle vide dans lequel j'avais toujours joué »

"I saw through the silliness of the empty pageant in which I had always played"
« Ce soir, pour la première fois, j'ai pris conscience que le Roméo était hideux »
"Tonight, for the first time, I became conscious that the Romeo was hideous"
« J'ai vu que Roméo était vieux et peignait »
"I saw that Romeo was old, and painted"
« J'ai vu que le clair de lune dans le verger était faux »
"I saw that the moonlight in the orchard was false"
« J'ai vu que le paysage était vulgaire »
"I saw that the scenery was vulgar"
« et j'ai vu que les mots que j'avais à dire étaient irréels »
"and I saw that the words I had to speak were unreal"
« Ce n'étaient pas mes mots »
"they were not my words"
« ce n'étaient pas les mots que je voulais dire »
"they were not the words that I wanted to say"
« Tu m'avais apporté quelque chose de plus élevé »
"You had brought me something higher"
« Vous m'aviez apporté quelque chose dont tout art n'est qu'un reflet. »
"you had brought me something of which all art is but a reflection"
« Tu m'avais fait comprendre ce qu'est vraiment l'amour »
"You had made me understand what love really is"
« Mon amour ! Mon amour! Prince charmant! Prince de la vie ! »
"My love! My love! Prince Charming! Prince of life!"
« J'en ai marre des ombres »
"I have grown sick of shadows"
« Tu es plus pour moi que tout art ne pourra jamais l'être »
"You are more to me than all art can ever be"
« Pourquoi devrais-je être avec les marionnettes d'une pièce de théâtre ? »
"Why should I be with the puppets of a play?"
« Je ne pouvais pas comprendre comment il se faisait que tout m'avait quitté »
"I could not understand how it was that everything had gone from me"
« Je pensais que j'allais être merveilleux »
"I thought that I was going to be wonderful"
« J'ai découvert que je ne pouvais rien faire »

"I found that I could do nothing"
« Soudain, j'ai compris dans mon âme ce que tout cela signifiait »
"Suddenly it dawned on my soul what it all meant"
« La connaissance était exquise pour moi »
"The knowledge was exquisite to me"
« Je les ai entendus siffler et j'ai souri »
"I heard them hissing, and I smiled"
« Que pouvaient-ils savoir d'un amour comme le nôtre ? »
"What could they know of love such as ours?"
« Emmenez-moi, Dorian, emmenez-moi avec vous. »
"Take me away, Dorian—take me away with you"
« Emmenez-moi là où nous pouvons être tout à fait seuls »
"take me to where we can be quite alone"
« Je déteste la scène »
"I hate the stage"
« Je pourrais imiter une passion que je ne ressens pas »
"I might mimic a passion that I do not feel"
« mais je ne peux pas en imiter un qui me brûle comme le feu »
"but I cannot mimic one that burns me like fire"
— Oh, Dorian, Dorian, tu comprends maintenant ce que cela signifie ?
"Oh, Dorian, Dorian, you understand now what it signifies?"
« Même si je le pouvais, ce serait une profanation pour moi d'agir en étant amoureux »
"Even if I could, it would be profanation for me to act being in love"
« Tu m'as fait voir ça »
"You have made me see that"
Il se jeta sur le canapé et détourna le visage
He flung himself down on the sofa and turned away his face
« Vous avez tué mon amour, murmura-t-il
"You have killed my love," he muttered
Elle le regarda avec étonnement et rit
She looked at him in wonder and laughed
Il ne répondit pas
He made no answer
Elle vint vers lui
She came across to him
et de ses petits doigts elle lui caressa les cheveux
and with her little fingers she stroked his hair
Elle s'agenouilla et pressa ses mains sur ses lèvres
She knelt down and pressed his hands to her lips

Il retira ses doigts
He drew his fingers away
et un frisson le parcourut
and a shudder ran through him
Puis il se leva d'un bond et se dirigea vers la porte
Then he leaped up and went to the door
« Oui, s'écria-t-il, vous avez tué mon amour
"Yes," he cried, "you have killed my love
« Tu avais l'habitude de stimuler mon imagination »
"You used to stir my imagination"
« Maintenant, tu n'éveilles même pas ma curiosité »
"Now you don't even stir my curiosity"
« Vous ne produisez tout simplement aucun effet »
"You simply produce no effect"
« Je t'aimais parce que tu étais merveilleux »
"I loved you because you were marvellous"
« Je t'aimais parce que tu avais du génie et de l'intelligence »
"I loved you because you had genius and intellect"
« Je t'aimais parce que tu réalisais les rêves des grands poètes »
"I loved you because you realized the dreams of great poets"
« Vous avez donné forme et substance aux ombres de l'art »
"you gave shape and substance to the shadows of art"
« Vous avez tout jeté »
"You have thrown it all away"
« Tu es superficiel et stupide »
"You are shallow and stupid"
« Mon Dieu ! comme j'étais fou de t'aimer !
"My God! how mad I was to love you!"
« Quel imbécile j'ai été ! »
"What a fool I have been!"
« Tu n'es rien pour moi maintenant »
"You are nothing to me now"
« Je ne te reverrai jamais »
"I will never see you again"
« Je ne penserai jamais à toi »
"I will never think of you"
« Je ne mentionnerai jamais ton nom »
"I will never mention your name"
« Tu ne sais pas ce que tu as été pour moi, autrefois »
"You don't know what you were to me, once"
« Oh, je ne peux pas supporter d'y penser ! »

"Oh, I can't bear to think of it!"
« J'aurais voulu ne jamais vous avoir vu ! »
"I wish I had never laid eyes upon you!"
« Tu as gâché le romantisme de ma vie »
"You have spoiled the romance of my life"
« Comme vous pouvez savoir peu de choses sur l'amour, si vous dis-le qu'il souille votre art ! »
"How little you can know of love, if you say it mars your art!"
« Sans votre art, vous n'êtes rien »
"Without your art, you are nothing"
« Je t'aurais rendu célèbre, splendide, magnifique »
"I would have made you famous, splendid, magnificent"
« Le monde t'aurait vénéré »
"The world would have worshipped you"
« et tu aurais porté mon nom »
"and you would have borne my name"
« Qu'est-ce que tu es maintenant ? »
"What are you now?"
« Une actrice de troisième ordre avec un joli visage »
"A third-rate actress with a pretty face"
La jeune fille pâlit et trembla
The girl grew white, and trembled
Elle serra les mains ensemble
She clenched her hands together
Sa voix sembla se serrer dans sa gorge.
her voice seemed to catch in her throat.
— Vous n'êtes pas sérieux, Dorian ? murmura-t-elle
"You are not serious, Dorian?" she murmured
« Vous jouez un rôle dans une pièce de théâtre »
"You are acting a part in a play"
"Jouer un rôle ! Je vous laisse faire"
"Acting a part! I leave that to you"
« Tu le fais si bien, répondit-il amèrement
"You do it so well," he answered bitterly
Elle se leva de ses genoux
She rose from her knees
Il y avait une expression de douleur pitoyable sur son visage
there was a piteous expression of pain in her face
Elle traversa la pièce pour le rejoindre
she came across the room to him
Elle posa sa main sur son bras et le regarda dans les yeux

She put her hand upon his arm and looked into his eyes
Il la repoussa. « Ne me touchez pas ! » cria-t-il
He thrust her back. "Don't touch me!" he cried
Un gémissement sourd s'échappa d'elle
A low moan broke from her
elle se jeta à ses pieds
she flung herself at his feet
et elle gisait là comme une fleur piétinée
and she lay there like a trampled flower
« Dorian, Dorian, ne me quitte pas ! » murmura-t-elle
"Dorian, Dorian, don't leave me!" she whispered
« Je suis tellement désolé de ne pas avoir bien agi »
"I am so sorry I didn't act well"
« Je pensais à toi tout le temps »
"I was thinking of you all the time"
« Mais j'essaierai, en effet, j'essaierai »
"But I will try—indeed, I will try"
« Il m'est venu si soudainement, mon amour pour toi »
"It came so suddenly across me, my love for you"
« Je pense que je ne l'aurais jamais su si tu ne m'avais pas embrassé »
"I think I should never have known it if you had not kissed me"
« Si nous ne nous étions pas embrassés »
"if we had not kissed each other"
« Embrasse-moi encore, mon amour »
"Kiss me again, my love"
« Ne t'éloigne pas de moi »
"Don't go away from me"
« Je ne peux pas le supporter »
"I can't bear it"
« Oh ! ne t'éloigne pas de moi"
"Oh! don't go away from me"
"Mon frère... Non; peu importe"
"My brother ... No; never mind"
"Il ne le pensait pas. Il plaisantait...
"He didn't mean it. He was in jest...."
— Mais toi, oh ! Ne pouvez-vous pas me pardonner pour ce soir ?
"But you, oh! can't you forgive me for tonight?"
« Je vais travailler si dur et essayer de m'améliorer »
"I will work so hard and try to improve"
« Ne sois pas cruel avec moi »

"Don't be cruel to me"
« Parce que je t'aime plus que tout au monde »
"because I love you better than anything in the world"
« Après tout, ce n'est qu'une fois que je ne t'ai pas plu »
"After all, it is only once that I have not pleased you"
« Mais tu as tout à fait raison, Dorian »
"But you are quite right, Dorian"
« J'aurais dû me montrer plus artiste »
"I should have shown myself more of an artist"
« C'était stupide de ma part »
"It was foolish of me"
« et pourtant je n'ai pas pu m'en empêcher »
"and yet I couldn't help it"
« Oh, ne me quitte pas, ne me quitte pas »
"Oh, don't leave me, don't leave me"
Un accès de sanglots passionnés l'étouffa
A fit of passionate sobbing choked her
Elle s'accroupit sur le sol comme une chose blessée
She crouched on the floor like a wounded thing
Dorian Gray, avec ses beaux yeux, la regarda
Dorian Gray, with his beautiful eyes, looked down at her
ses lèvres ciselées se recourbèrent d'un dédain exquis
his chiselled lips curled in exquisite disdain
Il y a toujours quelque chose de ridicule dans les émotions des gens que l'on a cessé d'aimer
There is always something ridiculous about the emotions of people whom one has ceased to love
Sibyl Vane lui semblait absurdement mélodramatique
Sibyl Vane seemed to him to be absurdly melodramatic
Ses larmes et ses sanglots l'agaçaient
Her tears and sobs annoyed him
« J'y vais, dit-il enfin de sa voix calme et claire
"I am going," he said at last in his calm clear voice
« Je ne veux pas être méchant, mais je ne peux pas te revoir »
"I don't wish to be unkind, but I can't see you again"
« Vous m'avez déçu »
"You have disappointed me"
Elle pleura en silence, et ne répondit rien, mais se rapprocha
She wept silently, and made no answer, but crept nearer
Ses petites mains s'étendirent aveuglément et semblèrent le chercher

Her little hands stretched blindly out, and appeared to be seeking for him
Il tourna les talons et quitta la pièce
He turned on his heel and left the room
En quelques instants, il était sorti du théâtre
In a few moments he was out of the theatre
Où il allait, il le savait à peine
Where he went to he hardly knew
Il se souvenait d'avoir erré dans des rues faiblement éclairées
He remembered wandering through dimly lit streets
il passa devant des arcades décharnées et ombragées et des maisons d'apparence maléfique
he went past gaunt, black-shadowed archways and evil-looking houses
Des femmes à la voix rauque et au rire rauque l'avaient appelé
Women with hoarse voices and harsh laughter had called after him
Les ivrognes étaient passés en titubant, jurant et bavardant comme des singes monstrueux
Drunkards had reeled by, cursing and chattering to themselves like monstrous apes
Il avait vu des enfants grotesques blottis sur le seuil des portes
He had seen grotesque children huddled upon door-steps
et il avait entendu des cris et des jurons dans des cours sombres
and he had heard shrieks and oaths from gloomy courts
Alors que l'aube se levait, il se retrouva près de Covent Garden
As the dawn was just breaking, he found himself close to Covent Garden
L'obscurité se dissipa et fut rougie par de faibles feux
The darkness lifted, and, was flushed with faint fires
Le ciel s'est creusé en une perle parfaite
the sky hollowed itself into a perfect pearl
D'énormes chariots remplis de lys hochant la tête grondaient lentement dans la rue vide et polie
Huge carts filled with nodding lilies rumbled slowly down the polished empty street
L'air était lourd du parfum des fleurs
The air was heavy with the perfume of the flowers
et leur beauté semblait lui apporter un anodin pour sa douleur
and their beauty seemed to bring him an anodyne for his pain
Il suivit le marché et regarda les hommes décharger leurs chariots
He followed into the market and watched the men unloading their

wagons
Un charretier en blouse blanche lui offrit des cerises
A white-smocked carter offered him some cherries
Il le remercia, se demanda pourquoi il refusait d'accepter de l'argent pour eux
He thanked him, wondered why he refused to accept any money for them
et il se mit à manger les cerises apathiquement
and he began to eat the cherries listlessly
Ils avaient été plumés à minuit
They had been plucked at midnight
la froideur de la lune y était entrée
the coldness of the moon had entered into them
Une longue file de garçons portant des caisses de tulipes rayées et de roses jaunes et rouges
A long line of boys carrying crates of striped tulips, and of yellow and red roses
Les garçons se frayèrent un chemin à travers les énormes tas de légumes vert jade
the boys threaded their way through the huge, jade-green piles of vegetables
Sous le portique, avec ses piliers gris blanchis par le soleil
Under the portico, with its grey, sun-bleached pillars
là traînait une troupe de filles traînées tête nue
there loitered a troop of draggled bareheaded girls
ils attendaient la fin de la vente aux enchères
they were waiting for the auction to be over
D'autres se pressaient autour des portes battantes du café de la place
Others crowded round the swinging doors of the coffee-house in the piazza
Les lourds chevaux de charrette glissaient et piétinaient les pierres brutes
The heavy cart-horses slipped and stamped upon the rough stones
les chevaux secouèrent leurs clochettes et leurs harnais
the horses shook their bells and trappings
Certains des chauffeurs dormaient sur une pile de sacs
Some of the drivers were lying asleep on a pile of sacks
Cou iris et pieds roses, les pigeons couraient partout pour ramasser des graines
Iris-necked and pink-footed, the pigeons ran about picking up seeds

Au bout d'un moment, il héla un beau et rentra chez lui
After a little while, he hailed a handsome and drove home
Pendant quelques instants, il flâna sur le seuil de la porte
For a few moments he loitered upon the doorstep
Il regarda autour de lui la place silencieuse
he looked round at the silent square
fenêtres vides, fermées et aveugles
blank, close-shuttered windows, and staring blinds
Le ciel était maintenant de l'opale pure
The sky was pure opal now
et les toits des maisons brillaient comme de l'argent sur le ciel
and the roofs of the houses glistened like silver against the sky
De quelque cheminée en face s'élevait une mince couronne de fumée
From some chimney opposite a thin wreath of smoke was rising
Il s'enroulait, comme un ruban violet, dans l'air couleur de nacre
It curled, a violet ribbon, through the nacre-coloured air
Des lanternes vénitiennes étaient suspendues au plafond de la grande entrée lambrissée de chêne
Venetian lanterns hung from the ceiling of the great, oak-panelled entrance
ils avaient été le butin d'une barque de doge
they had been the spoil of some Doge's barge
leurs lumières brûlaient encore à cause de trois jets vacillants
their lights were still burning from three flickering jets
ils semblaient avoir de minces pétales bleus de flamme, bordés d'un feu blanc
thin blue petals of flame they seemed, rimmed with white fire
Il les sortit et, ayant jeté son chapeau et sa cape sur la table
He turned them out and, having thrown his hat and cape on the table
Il traversa la bibliothèque en direction de la porte de sa chambre
he passed through the library towards the door of his bedroom
une grande chambre octogonale au rez-de-chaussée
a large octagonal chamber on the ground floor
dans son nouveau sentiment de luxe, il venait de décorer la chambre
in his new-born feeling for luxury, he had just had decorated the room
il avait accroché de curieuses tapisseries de la Renaissance
he had hung some curious Renaissance tapestries
des tapisseries qui avaient été découvertes dans un grenier

désaffecté à Selby Royal
tapestries that had been discovered in a disused attic at Selby Royal
Comme il tournait la poignée de la porte, son regard tomba sur son image
As he was turning the handle of the door, his eye fell on his picture
le portrait que Basil Hallward avait peint de lui
the portrait Basil Hallward had painted of him
Il recula comme s'il était surpris
He started back as if in surprise
Puis il entra dans sa chambre, l'air un peu perplexe
Then he went on into his own room, looking somewhat puzzled
Après avoir enlevé la boutonnière de son habit, il parut hésiter
After he had taken the button-hole out of his coat, he seemed to hesitate
Finalement, il revint, s'approcha du tableau et l'examina
Finally, he came back, went over to the picture, and examined it
Dans la faible lumière arrêtée qui luttait à travers les stores de soie couleur crème
In the dim arrested light that struggled through the cream-coloured silk blinds
le visage lui parut un peu changé
the face appeared to him to be a little changed
L'expression était différente
The expression looked different
On aurait dit qu'il y avait une pointe de cruauté dans la bouche
One would have said that there was a touch of cruelty in the mouth
C'était certainement étrange
It was certainly strange
Il se retourna et, marchant vers la fenêtre, tira le store.
He turned round and, walking to the window, drew up the blind.
L'aube lumineuse inonda la pièce
The bright dawn flooded the room
et la lumière balayait les ombres fantastiques dans les coins sombres
and the light swept the fantastic shadows into dusky corners
et là les ombres frissonnaient
and there the shadows lay shuddering
Mais l'expression étrange semblait s'y attarder
But the strange expression seemed to linger there
L'expression étrange semblait s'être intensifiée encore plus
the strange expression seemed to have intensified even more

La lumière ardente et tremblante du soleil lui montrait les lignes de cruauté autour de la bouche
The quivering ardent sunlight showed him the lines of cruelty round the mouth
c'était aussi clair que s'il s'était regardé dans un miroir
it was as clearly as if he had been looking into a mirror
après avoir fait quelque chose d'épouvantable
after he had done some dreadful thing
Il grimaça et prit sur la table un verre ovale encadré d'Amours d'ivoire
He winced and and took up from the table an oval glass framed in ivory Cupids
l'un des nombreux cadeaux que lui fit lord Henry
one of Lord Henry's many presents to him
il jeta un coup d'œil rapide dans ses profondeurs polies
he glanced hurriedly into its polished depths
Aucune ligne comme celle-ci ne déforma ses lèvres rouges
No line like that warped his red lips
Qu'est-ce que cela signifiait ?
What did it mean?
Il se frotta les yeux
He rubbed his eyes
Il s'approcha du tableau et l'examina de nouveau
he came close to the picture, and examined it again
Il n'y avait aucun signe de changement lorsqu'il regarda le tableau
There were no signs of any change when he looked into the actual painting
et pourtant il n'y avait pas de doute que toute l'expression avait changé
and yet there was no doubt that the whole expression had altered
Ce n'était pas une simple fantaisie de sa part
It was not a mere fancy of his own
La chose était horriblement évidente
The thing was horribly apparent
Il se jeta sur une chaise et se mit à réfléchir
He threw himself into a chair and began to think
Soudain, un souvenir lui traversa l'esprit
Suddenly there flashed across his mind a memory
la chose qu'il avait dite dans l'atelier de Basil Hallward le jour où le film avait été terminé
the thing that he had said in Basil Hallward's studio the day the

picture had been finished
Oui, il s'en souvenait parfaitement
Yes, he remembered it perfectly
Il avait exprimé un vœu fou de rester lui-même jeune et de faire vieillir le portrait
He had uttered a mad wish that he himself might remain young, and the portrait grow old
il avait souhaité que sa propre beauté ne fût pas ternie
he had wished that his own beauty might be untarnished
et il avait souhaité que le visage sur la toile porte le fardeau de ses passions et de ses péchés
and he had wished the face on the canvas bear the burden of his passions and his sins
il avait souhaité que l'image peinte soit marquée par les lignes de la souffrance et de la pensée
he had wished that the painted image might be seared with the lines of suffering and thought
et il souhaitait conserver toute la fleur délicate et la beauté de son enfance alors consciente
and he wished to keep all the delicate bloom and loveliness of his then just conscious boyhood
Son souhait n'avait sûrement pas été exaucé ? De telles choses étaient impossibles
Surely his wish had not been fulfilled? Such things were impossible
Il semblait monstrueux de penser à des choses aussi impossibles
It seemed monstrous even to think of such impossible things
Et pourtant, il y avait le tableau devant lui
And, yet, there was the picture before him
le tableau avec une touche de cruauté dans la bouche
the picture with the touch of cruelty in the mouth
Cruauté! Avait-il été cruel ?
Cruelty! Had he been cruel?
C'était la faute de la fille, pas la sienne
It was the girl's fault, not his
Il avait rêvé d'elle comme d'une grande artiste
He had dreamed of her as a great artist
il lui avait donné son amour parce qu'il l'avait trouvée grande
he had given his love to her because he had thought her great
Puis elle l'avait déçu
Then she had disappointed him
Elle avait été superficielle et indigne

She had been shallow and unworthy
Et pourtant, un sentiment de regret infini l'envahit
And, yet, a feeling of infinite regret came over him
il pensa à elle couchée à ses pieds, sanglotant comme un petit enfant
he thought of her lying at his feet sobbing like a little child
Il se rappela avec quelle insensibilité il l'avait regardée
He remembered with what callousness he had watched her
Pourquoi avait-il été fait comme ça ?
Why had he been made like that?
Pourquoi une telle âme lui avait-elle été donnée ?
Why had such a soul been given to him?
Mais il avait aussi souffert
But he had suffered also
Pendant les trois terribles heures qu'avait duré la pièce
During the three terrible hours that the play had lasted
il avait vécu des siècles de douleur
he had lived centuries of pain
c'était des éons et des éons de torture
it was aeon upon aeon of torture
Sa vie valait autant que la sienne
His life was worth as much as hers
Elle l'avait gâté un instant, s'il l'avait blessée pour une éternité
She had marred him for a moment, if he had wounded her for an age
D'ailleurs, les femmes étaient mieux aptes à supporter le chagrin que les hommes
Besides, women were better suited to bear sorrow than men
Ils vivaient de leurs émotions
They lived on their emotions
Ils ne pensaient qu'à leurs émotions
They only thought of their emotions
Quand ils prenaient amants, c'était simplement pour avoir quelqu'un avec qui ils pouvaient avoir des scènes
When they took lovers, it was merely to have someone with whom they could have scenes
Lord Henry lui avait dit cela
Lord Henry had told him this
et lord Henry savait ce qu'étaient les femmes
and Lord Henry knew what women were
Pourquoi s'inquiéterait-il de Sibyl Vane ?
Why should he trouble about Sibyl Vane?

Elle n'était plus rien pour lui maintenant
She was nothing to him now
Mais l'image ?
But the picture?
Que devait-il dire de cela ?
What was he to say of that?
son tableau contenait le secret de sa vie et racontait son histoire
his picture held the secret of his life, and told his story
son tableau lui avait appris à aimer sa propre beauté
his picture had taught him to love his own beauty
Son image lui apprendrait-elle à détester sa propre âme ?
Would his picture teach him to loathe his own soul?
Regarderait-il à nouveau sa photo ?
Would he ever look at his picture again?
Non; ce n'était qu'une illusion forgée par les sens troublés
No; it was merely an illusion wrought on by the troubled senses
L'horrible nuit qu'il avait passée avait laissé des fantômes derrière elle
The horrible night that he had passed had left phantoms behind it
Tout à coup, il était tombé sur son cerveau cette petite tache écarlate qui rend les hommes fous
Suddenly there had fallen upon his brain that tiny scarlet speck that makes men mad
La situation n'avait pas changé
The picture had not changed
C'était de la folie de penser cela
It was folly to think so
et pourtant son portrait le regardait avec son beau visage abîmé et son sourire cruel
and yet his picture was watching him with its beautiful marred face and its cruel smile
Ses cheveux brillants brillaient dans la lumière du soleil matinal
Its bright hair gleamed in the early sunlight
Ses yeux bleus rencontrèrent les siens
Its blue eyes met his own
Un sentiment de pitié infinie, non pas pour lui-même, mais pour l'image peinte de lui-même, l'envahit
A sense of infinite pity, not for himself, but for the painted image of himself, came over him
son image avait déjà changé, et changerait encore
his picture had altered already, and would alter more

l'or se fanerait en gris
the gold would wither into grey
les roses rouges et blanches mourraient
the red and white roses would die
Pour chaque péché qu'il commettait, une tache tachait et détruisait l'équité du portrait
For every sin that he committed, a stain would fleck and wreck the portrait's fairness
Mais il n'allait pas pécher
But he was not going to sin
L'image, changée ou inchangée, serait pour lui l'emblème visible de la conscience
The picture, changed or unchanged, would be to him the visible emblem of conscience
Il résisterait à la tentation
He would resist temptation
Il ne voulut plus voir lord Henry
He would not see Lord Henry any more
il n'écouterait pas, en tout cas, ces théories subtiles et empoisonnées
he would not, at any rate, listen to those subtle poisonous theories
dans le jardin de ce cher Basil, ils avaient d'abord éveillé en lui la passion des choses impossibles
in dear Basil's garden they had first stirred within him the passion for impossible things
Il retournerait à Sibyl Vane
He would go back to Sibyl Vane
il la ferait amender, l'épouserait, essaierait de l'aimer à nouveau.
he would make her amend, marry her, try to love her again.
Oui, c'était son devoir de le faire
Yes, it was his duty to do so
Elle a dû souffrir plus que lui
She must have suffered more than he had
Pauvre enfant ! Il avait été égoïste et cruel envers elle
Poor child! He had been selfish and cruel to her
La fascination qu'elle avait exercée sur lui reviendrait
The fascination that she had exercised over him would return
Ils seraient heureux ensemble
They would be happy together
Sa vie avec elle serait belle et pure
His life with her would be beautiful and pure

Il se leva de sa chaise
He got up from his chair
et il tira un écran juste devant le portrait
and he pulled a screen right in front of the portrait
Il frissonna en jetant un coup d'œil à la photo
he shuddered as he glanced at the picture
« Comme c'est horrible ! » murmura-t-il en lui-même
"How horrible!" he murmured to himself
et il se dirigea vers la fenêtre et l'ouvrit
and he walked across to the window and opened it
Quand il sortit sur l'herbe, il prit une profonde inspiration
When he stepped out on to the grass, he drew a deep breath
L'air frais du matin semblait chasser toutes ses sombres passions
The fresh morning air seemed to drive away all his sombre passions
Il ne pensait qu'à Sibyl
He thought only of Sibyl
Un faible écho de son amour lui revint
A faint echo of his love came back to him
Il répéta son nom encore et encore
He repeated her name over and over again
Les oiseaux qui chantaient dans le jardin baigné de rosée semblaient parler d'elle aux fleurs
The birds that were singing in the dew-drenched garden seemed to be telling the flowers about her

Chapitre huit
Chapter Eight

Il était midi passé quand il se réveilla
It was long past noon when he awoke
Son valet de chambre s'était glissé plusieurs fois sur la pointe des pieds dans la chambre
His valet had crept several times on tiptoe into the room
pour voir si Dorian sortait de son sommeil
to see if Dorian was stirring from his sleep
et il s'était demandé ce qui avait poussé son jeune maître à dormir si tard
and he had wondered what made his young master sleep so late
Finalement, sa cloche sonna, et Victor entra doucement avec une tasse de thé
Finally his bell sounded, and Victor came in softly with a cup of tea
et il avait une pile de lettres, sur un petit plateau de vieille porcelaine de Sèvres
and he had a pile of letters, on a small tray of old Sevres china
il tira les rideaux de satin olive, avec leur doublure bleue chatoyante
he drew back the olive-satin curtains, with their shimmering blue lining
les rideaux qui pendaient devant les trois hautes fenêtres
the curtains that hung in front of the three tall windows
— Monsieur a bien dormi ce matin, dit-il en souriant
"Monsieur has well slept this morning," he said, smiling
« Quelle heure est-il, Victor ? » demanda Dorian Gray somnolent
"What o'clock is it, Victor?" asked Dorian Gray drowsily
— Une heure et quart, monsieur.
"One hour and a quarter, Monsieur"
Il s'assit, et, après avoir bu du thé, il retourna ses lettres
He sat up, and having sipped some tea, turned over his letters
L'une des lettres était de lord Henry, et avait été apportée en main propre le matin même
One of the letters was from Lord Henry, and had been brought by hand that morning
Il hésita un instant, puis mit l'enveloppe de côté
He hesitated for a moment, and then put the envelope aside
Il ouvrit les autres lettres avec nonchalance
The other letters he opened listlessly
Ils contenaient la collection habituelle de cartes et d'invitations à

dîner
They contained the usual collection of cards and invitations to dinner
billets pour des vernissages, programmes de concerts de charité, etc
tickets for private views, programmes of charity concerts, and the like
les invitations habituelles pleuvaient sur les jeunes gens à la mode tous les matins pendant la saison
the usual invitations showered on fashionable young men every morning during the season
Il y avait une facture assez lourde pour un ensemble de toilette Louis-Quinze en argent ciselé
There was a rather heavy bill for a chased silver Louis-Quinze toilet-set
il n'avait pas encore eu le courage d'envoyer le billet à ses tuteurs
he had not yet had the courage to send the bill to his guardians
Ses parents étaient des gens extrêmement démodés
his parents were extremely old-fashioned people
Ils n'ont pas réalisé que nous vivons à une époque où les choses inutiles sont nos seules nécessités
they did not realize we live in an age when unnecessary things are our only necessities
et il y eut plusieurs communications courtoises de prêteurs de Jermyn Street
and there were several courteously worded communications from Jermyn Street money-lenders
ils offraient d'avancer n'importe quelle somme d'argent à tout moment
they offered to advance any sum of money at a moment's notice
et ils offraient les taux d'intérêt les plus raisonnables
and they offered the most reasonable rates of interest
Après environ dix minutes, il se leva
After about ten minutes he got up
Il enfilait une robe de chambre élaborée en laine cachemire brodée de soie
he threw on on an elaborate dressing-gown of silk-embroidered cashmere wool
et il passa dans la salle de bains pavée d'onyx
and he passed into the onyx-paved bathroom
L'eau fraîche le rafraîchit après son long sommeil
The cool water refreshed him after his long sleep
Il semblait avoir oublié tout ce qu'il avait traversé
He seemed to have forgotten all that he had gone through

Un vague sentiment d'avoir pris part à une étrange tragédie lui vint une ou deux fois
A dim sense of having taken part in some strange tragedy came to him once or twice
mais il y avait l'irréalité d'un rêve sur le souvenir
but there was the unreality of a dream about the memory
Dès qu'il fut habillé, il entra dans la bibliothèque
As soon as he was dressed, he went into the library
le petit-déjeuner avait été disposé pour lui sur une petite table ronde près de la fenêtre ouverte
breakfast had been laid out for him on a small round table close to the open window
C'était une journée exquise
It was an exquisite day
L'air chaud semblait chargé d'épices
The warm air seemed laden with spices
Une abeille s'envola et bourdonna autour du bol du dragon bleu
A bee flew in and buzzed round the blue-dragon bowl
le bol était rempli de roses jaune soufre
the bowl was filled with sulphur-yellow roses
Il se sentait parfaitement heureux
He felt perfectly happy
Soudain, son œil tomba sur l'écran qu'il avait placé devant le portrait
Suddenly his eye fell on the screen that he had placed in front of the portrait
Pendant un instant, il tressaillit de nouveau
for a moment he started was startle again
— Trop froid pour monsieur ? demanda son valet de chambre en posant une omelette sur la table
"Too cold for Monsieur?" asked his valet, putting an omelette on the table
« Dois-je fermer la fenêtre ? » offrit le valet de chambre
"should I shut the window?" the valet offered
Dorian secoua la tête. « Je n'ai pas froid, murmura-t-il
Dorian shook his head. "I am not cold," he murmured
Tout était-il vrai ? Le portrait avait-il vraiment changé ?
Was it all true? Had the portrait really changed?
Ou était-ce simplement sa propre imagination ?
Or had it been simply his own imagination?
Son imagination lui avait-elle fait voir un regard de mal là où il y

avait eu un regard de joie ?
had his imagination made him see a look of evil where there had been a look of joy?
Une toile peinte ne pourrait sûrement pas changer ?
Surely a painted canvas could not alter?
L'idée était absurde
The idea of it was absurd
Cela servirait de conte à raconter à Basil un jour
It would serve as a tale to tell Basil some day
Une telle histoire le ferait sourire
such a story would make him smile
Et pourtant, comme son souvenir de tout cela était vif !
And, yet, how vivid was his recollection of the whole thing!
D'abord dans la pénombre du crépuscule, puis dans l'aube lumineuse
First in the dim twilight, and then in the bright dawn
il avait vu la touche de cruauté autour des lèvres déformées
he had seen the touch of cruelty round the warped lips
Il craignait presque que son valet ne quitte la pièce
He almost dreaded his valet leaving the room
Il savait que lorsqu'il serait seul, il devrait examiner le portrait
He knew that when he was alone he would have to examine the portrait
Il avait peur de la certitude
He was afraid of certainty
Le café et les cigarettes avaient été apportés et l'homme s'était retourné pour partir
the coffee and cigarettes had been brought and the man turned to go
Dorian ressentit un désir fou de lui dire de rester
Dorian felt a wild desire to tell him to remain
Comme la porte se refermait derrière lui, il le rappela
As the door was closing behind him, he called him back
L'homme attendait ses ordres
The man stood waiting for his orders
Dorian le regarda un instant
Dorian looked at him for a moment
« Je ne suis pas à la maison aujourd'hui, Victor, dit-il avec un soupir
"I am not at home today, Victor," he said with a sigh
L'homme s'inclina et quitta la pièce
The man bowed and left the room

Puis il se leva de table et alluma une cigarette
Then he rose from the table and lit a cigarette
Il se jeta sur un canapé luxueusement rembourré
he flung himself down on a luxuriously cushioned couch
le canapé qui se trouvait face à l'écran du portrait
the couch that stood facing the screen of the portrait
L'écran du portrait était ancien, en cuir d'Espagne doré
The screen of the portrait was an old one, of gilt Spanish leather
le cuir avait été estampé et travaillé avec un motif Louis-Quatorze plutôt fleuri
the leather had been stamped and wrought with a rather florid Louis-Quatorze pattern
Il scruta le cuir avec curiosité
He scanned the leather curiously
il se demanda si avant que l'écran ne soit caché le secret de la vie d'un homme
he wondered if before the screen was concealed the secret of a man's life
Devait-il le mettre de côté, après tout ?
Should he move it aside, after all?
Pourquoi ne pas le laisser là ?
Why not let it stay there?
À quoi bon savoir ?
What was the use of knowing?
Si la chose était vraie, c'était terrible
If the thing was true, it was terrible
Si ce n'était pas vrai, pourquoi s'en inquiéter ?
If it was not true, why trouble about it?
Mais que se passerait-il si, par un destin ou un hasard plus mortel, quelqu'un le voyait ?
But what if, by some fate or deadlier chance someone saw it?
d'autres yeux que les siens pourraient espionner derrière et voir l'horrible changement
eyes other than his might spy behind and see the horrible change
Que ferait-il si Basil Hallward venait et demandait à regarder son propre tableau ?
What would he do if Basil Hallward came and asked to look at his own picture?
le cher Basil ne manquerait pas de le faire
dear Basil would be sure to do that
Non; la chose devait être examinée, et immédiatement

No; the thing had to be examined, and at once
Tout serait mieux que cet affreux état de doute
Anything would be better than this dreadful state of doubt
Il se leva et verrouilla les deux portes
He got up and locked both doors
Au moins, il serait seul quand il regarderait le masque de sa honte
At least he would be alone when he looked upon the mask of his shame
Puis il écarta l'écran et se vit face à face
Then he drew the screen aside and saw himself face to face
C'était parfaitement vrai ; le portrait avait changé
It was perfectly true; the portrait had altered
il se surprit d'abord à regarder le portrait
he found himself at first gazing at the portrait
il la regarda avec un sentiment d'intérêt presque scientifique
he looked at it with a feeling of almost scientific interest
La merveille n'était pas une mince merveille
the marvel was no small wonder
par la suite, il se rappelait souvent la nature de sa curiosité
afterwards he often remembered the nature of his curiosity
Qu'un tel changement ait eu lieu était incroyable pour lui
That such a change should have taken place was incredible to him
Et pourtant, c'était un fait
And yet it was a fact
Y avait-il une affinité subtile entre les atomes chimiques ?
Was there some subtle affinity between the chemical atoms?
les atomes qui se sont façonnés en forme et en couleur sur la toile ?
the atoms that shaped themselves into form and colour on the canvas?
et les atomes de l'âme qui était en lui ?
and the atoms of the soul that was within him?
Se pourrait-il que ce que cette âme pensait, ils l'aient accompli ?
Could it be that what that soul thought, they achieved?
que ce qu'il rêvait, ils l'ont rendu vrai ?
that what it dreamed, they made true?
Ou y avait-il une autre raison, plus terrible ?
Or was there some other, more terrible reason?
Il frissonna et eut peur
He shuddered, and felt afraid
il retourna sur le canapé et il s'allongea là
going back to the couch and he lay there

il passa son temps à regarder le tableau avec une horreur écœurante
he spent his time gazing at the picture in sickened horror
Il y avait cependant une chose qu'il sentait que cela avait fait pour lui
there was one thing, however, he felt that it had done for him
Cela lui avait fait prendre conscience de l'injustice et de la cruauté qu'il avait eues envers Sibyl Vane
It had made him conscious how unjust and cruel he had been to Sibyl Vane
Il n'était pas trop tard pour réparer cela
It was not too late to make reparation for that
Elle pourrait toujours être sa femme
She could still be his wife
Son amour irréel et égoïste céderait à une influence plus élevée
His unreal and selfish love would yield to some higher influence
son amour se transformerait en une passion plus noble
his love would be transformed into some nobler passion
le portrait que le cher Basil avait peint de lui serait un guide pour lui tout au long de sa vie
the portrait dear Basil had painted of him would be a guide to him through life
son portrait serait pour lui ce que la sainteté est pour certains
his portrait would be to him what holiness is to some
ce serait ce que la conscience est pour les autres
it would be what conscience is to others
et ce serait ce que la crainte de Dieu est pour nous tous
and it would be what the fear of God is to us all
Il y avait des opiacés pour le remords
There were opiates for remorse
des médicaments qui pourraient endormir le sens moral
drugs that could lull the moral sense to sleep
Mais il y avait là un symbole visible de la dégradation du péché
But here was a visible symbol of the degradation of sin
C'était un signe omniprésent de la ruine que les hommes apportaient sur leur âme
Here was an ever-present sign of the ruin men brought upon their souls
Trois heures sonnèrent, quatre heures, et la demi-heure sonna son double carillon
Three o'clock struck, and four, and the half-hour rang its double chime

mais Dorian Gray ne bougea pas du canapé
but Dorian Gray did not stir from the couch
Il essayait de rassembler les fils écarlates de la vie
He was trying to gather up the scarlet threads of life
et il essayait de tisser les fils en un motif
and he was trying to weave the threads into a pattern
il essayait de trouver son chemin dans le labyrinthe sanguin de la passion
he was trying to find his way through the sanguine labyrinth of passion
Il ne savait pas quoi faire, ni quoi penser
He did not know what to do, or what to think
Finalement, il s'approcha de la table
Finally, he went over to the table
et il écrivit une lettre passionnée à la jeune fille qu'il avait aimée
and he wrote a passionate letter to the girl he had loved
il implora son pardon et s'accusa de folie
he implored her forgiveness and accused himself of madness
Il couvrait page après page de mots de chagrin sauvages
He covered page after page with wild words of sorrow
et il a écrit des mots de douleur encore plus sauvages
and he wrote even wilder words of pain
Il y a un luxe dans l'auto-reproche
There is a luxury in self-reproach
Lorsque nous nous blâmons, nous pensons que personne d'autre n'a le droit de nous blâmer
When we blame ourselves, we feel that no one else has a right to blame us
C'est la confession, et non le prêtre, qui nous donne l'absolution
It is the confession, not the priest, that gives us absolution
Quand Dorian eut terminé la lettre, il sentit qu'il avait été pardonné
When Dorian had finished the letter, he felt that he had been forgiven
Soudain, on frappa à la porte
Suddenly there came a knock to the door
et il entendit la voix de lord Henry au dehors
and he heard Lord Henry's voice outside
« Mon cher garçon, il faut que je te voie, laisse-moi entrer tout de suite. »
"My dear boy, I must see you, let me in at once"
« Je ne peux pas supporter que tu te taies comme ça »

"I can't bear your shutting yourself up like this"
Il ne répondit pas d'abord, mais resta tout à fait immobile
He made no answer at first, but remained quite still
Les coups continuaient et devenaient plus forts
The knocking still continued and grew louder
Oui, il valait mieux laisser entrer lord Henry
Yes, it was better to let Lord Henry in
il valait mieux lui expliquer la nouvelle vie qu'il allait mener
it was better to explain to him the new life he was going to lead
il valait mieux se quereller avec lui s'il devenait nécessaire de se quereller
it was better to quarrel with him if it became necessary to quarrel
Il se leva d'un bond et tira l'écran à la hâte sur l'image
He jumped up and drew the screen hastily across the picture
puis il ouvrit la porte à son visiteur
and then he unlocked the door to his visitor
– Je suis vraiment désolé pour tout cela, Dorian, dit lord Henry en entrant
"I am so sorry for it all, Dorian," said Lord Henry as he entered
« Mais il ne faut pas trop y penser »
"But you must not think too much about it"
— Voulez-vous parler de Sibyl Vane ? demanda le garçon
"Do you mean about Sibyl Vane?" asked the lad
– Oui, bien sûr, répondit lord Henry
"Yes, of course," answered Lord Henry
et il s'affaissa sur une chaise et enleva lentement ses gants jaunes
and he sunk into a chair and slowly pulled off his yellow gloves
« C'est affreux, d'un certain point de vue, mais ce n'était pas de votre faute »
"It is dreadful, from one point of view, but it was not your fault"
« Dites-moi, êtes-vous allé la voir derrière vous, après la pièce ? »
"Tell me, did you go behind and see her, after the play was over?"
— Oui, répondit Dorian
"Yes," answered Dorian
« J'étais sûr que tu l'avais fait »
"I felt sure you had"
« Avez-vous fait une scène avec elle ? »
"Did you make a scene with her?"
« J'ai été brutal, Harry, parfaitement brutal »
"I was brutal, Harry—perfectly brutal"
« Mais tout va bien maintenant »

"But it is all right now"
« Je ne suis pas désolé pour tout ce qui s'est passé »
"I am not sorry for anything that has happened"
« Cela m'a appris à mieux me connaître »
"It has taught me to know myself better"
« Ah, Dorian, je suis si content que tu le prennes ainsi ! »
"Ah, Dorian, I am so glad you take it in that way!"
« J'avais peur de te trouver plongé dans le remords »
"I was afraid I would find you plunged in remorse"
« Je ne voulais pas que tu arraches tes beaux cheveux bouclés »
"I didn't want you tearing out that nice curly hair of yours"
— J'ai surmonté tout cela, dit Dorian en secouant la tête et en souriant
"I have got through all that," said Dorian, shaking his head and smiling
« Je suis parfaitement heureux maintenant »
"I am perfectly happy now"
« Je sais ce qu'est la conscience, pour commencer »
"I know what conscience is, to begin with"
« La conscience n'est pas ce que tu m'as dit qu'elle était »
"conscience is not what you told me it was"
« C'est la chose la plus divine en nous »
"It is the divinest thing in us"
« Ne vous moquez plus, Harry, du moins pas devant moi »
"Don't sneer at it, Harry, any more—at least not before me"
« Je veux être bon »
"I want to be good"
« Je ne peux pas supporter l'idée que mon âme soit hideuse »
"I can't bear the idea of my soul being hideous"
— Une base artistique très charmante pour l'éthique, Dorian ! Je vous en félicite"
"A very charming artistic basis for ethics, Dorian! I congratulate you on it"
« Mais comment allez-vous commencer ? »
"But how are you going to begin?"
« Je vais commencer par épouser Sibyl Vane »
"I will begin by marrying Sibyl Vane"
– Épouser Sibyl Vane ! s'écria lord Henry
"Marrying Sibyl Vane!" cried Lord Henry
et il se leva et le regarda avec étonnement perplexe
and he stood up and looked at him in perplexed amazement

— Mais, mon cher Dorian...
"But, my dear Dorian—"
« Oui, Harry, je sais ce que tu vas dire »
"Yes, Harry, I know what you are going to say"
« Vous allez dire quelque chose d'affreux sur le mariage. Ne le faites pas"
"You're going to say something dreadful about marriage. Don't"
« Ne me dis plus jamais de choses de ce genre »
"Don't ever say things of that kind to me again"
« Il y a deux jours, j'ai demandé à Sibyl de m'épouser »
"Two days ago I asked Sibyl to marry me"
« Je ne vais pas manquer à ma parole envers elle »
"I am not going to break my word to her"
« Elle doit être ma femme »
"She is to be my wife"
« Votre femme ! Dorien! ..."
"Your wife! Dorian! ..."
« N'avez-vous pas reçu ma lettre ? »
"Didn't you get my letter?"
« Je vous ai écrit ce matin, et j'ai envoyé le billet par mon propre homme. »
"I wrote to you this morning, and sent the note down by my own man"
« Votre lettre ? Oh, oui, je me souviens"
"Your letter? Oh, yes, I remember"
« Je ne l'ai pas encore lu, Harry »
"I have not read it yet, Harry"
« J'avais peur qu'il y ait quelque chose que je n'aimerais pas »
"I was afraid there might be something in it that I wouldn't like"
« Vous coupez la vie en morceaux avec vos épigrammes »
"You cut life to pieces with your epigrams"
— Vous ne savez rien alors ?
"You know nothing then?"
« Que voulez-vous dire ? »
"What do you mean?"
Lord Henry traversa la pièce
Lord Henry walked across the room
il s'assit près de Dorian Gray et lui prit les deux mains
he sat down by Dorian Gray and took both his hands
« Dorian, dit-il, ma lettre. N'ayez pas peur"
"Dorian," he said, "my letter. Don't be frightened"

« Ma lettre était pour vous dire que Sibyl Vane est morte »
"My letter was to tell you that Sibyl Vane is dead"
Un cri de douleur s'échappa des lèvres du garçon
A cry of pain broke from the lad's lips
il sauta sur ses pieds, arrachant ses mains de l'étreinte de Lord Henry"
he leaped to his feet, tearing his hands away from Lord Henry's grasp"
« Mort ! Sibyl morte ! Ce n'est pas vrai !
"Dead! Sibyl dead! It is not true!"
« C'est un horrible mensonge ! Comment osez-vous le dis-le ?
"It is a horrible lie! How dare you say it?"
— C'est tout à fait vrai, Dorian, dit gravement lord Henry
"It is quite true, Dorian," said Lord Henry, gravely
« C'est dans tous les journaux du matin »
"It is in all the morning papers"
« Je vous ai écrit pour vous demander de ne voir personne jusqu'à mon arrivée »
"I wrote down to you to ask you not to see any one till I came"
« Il faudra qu'il y ait une enquête, bien sûr »
"There will have to be an inquest, of course"
« et vous ne devez pas vous mêler de l'enquête »
"and you must not be mixed up in the investigation"
« Des choses comme ça font qu'un homme est à la mode à Paris »
"Things like that make a man fashionable in Paris"
« Mais à Londres, les gens ont tellement de préjugés »
"But in London people are so prejudiced"
« Ici, il ne faut jamais faire ses débuts avec un scandale »
"Here, one should never make one's début with a scandal"
« Il faut réserver cela pour donner un intérêt à sa vieillesse »
"One should reserve that to give an interest to one's old age"
— Je suppose qu'ils ne connaissent pas votre nom au théâtre ?
"I suppose they don't know your name at the theatre?"
« S'ils ne connaissent pas votre nom, c'est bon »
"If they don't know your name, it is all right"
« Quelqu'un t'a-t-il vu faire le tour de sa chambre ? »
"Did anyone see you going round to her room?"
« C'est un point important »
"That is an important point"
Dorian ne répondit pas pendant quelques instants
Dorian did not answer for a few moments

Il était étourdi d'horreur
He was dazed with horror
Finalement, il balbutia, d'une voix étouffée
Finally he stammered, in a stifled voice
« Harry, avez-vous dit une enquête ? »
"Harry, did you say an inquest?"
« Que vouliez-vous dire par là ? »
"What did you mean by that?"
— Est-ce que Sibyl... ? Oh, Harry, je ne peux pas le supporter !
"Did Sibyl—? Oh, Harry, I can't bear it!"
"Mais faites vite. Dis-moi tout à la fois.
"But be quick. Tell me everything at once."
« Je ne doute pas que ce ne soit pas un accident, Dorian »
"I have no doubt it was not an accident, Dorian"
« bien qu'il doive être présenté de cette manière au public »
"though it must be put in that way to the public"
« Il semble qu'elle quittait le théâtre avec sa mère »
"It seems that she was leaving the theatre with her mother"
« Elle a dit qu'elle avait oublié quelque chose à l'étage »
"she said she had forgotten something upstairs"
« Ils l'ont attendue un certain temps »
"They waited some time for her"
« mais elle n'est pas redescendue »
"but she did not come down again"
« Ils l'ont finalement trouvée morte sur le sol de sa loge »
"They ultimately found her lying dead on the floor of her dressing-room"
« Elle avait avalé quelque chose par erreur »
"She had swallowed something by mistake"
« une chose épouvantable qu'ils utilisent dans les théâtres »
"some dreadful thing they use at theatres"
« Je ne sais pas ce qu'elle a avalé »
"I don't know what it was she swallowed"
« Mais il contenait soit de l'acide prussique, soit du plomb blanc »
"but it had either prussic acid or white lead in it"
« Je croirais que c'était de l'acide prussique »
"I should fancy it was prussic acid"
« Parce qu'elle semble être morte instantanément »
"because she seems to have died instantaneously"
– Harry, Harry, c'est terrible ! s'écria le garçon
"Harry, Harry, it is terrible!" cried the lad

— Oui ; c'est très tragique, bien sûr"
"Yes; it is very tragic, of course"
« Mais il ne faut pas s'y mêler »
"but you must not get yourself mixed up in it"
« Je vois par The Standard qu'elle avait dix-sept ans »
"I see by The Standard that she was seventeen"
« J'aurais dû penser qu'elle était presque plus jeune que ça »
"I should have thought she was almost younger than that"
« Elle avait l'air d'une telle enfant et semblait en savoir si peu sur le théâtre »
"She looked such a child, and seemed to know so little about acting"
« Dorian, tu ne dois pas laisser cette chose t'énerver »
"Dorian, you mustn't let this thing get on your nerves"
« Il faut que vous veniez dîner avec moi »
"You must come and dine with me"
« Et après nous regarderons l'opéra »
"and afterwards we will look in at the opera"
« C'est une soirée Patti, et tout le monde sera là »
"It is a Patti night, and everybody will be there"
« Tu peux venir dans la loge de ma sœur »
"You can come to my sister's box"
« Elle a des femmes intelligentes avec elle »
"She has got some smart women with her"
— J'ai donc assassiné Sibyl Vane, dit Dorian Gray, à moitié pour lui-même
"So I have murdered Sibyl Vane," said Dorian Gray, half to himself
« Je l'ai assassinée aussi sûrement que si j'avais tranché sa petite gorge avec un couteau »
"I have murdered her as surely as if I had cut her little throat with a knife"
« Pourtant les roses n'en sont pas moins belles »
"Yet the roses are not less lovely for all that"
« Les oiseaux chantent tout aussi joyeusement dans mon jardin »
"The birds sing just as happily in my garden"
« Et ce soir, je dois dîner avec vous »
"And tonight I am to dine with you"
« Et puis nous irons à l'Opéra »
"and then we are to go on to the opera"
et je suppose qu'après nous souperons quelque part.
"and I suppose afterwards we will sup somewhere"
« Comme la vie est extraordinairement dramatique ! »

"How extraordinarily dramatic life is!"
« Si j'avais lu tout cela dans un livre, Harry, je pense que j'en aurais pleuré »
"If I had read all this in a book, Harry, I think I would have wept over it"
« Mais maintenant que cela m'est arrivé, cela semble beaucoup trop merveilleux pour pleurer »
"but now that it has happened to me it seems far too wonderful for tears"
« Voici la première lettre d'amour passionnée que j'ai jamais écrite de ma vie »
"Here is the first passionate love-letter I have ever written in my life"
« Étrange, que ma première lettre d'amour passionnée ait été adressée à une fille morte »
"Strange, that my first passionate love-letter has been addressed to a dead girl"
« Peuvent-ils sentir, je me demande, ces blancs silencieux que nous appelons les morts ? »
"Can they feel, I wonder, those white silent people we call the dead?"
« Sibylle ! Peut-elle sentir, savoir ou écouter ? »
"Sibyl! Can she feel, or know, or listen?"
« Oh, Harry, comme je l'ai aimée autrefois ! »
"Oh, Harry, how I loved her once!"
« Il me semble qu'il y a des années maintenant »
"It seems years ago to me now"
« Elle était tout pour moi »
"She was everything to me"
« Puis vint cette terrible nuit »
"Then came that dreadful night"
« Était-ce vraiment hier soir ? »
"was it really only last night?"
« La nuit où elle a si mal joué sur scène »
"the night when she played so badly on stage"
« Puis la nuit où mon cœur a failli se briser »
"then night when my heart almost broke"
« Elle m'a tout expliqué »
"She explained it all to me"
« C'était terriblement pathétique »
"It was terribly pathetic"
« Mais je n'ai pas été ému du tout »
"But I was not moved a bit"

« Je la trouvais superficielle »
"I thought her shallow"
« Soudain, quelque chose s'est passé qui m'a fait peur »
"Suddenly something happened that made me afraid"
« Je ne peux pas vous dire ce que c'était, mais c'était terrible »
"I can't tell you what it was, but it was terrible"
« J'ai dit que je retournerais vers elle »
"I said I would go back to her"
« J'ai senti que j'avais mal agi »
"I felt I had done wrong"
« Et maintenant elle est morte »
"And now she is dead"
« Mon Dieu ! Mon dieu! Harry, que dois-je faire ?
"My God! My God! Harry, what shall I do?"
« Tu ne sais pas dans quel danger je suis »
"You don't know the danger I am in"
« Et il n'y a rien pour me garder droit »
"and there is nothing to keep me straight"
« Elle l'aurait fait pour moi »
"She would have done that for me"
« Elle n'avait pas le droit de se suicider »
"She had no right to kill herself"
« C'était égoïste de sa part »
"It was selfish of her"
– Mon cher Dorian, répondit lord Henry
"My dear Dorian," answered Lord Henry
Il sortit une cigarette de son étui et en sortit une boîte d'allumettes en or
he took a cigarette from his case and produced a gold-latten matchbox
« La seule façon pour une femme de réformer un homme, c'est en ennuyant »
"the only way a woman can ever reform a man is by boring"
« Elle doit l'ennuyer si complètement qu'il perd tout intérêt possible pour la vie »
"she has to bore him so completely that he loses all possible interest in life"
Si tu avais épousé cette fille, tu aurais été malheureux.
If you had married this girl, you would have been wretched"
« Bien sûr, vous l'auriez traitée avec gentillesse »
"Of course, you would have treated her kindly"

« On peut toujours être gentil avec des gens dont on ne se soucie pas »
"One can always be kind to people about whom one cares nothing"
« Mais elle aurait vite découvert que vous étiez absolument indifférent à elle »
"But she would have soon found out that you were absolutely indifferent to her"
« Et quand une femme découvre cela à propos de son mari, elle fait l'une des deux choses suivantes »
"And when a woman finds that out about her husband she does one of two things"
« Soit elle devient affreusement souriante »
"she either becomes dreadfully dowdy"
« Ou elle porte des bonnets très élégants que le mari d'une autre femme doit payer »
"or she wears very smart bonnets that some other woman's husband has to pay for"
« Je ne dis rien de la terrible erreur sociale »
"I say nothing about the terrible social mistake"
« Bien sûr, je ne l'aurais pas permis »
"of course, I would not have allowed it"
« mais je vous assure que tout cela aurait été un échec absolu »
"but I assure you the whole thing would have been an absolute failure"
— Je suppose que c'eût été une erreur, murmura le garçon
"I suppose it would have been a mistake," muttered the lad
Il se promenait de long en large dans la pièce, l'air horriblement pâle
he walked up and down the room looking horribly pale
« Mais je pensais que c'était mon devoir »
"But I thought it was my duty"
« Ce n'est pas de ma faute si cette terrible tragédie m'a empêché de faire ce qui était juste »
"It is not my fault that this terrible tragedy has prevented my doing what was right"
« Je me souviens que tu as dit une fois qu'il y a une fatalité dans les bonnes résolutions »
"I remember your saying once that there is a fatality about good resolutions"
« Tu as dit que les bonnes résolutions sont toujours prises trop tard »

"you said that good resolutions are always made too late"
« Ma résolution a certainement été prise trop tard »
"my resolution certainly was made too late"
« Les bonnes résolutions sont des tentatives inutiles d'interférer avec les lois scientifiques »
"Good resolutions are useless attempts to interfere with scientific laws"
« Leur origine est pure vanité »
"Their origin is pure vanity"
« Leur résultat est absolument nul »
"Their result is absolutely nil"
« Ils nous donnent, de temps en temps, des émotions luxueuses et stériles »
"They give us, now and then, some luxurious sterile emotions"
« De telles émotions ont un certain charme pour les faibles »
"such emotions have a certain charm for the weak"
« Mais c'est tout ce qu'on peut dire d'eux »
"but that is all that can be said of them"
« Ce sont simplement des chèques que les hommes tirent sur une banque où ils n'ont pas de compte »
"They are simply cheques that men draw on a bank where they have no account"
– Harry, s'écria Dorian Gray en s'approchant et en s'asseyant à côté de lui
"Harry," cried Dorian Gray, coming over and sitting down beside him
« Pourquoi est-ce que je ne peux pas ressentir cette tragédie autant que je le voudrais ? »
"why is it that I cannot feel this tragedy as much as I want to?"
"Je ne pense pas que je sois sans cœur. Et vous ?
"I don't think I am heartless. Do you?"
Lord Henry répondit par son doux sourire mélancolique
Lord Henry answered with his sweet melancholy smile
« Tu as fait trop de sottises au cours des quinze derniers jours »
"You have done too many foolish things during the last fortnight"
vous n'avez pas le droit de vous donner ce nom, Dorian.
"you are not entitled to give yourself that name, Dorian"
Le garçon fronça les sourcils. « Je n'aime pas cette explication, Harry »
The lad frowned. "I don't like that explanation, Harry"
« mais je suis heureux que vous ne pensiez pas que je suis sans

cœur »
"but I am glad you don't think I am heartless"
« Je ne suis rien de tout cela. Je sais que je ne le suis pas"
"I am nothing of the kind. I know I am not"
« Et pourtant, je dois admettre quelque chose »
"And yet I must admit something"
« Cette chose qui s'est produite ne m'affecte pas comme elle le devrait »
"this thing that has happened does not affect me as it should"
« Il me semble que c'est simplement comme une merveilleuse fin à une pièce merveilleuse »
"It seems to me to be simply like a wonderful ending to a wonderful play"
« Il a toute la beauté terrible d'une tragédie grecque »
"It has all the terrible beauty of a Greek tragedy"
« une tragédie à laquelle j'ai pris une grande part »
"a tragedy in which I took a great part"
mais une tragédie dont je n'ai pas été blessée.
"but a tragedy by which I have not been wounded"
– C'est une question intéressante, dit lord Henry
"It is an interesting question," said Lord Henry
il trouvait un plaisir exquis à jouer sur l'égoïsme inconscient du garçon
he found an exquisite pleasure in playing on the lad's unconscious egotism
« Une question extrêmement intéressante », continua-t-il
"an extremely interesting question," his thoughts continued
« Je pense que la véritable explication est celle-ci : »
"I fancy that the true explanation is this:"
« Les vraies tragédies de la vie sont toujours inartistiques »
"the real tragedies of life are always inartistic"
« Les vraies tragédies nous blessent par leur violence grossière »
"real tragedies hurt us by their crude violence"
« Nous sommes blessés par leur incohérence absolue »
"we are hurt by their absolute incoherence"
« Nous sommes blessés par leur absurde manque de sens »
"we are hurt by their absurd want of meaning"
« Nous ne pouvons pas comprendre tout leur manque de style »
"we can't understand their entire lack of style"
« Ils nous affectent comme la vulgarité nous affecte »
"They affect us just as vulgarity affects us"

« Ils nous donnent une impression de force brute »
"They give us an impression of sheer brute force"
« Et nous nous révoltons contre cela »
"and we revolt against that"
« Parfois, cependant, nous avons la chance d'avoir un spectacle rare »
"Sometimes, however, we are blessed with a rare spectacle"
« Une tragédie qui possède des éléments artistiques de beauté traverse nos vies »
"a tragedy that possesses artistic elements of beauty crosses our lives"
« Parfois, ces éléments de beauté sont réels »
"sometimes those elements of beauty are real"
« Alors tout cela fait simplement appel à notre sens de l'effet dramatique »
"then the whole thing simply appeals to our sense of dramatic effect"
« Soudain, nous découvrons que nous ne sommes plus les acteurs, mais les spectateurs de la pièce »
"Suddenly we find that we are no longer the actors, but the spectators of the play"
« Ou plutôt, nous sommes à la fois les acteurs et les spectateurs »
"Or rather, we are both the actors and the spectators"
« Nous nous regardons, et le simple émerveillement du spectacle nous captive »
"We watch ourselves, and the mere wonder of the spectacle enthrals us"
« Dans le cas présent, qu'est-ce qui s'est réellement passé ? »
"In the present case, what is it that has really happened?"
« Quelqu'un s'est suicidé par amour pour toi »
"Someone has killed herself for love of you"
« J'aurais aimé avoir une telle expérience »
"I wish that I had ever had such an experience"
« Cela m'aurait fait aimer l'amour pour le reste de ma vie »
"It would have made me love love for the rest of my life"
« Les gens qui m'ont adoré, il n'y en a pas eu beaucoup »
"The people who have adored me, there have not been very many"
« Mais il y en a qui m'ont adoré »
"but there have been some who have adored me"
« Ils ont toujours insisté pour vivre »
"they have always insisted on living on"
« ils ont vécu longtemps après que j'ai cessé de m'occuper d'eux »
"they lived on long after I had ceased to care for them"

« Ou ils ont vécu longtemps après avoir cessé de s'occuper de moi »
"or they lived on long after they ceased to care for me"
« Ils sont devenus robustes et fastidieux »
"They have become stout and tedious"
et quand je les rencontre, ils entrent immédiatement pour des souvenirs.
"and when I meet them, they go in at once for reminiscences"
« Ce terrible souvenir de femme ! »
"That awful memory of woman!"
« Quelle chose effrayante ! »
"What a fearful thing it is!"
« Et quelle stagnation intellectuelle totale cela révèle ! »
"And what an utter intellectual stagnation it reveals!"
« On devrait absorber la couleur de la vie, mais on ne devrait jamais se souvenir de ses détails »
"One should absorb the colour of life, but one should never remember its details"
« Les détails sont toujours vulgaires »
"Details are always vulgar"
— Il faut que je sème des coquelicots dans mon jardin, soupira Dorian
"I must sow poppies in my garden," sighed Dorian
— Ce n'est pas nécessaire, répliqua son compagnon
"There is no necessity," rejoined his companion
« La vie a toujours des coquelicots dans les mains »
"Life has always poppies in her hands"
« Bien sûr, de temps en temps, les choses persistent »
"Of course, now and then things linger"
« Une fois, je n'ai porté que des violettes pendant une saison »
"I once wore nothing but violets all through one season"
« Je portais des violettes comme une forme de deuil artistique pour une romance qui ne mourrait pas »
"I wore violets as a form of artistic mourning for a romance that would not die"
« En fin de compte, cependant, la romance est morte »
"Ultimately, however, the romance did die"
« J'ai oublié ce qui l'a tué »
"I forget what killed it"
« Je pense que c'était elle qui proposait de sacrifier le monde entier pour moi »
"I think it was her proposing to sacrifice the whole world for me"

« C'est toujours un moment terrible »
"That is always a dreadful moment"
« Il nous remplit de la terreur de l'éternité »
"It fills one with the terror of eternity"
« il y a une semaine, j'étais chez Lady Hampshire pour dîner »
"a week ago I was at Lady Hampshire's for dinner"
Je me suis retrouvé assis à dîner à côté de la dame en question"
I found myself seated at dinner next the lady in question"
« Elle a insisté pour tout revoir »
"she insisted on going over the whole thing again"
« Elle a déterré le passé et ratissé l'avenir »
"she dug up the past, and raked up the future"
« J'avais enterré mon roman dans un lit d'asphodèle »
"I had buried my romance in a bed of asphodel"
« Elle l'a encore fait traîner »
"She dragged it out again"
et elle m'a assuré que j'avais gâté sa vie.
"and she assured me that I had spoiled her life"
« Je suis obligé de dire qu'elle a mangé un énorme dîner »
"I am bound to state that she ate an enormous dinner"
« donc je n'ai ressenti aucune anxiété »
"so I did not feel any anxiety"
« Mais quel manque de goût elle a montré ! »
"But what a lack of taste she showed!"
« Le seul charme du passé, c'est que c'est le passé »
"The one charm of the past is that it is the past"
« Mais les femmes ne savent jamais quand le rideau est tombé »
"But women never know when the curtain has fallen"
« Ils veulent toujours un sixième acte »
"They always want a sixth act"
« et dès que l'intérêt de la pièce est entièrement terminé, ils se proposent de la continuer »
"and as soon as the interest of the play is entirely over, they propose to continue it"
« S'ils étaient autorisés à faire ce qu'ils veulent, chaque comédie aurait une fin tragique »
"If they were allowed their own way, every comedy would have a tragic ending"
« Et chaque tragédie culminerait en farce »
"and every tragedy would culminate in a farce"
« Ils sont charmants et artificiels »

"They are charmingly artificial"
« Mais ils n'ont aucun sens de l'art »
"but they have no sense of art"
« Vous avez plus de chance que moi »
"You are more fortunate than I am"
« Je t'assure, Dorian »
"I assure you, Dorian"
« aucune des femmes que j'ai connues n'aurait fait pour moi ce que Sibyl Vane a fait pour toi »
"not one of the women I have known would have done for me what Sibyl Vane did for you"
« Les femmes ordinaires se consolent toujours »
"Ordinary women always console themselves"
« Certains d'entre eux le font en optant pour des couleurs sentimentales »
"Some of them do it by going in for sentimental colours"
« Ne faites jamais confiance à une femme qui porte du mauve, quel que soit son âge »
"Never trust a woman who wears mauve, whatever her age may be"
« Et ne faites jamais confiance à une femme de plus de trente-cinq ans qui aime les rubans roses »
"and never trust a woman over thirty-five who is fond of pink ribbons"
« Cela signifie toujours qu'ils ont une histoire »
"It always means that they have a history"
« D'autres trouvent une grande consolation en découvrant soudain les bonnes qualités de leurs maris »
"Others find a great consolation in suddenly discovering the good qualities of their husbands"
« Ils affichent leur félicité conjugale à la figure »
"They flaunt their conjugal felicity in one's face"
« Comme si c'était le plus fascinant des péchés »
"as if it were the most fascinating of sins"
« La religion console certaines femmes »
"Religion consoles some women"
« Ses mystères ont tout le charme d'un flirt, m'a dit un jour une femme »
"Its mysteries have all the charm of a flirtation, a woman once told me"
et je comprends bien ce qu'elle voulait dire par là.
"and I can quite understand what she meant by it"

« D'ailleurs, rien ne rend plus vaniteux qu'on se fait dire que l'on est pécheur »
"Besides, nothing makes one so vain as being told that one is a sinner"
« La conscience fait de nous tous des égoïstes »
"Conscience makes egotists of us all"
— Oui ; il n'y a vraiment pas de fin aux consolations que les femmes trouvent dans la vie moderne"
"Yes; there is really no end to the consolations that women find in modern life"
« En effet, je n'ai pas mentionné le plus important »
"Indeed, I have not mentioned the most important one"
« Qu'est-ce que c'est, Harry ? » demanda le garçon nonchalamment
"What is that, Harry?" said the lad listlessly
« Oh, la consolation évidente »
"Oh, the obvious consolation"
« Prendre l'admirateur de quelqu'un d'autre quand on perd le sien »
"Taking someone else's admirer when one loses one's own"
« Dans une bonne société qui blanchit toujours une femme »
"In good society that always whitewashes a woman"
« Mais vraiment, Dorian, comme Sibyl Vane devait être différente de toutes les femmes que l'on rencontre ! »
"But really, Dorian, how different Sibyl Vane must have been from all the women one meets!"
« Il y a quelque chose de très beau pour moi dans sa mort »
"There is something to me quite beautiful about her death"
« Je suis heureux de vivre dans un siècle où de telles merveilles se produisent »
"I am glad I am living in a century when such wonders happen"
« Ils font croire à la réalité des choses avec lesquelles nous jouons tous »
"They make one believe in the reality of the things we all play with"
« comme la romance, la passion et l'amour »
"such as romance, passion, and love"
"J'ai été terriblement cruel avec elle. Tu oublies ça"
"I was terribly cruel to her. You forget that"
« J'ai peur que les femmes apprécient la cruauté plus que toute autre chose »
"I am afraid that women appreciate cruelty more than anything else"
« Ils ont des instincts merveilleusement primitifs »
"They have wonderfully primitive instincts"

« Nous les avons émancipés »
"We have emancipated them"
« mais ils restent tout de même esclaves à la recherche de leurs maîtres »
"but they remain slaves looking for their masters, all the same"
« Ils aiment être dominés »
"They love being dominated"
« Je suis sûr que vous avez été splendide »
"I am sure you were splendid"
« Je ne t'ai jamais vu vraiment et absolument en colère »
"I have never seen you really and absolutely angry"
mais je peux imaginer à quel point tu étais charmante.
"but I can imagine how delightful you looked"
« Et, après tout, tu m'as dit quelque chose avant-hier »
"And, after all, you said something to me the day before yesterday"
« Cela m'a semblé à l'époque n'être qu'une idée fantaisiste »
"it seemed to me at the time to be merely fanciful idea"
« mais je vois maintenant que c'était absolument vrai »
"but I see now was absolutely true"
« Et il détient la clé de tout »
"and it holds the key to everything"
« Qu'est-ce que c'était, Harry ? »
"What was that, Harry?"
« Vous m'avez dit que Sibyl Vane représentait pour vous toutes les héroïnes du roman »
"You said to me that Sibyl Vane represented to you all the heroines of romance"
« Tu as dit qu'elle était Desdémone une nuit, et Ophélie l'autre »
"you said that she was Desdemona one night, and Ophelia the other"
« si elle est morte en tant que Juliette, elle est revenue à la vie en tant qu'Imogen »
"if she died as Juliet, she came to life as Imogen"
« Elle ne reviendra plus jamais à la vie », marmonna le garçon
"She will never come to life again now," muttered the lad
et il enfouit son visage dans ses mains
and he buried his face in his hands
« Non, elle ne reviendra jamais à la vie »
"No, she will never come to life"
« Elle a joué son dernier rôle »
"She has played her last part"
Mais vous devez penser différemment à cette mort solitaire dans le

vestiaire sordide.
"But you must think of that lonely death in the tawdry dressing-room differently"
« pensez à sa mort simplement comme un étrange fragment sinistre d'une tragédie jacobine »
"think of her death simply as a strange lurid fragment from some Jacobean tragedy"
vous devez imaginer sa mort comme une scène merveilleuse de Webster, ou de Ford, ou de Cyril Tourneur.
"you must imagine her death as a wonderful scene from Webster, or Ford, or Cyril Tourneur"
« La fille n'a jamais vraiment vécu »
"The girl never really lived"
« Et donc elle n'est jamais vraiment morte »
"and so she has never really died"
« Pour toi au moins, elle a toujours été un rêve »
"To you at least she was always a dream"
« un fantôme qui voletait à travers les pièces de Shakespeare »
"a phantom that flitted through Shakespeare's plays"
« et elle les laissa plus beaux pour sa présence »
"and she left them lovelier for her presence"
« un roseau à travers lequel la musique de Shakespeare sonnait plus riche et plus pleine de joie »
"a reed through which Shakespeare's music sounded richer and more full of joy"
« Dès qu'elle a touché la vie réelle, elle l'a gâchée »
"The moment she touched actual life, she marred it"
« Et la vie l'a gâchée, et elle est décédée »
"and life marred her, and so she passed away"
« Pleurez Ophélie, si vous voulez »
"Mourn for Ophelia, if you like"
« Mets des cendres sur ta tête parce que Cordelia a été étranglée »
"Put ashes on your head because Cordelia was strangled"
« Criez contre le ciel parce que la fille de Brabantio est morte »
"Cry out against Heaven because the daughter of Brabantio died"
« Mais ne gaspille pas tes larmes sur Sibyl Vane »
"But don't waste your tears over Sibyl Vane"
« Elle était moins réelle qu'eux »
"She was less real than they are"
Il y eut un silence
There was a silence

Le soir s'assombrit dans la chambre
The evening darkened in the room
Sans bruit, et avec des pieds d'argent, les ombres se glissèrent du jardin
Noiselessly, and with silver feet, the shadows crept in from the garden
Les couleurs s'estompèrent avec lassitude
The colours faded wearily out of things
Après un certain temps, Dorian Gray leva les yeux
After some time Dorian Gray looked up
murmura-t-il avec un soupir de soulagement
he murmured with something of a sigh of relief
« Tu m'as expliqué à moi-même, Harry »
"You have explained me to myself, Harry"
« J'ai ressenti tout ce que tu as dit »
"I felt all that you have said"
« mais d'une manière ou d'une autre, j'avais peur de mes sentiments »
"but somehow I was afraid of my feelings"
« et je ne pouvais pas me l'exprimer à moi-même »
"and I could not express it to myself"
« Comme vous me connaissez bien ! »
"How well you know me!"
« Mais nous ne reparlerons plus de ce qui s'est passé »
"But we will not talk again of what has happened"
« Cela a été une expérience merveilleuse, c'est tout »
"It has been a marvellous experience, that is all"
« Je me demande si la vie m'a encore réservé quelque chose d'aussi merveilleux »
"I wonder if life has still in store for me anything as marvellous"
« La vie te réserve tout, Dorian »
"Life has everything in store for you, Dorian"
« Il n'y a rien que vous, avec votre beauté extraordinaire, ne puissiez faire »
"There is nothing that you, with your extraordinary good looks, will not be able to do"
– Mais supposez, Harry, que je sois devenu hagard, vieux et ridé ? Et alors ?
"But suppose, Harry, I became haggard, and old, and wrinkled? What then?"
– Ah ! alors, dit lord Henry en se levant pour partir

"Ah, then," said Lord Henry, rising to go

alors, mon cher Dorian, il faudrait que vous vous battiez pour vos victoires.
"then, my dear Dorian, you would have to fight for your victories"

« **En l'état actuel des choses, vos victoires vous sont apportées** »
"As it is, your victories are brought to you"

« **Non, tu dois garder ta beauté** »
"No, you must keep your good looks"

« **Nous vivons à une époque qui lit trop pour être sage** »
"We live in an age that reads too much to be wise"

« **Et nous vivons à une époque qui pense trop pour être belle** »
"and we live in an age that thinks too much to be beautiful"

« **Nous ne pouvons pas vous épargner** »
"We cannot spare you"

« **Et maintenant, tu ferais mieux de t'habiller et de te rendre au club** »
"And now you had better dress and drive down to the club"

« **Nous sommes plutôt en retard, comme ça** »
"We are rather late, as it is"

« **Je pense que je vais vous rejoindre à l'opéra, Harry** »
"I think I shall join you at the opera, Harry"

« **Je me sens trop fatigué pour manger quoi que ce soit** »
"I feel too tired to eat anything"

« **Quel est le numéro de la loge de théâtre de votre sœur ?** »
"What is the number of your sister's theatre box?"

« **Vingt-sept, je crois** »
"Twenty-seven, I believe"

« **C'est sur le grand niveau** »
"It is on the grand tier"

« **Vous verrez son nom sur la porte** »
"You will see her name on the door"

« **Mais je suis désolé que vous ne veniez pas dîner** »
"But I am sorry you won't come and dine"

— **Je ne me sens pas à la hauteur, dit Dorian d'un air nonchalant**
"I don't feel up to it," said Dorian listlessly

« **Mais je vous suis terriblement obligé de tout ce que vous m'avez dit.** »
"But I am awfully obliged to you for all that you have said to me"

« **Tu es certainement mon meilleur ami** »
"You are certainly my best friend"

« **Personne ne m'a jamais compris comme toi** »

"No one has ever understood me as you have"
« Nous ne sommes qu'au début de notre amitié, Dorian. »
"We are only at the beginning of our friendship, Dorian,"
il lui serra la main et lui dit au revoir
he shook him by the hand and wished him good-bye
« Je vous verrai avant neuf heures et demie, j'espère. »
"I shall see you before nine-thirty, I hope"
« Souviens-toi, Patti chante »
"Remember, Patti is singing"
Alors qu'il fermait la porte derrière lui, Dorian Gray toucha la sonnette
As he closed the door behind him, Dorian Gray touched the bell
quelques minutes plus tard, Victor apparut avec les lampes et baissa les stores
in a few minutes Victor appeared with the lamps and drew the blinds down
Il attendit impatiemment qu'il parte
He waited impatiently for him to go
L'homme semblait prendre un temps interminable sur tout
The man seemed to take an interminable time over everything
Dès qu'il fut parti, il se précipita vers le portrait
As soon as he had left, he rushed to the portrait
et il retira la couverture de la photo
and he pulled off the cover from the picture
Non; il n'y avait pas d'autre changement dans le tableau
No; there was no further change in the picture
le portrait avait reçu la nouvelle de la mort de Sibyl Vane avant qu'il ne l'eût appris lui-même
the portrait had received the news of Sibyl Vane's death before he had known of it himself
Le tableau était conscient des événements de la vie tels qu'ils se produisaient
the picture was conscious of the events of life as they occurred
La cruauté vicieuse qui gâchait les ridules de la bouche
The vicious cruelty that marred the fine lines of the mouth
ils étaient sans doute apparus au moment même où la jeune fille avait bu le poison
they had, no doubt, appeared at the very moment that the girl had drunk the poison
Ou son portrait était-il indifférent aux résultats ?
Or was his portrait indifferent to results?

Le tableau a-t-il simplement pris connaissance de ce qui se passait dans l'âme ?
Did the picture merely take cognizance of what passed within the soul?
Il espérait qu'un jour il verrait le changement s'opérer sous ses yeux
He hoped that some day he would see the change taking place before his very eyes
et il frissonna en l'espérant
and he shuddered as he hoped it
Pauvre Sibylle ! Quelle romance tout cela avait été !
Poor Sibyl! What a romance it had all been!
Elle avait souvent imité la mort sur scène
She had often mimicked death on the stage
Puis la Mort elle-même l'avait touchée
Then Death himself had touched her
et la Mort l'avait emportée avec lui
and Death had taken her with him
Comment avait-elle joué cette terrible dernière scène ?
How had she played that dreadful last scene?
L'avait-elle maudit en mourant ?
Had she cursed him, as she died?
Non; elle était morte par amour pour lui
No; she had died for love of him
et l'amour serait toujours un sacrement pour lui maintenant
and love would always be a sacrament to him now
Elle avait tout expié par le sacrifice qu'elle avait fait de sa vie
She had atoned for everything by the sacrifice she had made of her life
Il ne penserait plus à ce qu'elle lui avait fait subir
He would not think any more of what she had made him go through
ce qu'elle lui a fait subir lors de cette horrible nuit au théâtre
what she made him go through on that horrible night at the theatre
Il y aurait des moments où il penserait à elle
there were going to be times when he thought of her
mais maintenant elle serait une figure merveilleuse et tragique
but now she would be a wonderful tragic figure
une figure qui avait été envoyée sur la scène mondiale pour montrer la réalité suprême de l'amour
a figure that had been sent on to the world's stage to show the supreme reality of love

Une merveilleuse figure tragique ?
A wonderful tragic figure?
Les larmes lui vinrent aux yeux en se souvenant de son regard d'enfant
Tears came to his eyes as he remembered her childlike look
il pensa à ses manières charmantes et fantaisistes et à sa grâce timide et tremblante
he thought of her winsome fanciful ways, and shy tremulous grace
Il essuya les larmes à la hâte et regarda à nouveau le tableau
He brushed the tears away hastily and looked again at the picture
Il sentait que le moment était vraiment venu de faire son choix
He felt that the time had really come for making his choice
Ou son choix avait-il déjà été fait ?
Or had his choice already been made?
Oui, la vie l'avait décidé pour lui
Yes, life had decided that for him
la vie, et sa propre curiosité infinie pour la vie
life, and his own infinite curiosity about life
Jeunesse éternelle, passion infinie, plaisirs subtils et secrets, joies sauvages
Eternal youth, infinite passion, pleasures subtle and secret, wild joys
et des péchés plus sauvages, il devait avoir toutes ces choses
and wilder sins, he was to have all these things
Le portrait devait porter le fardeau de sa honte : c'était tout
The portrait was to bear the burden of his shame: that was all
Un sentiment de douleur l'envahit
A feeling of pain crept over him
Il pensa à la profanation qui attendait le beau visage sur la toile
he thought of the desecration that was in store for the fair face on the canvas
Une fois, pour se moquer de Narcisse, il avait feint d'embrasser ces lèvres peintes
Once, in boyish mockery of Narcissus, he had feigned to kiss, those painted lips
ces lèvres peintes qui lui souriaient maintenant si cruellement
those painted lips that now smiled so cruelly at him
Matin après matin, il s'était assis devant le portrait, s'émerveillant de sa beauté
Morning after morning he had sat before the portrait wondering at its beauty
Son image allait-elle changer maintenant avec chaque humeur à

laquelle il cédait ?
Was his picture to alter now with every mood to which he yielded?
Son portrait devait-il devenir une chose monstrueuse et répugnante ?
Was his portrait to become a monstrous and loathsome thing?
Sa photo devrait-elle être cachée dans une pièce fermée à clé ?
should his picture be hidden away in a locked room?
Son portrait doit-il être caché de la lumière du soleil ?
should his portrait be shut out from the sunlight?
la lumière du soleil qui avait si souvent touché ses cheveux dorés brillants
the sunlight that had so often touched his bright golden hair
Quel dommage ! quel dommage !
The pity of it! the pity of it!
Pendant un instant, il pensa à prier
For a moment, he thought of praying
l'horrible sympathie qui existait entre lui et le tableau devait cesser
the horrible sympathy that existed between him and the picture should cease
Il avait changé en réponse à une prière
It had changed in answer to a prayer
peut-être qu'en réponse à une prière, il pourrait rester inchangé
perhaps in answer to a prayer it might remain unchanged
Et pourtant, qui renoncerait à la chance de rester toujours jeune ?
And yet, who would surrender the chance of remaining always young?
certainement pas quelqu'un qui connaissait quoi que ce soit à la vie
certainly not anyone that knew anything about life
aussi fantastique que puisse être cette chance
however fantastic that chance might be
ou avec quelles conséquences fatales cela pourrait être lourd
or with what fateful consequences it might be fraught
D'ailleurs, était-ce vraiment sous son contrôle ?
Besides, was it really under his control?
Était-ce vraiment la prière qui avait produit la substitution ?
Had it indeed been prayer that had produced the substitution?
N'y aurait-il pas une curieuse raison scientifique à tout cela ?
Might there not be some curious scientific reason for it all?
la pensée peut exercer son influence sur un organisme vivant
thought can exercise its influence upon a living organism
La pensée ne peut-elle donc pas exercer une influence sur les

choses mortes et inorganiques ?
can thought not then exercise an influence upon dead and inorganic things?
Le désir ne pourrait-il pas faire vibrer les choses extérieures à l'unisson de nos humeurs et de nos passions ?
could desire not vibrate external things in unison with our moods and passions?
comme l'atome appelant l'atome dans un amour secret ou une étrange affinité
like atom calling to atom in secret love or strange affinity
Mais la raison n'avait aucune importance
But the reason was of no importance
Il ne tenterait plus jamais par une prière une puissance terrible
He would never again tempt by a prayer any terrible power
Si l'image devait changer, elle devait changer
If the picture was to alter, it was to alter
Pourquoi s'y intéresser de trop près ?
Why inquire too closely into it?
Car il y aurait un réel plaisir à le regarder
For there would be a real pleasure in watching it
Il serait capable de suivre son esprit dans ses endroits secrets
He would be able to follow his mind into its secret places
Ce portrait serait pour lui le plus magique des miroirs
This portrait would be to him the most magical of mirrors
De même que son image lui avait révélé son propre corps, elle lui révélerait sa propre âme
As his picture had revealed to him his own body, so it would reveal to him his own soul
Le portrait allait passer à l'hiver
the portrait was going to go into winter
et il serait toujours debout là où le printemps tremble à la veille de l'été
and he would still be standing where spring trembles on the verge of summer
Quand le sang a glissé de son visage
When the blood crept from its face
quand il avait laissé derrière lui un masque de craie pâle aux yeux de plomb
when it had left behind a pallid mask of chalk with leaden eyes
il garderait le glamour de l'enfance
he would keep the glamour of boyhood

Pas une fleur de sa beauté ne se fanerait jamais
Not one blossom of his loveliness would ever fade
Pas un pouls de sa vie ne faiblirait jamais
Not one pulse of his life would ever weaken
Comme les dieux des Grecs, il serait fort, rapide et joyeux
Like the gods of the Greeks, he would be strong, and fleet, and joyous
Qu'importait ce qui arrivait à l'image colorée sur la toile ?
What did it matter what happened to the coloured image on the canvas?
Il serait en sécurité
He would be safe
C'était tout
That was everything
Il ramena l'écran à sa place devant l'image
He drew the screen back into its former place in front of the picture
Il sourit en couvrant l'image
he smiled as he covered the picture
et il passa dans sa chambre
and he passed into his bedroom
son valet l'attendait déjà
his valet was already waiting for him
Une heure plus tard, il était à l'opéra
An hour later he was at the opera
et lord Henry était penché sur sa chaise
and Lord Henry was leaning over his chair

Chapitre neuf
Chapter Nine

Alors qu'il était assis au petit-déjeuner le lendemain matin
As he was sitting at breakfast next morning
Basil Hallward fut introduit dans la pièce
Basil Hallward was shown into the room
« Je suis si heureux de t'avoir trouvé, Dorian, dit-il gravement
"I am so glad I have found you, Dorian," he said gravely
« J'ai appelé hier soir, et on m'a dit que tu étais à l'opéra »
"I called last night, and they told me you were at the opera"
« Bien sûr, je savais que c'était impossible »
"Of course, I knew that was impossible"
« Mais j'aurais aimé que tu laisses un mot où tu étais vraiment allé »
"But I wish you had left word where you had really gone to"
« J'ai passé une soirée épouvantable »
"I passed a dreadful evening"
« J'avais à moitié peur qu'une tragédie ne soit suivie d'une autre »
"I was half afraid that one tragedy might be followed by another"
« Je pense que vous m'avez peut-être télégraphié quand vous en avez entendu parler pour la première fois »
"I think you might have telegraphed for me when you heard of it first"
« Je l'ai lu tout à fait par hasard »
"I read of it quite by chance"
« c'est dans une édition tardive du Globe que j'ai récupéré au club »
"it was in a late edition of The Globe that I picked up at the club"
« Je suis venu ici tout de suite et j'ai été malheureux de ne pas vous trouver »
"I came here at once and was miserable at not finding you"
« Je ne peux pas vous dire à quel point j'ai le cœur brisé par tout cela »
"I can't tell you how heart-broken I am about the whole thing"
« Je sais à quel point tu dois souffrir »
"I know how much you must be suffering"
« Mais où étiez-vous ? »
"But where were you?"
« Êtes-vous descendu voir la mère de la jeune fille ? »
"Did you go down and see the girl's mother?"
« Pendant un moment, j'ai pensé à vous y suivre »

"For a moment I thought of following you there"
« Ils ont donné l'adresse dans le journal »
"They gave the address in the paper"
« Quelque part sur la route d'Euston, n'est-ce pas ? »
"Somewhere in the Euston Road, isn't it?"
« Mais j'avais peur de m'immiscer dans un chagrin que je ne pouvais pas alléger »
"But I was afraid of intruding upon a sorrow that I could not lighten"
« Pauvre femme ! Dans quel état elle doit être ! »
"Poor woman! What a state she must be in!"
« Et son unique enfant aussi ! »
"And her only child, too!"
« Qu'a-t-elle dit de tout cela ? »
"What did she say about it all?"
— Mon cher Basil, comment le saurais-je ? murmura Dorian Gray
"My dear Basil, how would I know?" murmured Dorian Gray
il sirota du vin jaune pâle dans une délicate bulle de verre vénitien perlée d'or
he sipped some pale-yellow wine from a delicate, gold-beaded bubble of Venetian glass
et il avait l'air terriblement ennuyé
and he looked dreadfully bored
« J'étais à l'opéra »
"I was at the opera"
« Tu aurais dû venir là aussi »
"You should have come there too"
« J'ai rencontré Lady Gwendolen, la sœur de Harry, pour la première fois »
"I met Lady Gwendolen, Harry's sister, for the first time"
« Nous étions dans sa loge de théâtre »
"We were in her theatre box"
« Elle est parfaitement charmante »
"She is perfectly charming"
« et Patti chantait divinement »
"and Patti sang divinely"
« Ne parlez pas de sujets horribles »
"Don't talk about horrid subjects"
« Si l'on ne parle pas de quelque chose, cela n'est jamais arrivé »
"If one doesn't talk about a thing, it has never happened"
« C'est simplement l'expression, comme le dit Harry, qui donne de la réalité aux choses »

"It is simply expression, as Harry says, that gives reality to things"
« Je peux mentionner qu'elle n'était pas le seul enfant de la femme »
"I may mention that she was not the woman's only child"
« Il y a un fils, un charmant garçon, je crois. »
"There is a son, a charming fellow, I believe"
« Mais il n'est pas sur scène »
"But he is not on the stage"
« C'est un marin, ou quelque chose comme ça »
"He is a sailor, or something"
« Et maintenant, parlez-moi de vous et de ce que vous peignez »
"And now, tell me about yourself and what you are painting"
Basil parlait très lentement et avec une touche de douleur tendue dans la voix
Basil spoke very slowly and with a strained touch of pain in his voice
— Vous êtes allé à l'opéra pendant que Sibyl Vane gisait morte dans un logement sordide ?
"You went to the opera while Sibyl Vane was lying dead in some sordid lodging?"
« Comment peux-tu me parler d'autres femmes charmantes »
"how can you talk to me of other women being charming"
et comment pouvez-vous parler de Patti chantant divinement ?
"and how can you can talk of Patti singing divinely?"
« La fille que tu aimais n'a même pas encore le calme d'une tombe pour dormir »
"the girl you loved has not even the quiet of a grave to sleep in yet"
« Il y a des horreurs en réserve pour son petit corps blanc ! »
"there are horrors in store for that little white body of hers!"
« Arrête, cher Basil ! Je ne l'entendrai pas ! s'écria Dorian en se levant d'un bond
"Stop, dear Basil! I won't hear it!" cried Dorian, leaping to his feet
« Vous ne devez pas me parler de choses. »
"You must not tell me about things."
"Ce qui est fait est fait. Ce qui est passé est passé »
"What is done is done. What is past is past"
« Vous appelez hier le passé ? »
"You call yesterday the past?"
« Qu'est-ce que le laps de temps réel a à voir avec cela ? »
"What has the actual lapse of time got to do with it?"
« Ce ne sont que les gens superficiels qui ont besoin d'années pour se débarrasser d'une émotion »

"It is only shallow people who require years to get rid of an emotion"
« Un homme qui est maître de lui-même peut mettre fin à un chagrin aussi facilement qu'il peut inventer un plaisir »
"A man who is master of himself can end a sorrow as easily as he can invent a pleasure"
« Je ne veux pas être à la merci de mes émotions »
"I don't want to be at the mercy of my emotions"
« Je veux les utiliser, les apprécier et les dominer »
"I want to use them, to enjoy them, and to dominate them"
« Dorian, c'est horrible ! »
"Dorian, this is horrible!"
« Quelque chose t'a complètement changé »
"Something has changed you completely"
« Tu ressembles exactement au même garçon merveilleux qui venait dans mon studio »
"You look exactly the same wonderful boy who used to come down to my studio"
« Le garçon qui, jour après jour, s'asseyait pour qu'on dessine son portrait »
"the boy who, day after day, sat for his portrait to be drawn"
« Mais tu étais simple, naturel et affectueux alors »
"But you were simple, natural, and affectionate then"
« Tu étais la créature la plus intacte du monde entier »
"You were the most unspoiled creature in the whole world"
« Maintenant, je ne sais pas ce qui t'a pris »
"Now, I don't know what has come over you"
« Tu parles comme si tu n'avais pas de cœur, ni de pitié en toi »
"You talk as if you had no heart, nor pity in you"
« C'est toute l'influence de Harry, je le vois »
"It is all Harry's influence, I see that"
Le garçon rougit et alla à la fenêtre
The lad flushed up and went to the window
Il regarda quelques instants le jardin vert, vacillant et ensoleillé
he looked out for a few moments on the green, flickering, sun-lashed garden
« Je dois beaucoup à Harry, cher Basil, dit-il enfin
"I owe a great deal to Harry, dear Basil," he said at last
« Je lui dois plus que je ne te dois »
"I owe more to him than I owe to you"
« Tu m'as seulement appris à être vaniteux »
"You only taught me to be vain"

« Eh bien, je suis puni pour ça, Dorian »
"Well, I am punished for that, Dorian"
« ou, je serai puni pour cela un jour »
"or, I shall be punished for that someday"
– Je ne sais pas ce que vous voulez dire, cher Basil, s'écria-t-il en se retournant
"I don't know what you mean, dear Basil," he exclaimed, turning round
"Je ne sais pas ce que tu veux. Que voulez-vous ?
"I don't know what you want. What do you want?"
« Je veux le Dorian Gray que j'avais l'habitude de peindre, » dit tristement l'artiste
"I want the Dorian Gray I used to paint," said the artist sadly
« Cher Basil, » dit le garçon en s'approchant de lui
"dear Basil," said the lad, going over to him
Il posa sa main sur son épaule
he put his hand on his shoulder
« Tu es arrivé trop tard »
"you have come too late"
« Hier, quand j'ai appris que Sibyl Vane s'était suicidée...
"Yesterday, when I heard that Sibyl Vane had killed herself..."
Hallward le regarda avec une expression d'horreur
Hallward looked up at him with an expression of horror
« Elle s'est suicidée ! Mon Dieu ! n'y a-t-il aucun doute là-dessus ? s'écria-t-il
"Killed herself! Good heavens! is there no doubt about that?" he cried
« Ma chère ! Vous ne pensez sûrement pas que c'était un accident vulgaire ?
"My dear! Surely you don't think it was a vulgar accident?"
« Bien sûr qu'elle s'est suicidée »
"Of course she killed herself"
« Le vieil homme enfouit son visage dans ses mains »
"The elder man buried his face in his hands"
« Comme c'est effrayant », murmura-t-il, et un frisson le parcourut
"How fearful," he muttered, and a shudder ran through him
« Non », dit Dorian Gray, « il n'y a rien de effrayant là-dedans »
"No," said Dorian Gray, "there is nothing fearful about it"
« C'est l'une des grandes tragédies romantiques de l'époque »
"It is one of the great romantic tragedies of the age"
« En règle générale, les gens qui agissent mènent la vie la plus banale »

"As a rule, people who act lead the most commonplace lives"
« Ce sont de bons maris, ou des épouses fidèles, ou quelque chose d'ennuyeux »
"They are good husbands, or faithful wives, or something tedious"
« **Tu vois ce que je veux dire** »
"You know what I mean"
« **la vertu de la classe moyenne et ce genre de choses** »
"middle-class virtue and those sort of things"
« **Comme Sibylle était différente !** »
"How different Sibyl was!"
« **Elle a vécu sa plus belle tragédie** »
"She lived her finest tragedy"
« **Elle a toujours été une héroïne** »
"She was always a heroine"
« **La dernière nuit où elle a joué, la nuit où tu l'as vue** »
"The last night she played, the night you saw her"
« **Elle a mal agi sur scène ce soir-là** »
"she acted badly on the stage that night"
« **Parce qu'elle avait découvert la réalité de l'amour** »
"because she had discovered the reality of love"
« **Quand elle a su l'irréalité de l'amour, elle est morte** »
"When she knew love's unreality, she died"
« **elle est morte comme Juliette aurait pu mourir** »
"she died just as Juliet might have died"
« **Elle est repassée dans la sphère de l'art** »
"She passed again into the sphere of art"
« **Il y a quelque chose de martyr en elle** »
"There is something of the martyr about her"
« **Sa mort a toute l'inutilité pathétique du martyre** »
"Her death has all the pathetic uselessness of martyrdom"
« **Toute sa beauté était une beauté gaspillée** »
"all of her beauty was wasted beauty"
« **Mais, comme je le disais, vous ne devez pas penser que je n'ai pas souffert.** »
"But, as I was saying, you must not think I have not suffered"
« **Si vous étiez venu hier à un moment particulier** »
"If you had come in yesterday at a particular moment"
« **Vers cinq heures et demie, peut-être, ou six heures moins le quart.** »
"about half-past five, perhaps, or a quarter to six"
« **Si tu étais venu, tu m'aurais vu en larmes** »

"if you had come then you would have seen me in tears"
« Harry m'a apporté la nouvelle, en fait »
"Harry brought me the news, in fact"
« Mais même lui n'avait aucune idée de ce que je vivais »
"but even he had no idea what I was going through"
« J'ai énormément souffert, puis c'est mort »
"I suffered immensely, then it passed away"
« Je ne peux pas répéter une émotion »
"I cannot repeat an emotion"
« Personne ne le peut, sauf les sentimentalistes »
"No one can, except sentimentalists"
— Et vous êtes terriblement injuste, cher Basil.
"And you are awfully unjust, dear Basil"
« Tu viens ici pour me consoler »
"You come down here to console me"
« C'est charmant de votre part »
"That is charming of you"
« Vous me trouvez consolée, et vous êtes furieuse »
"You find me consoled, and you are furious"
« Comme vous êtes une personne sympathique ! »
"How like a sympathetic person you are!"
« Tu me rappelles une histoire que Harry m'a racontée à propos d'un certain philanthrope »
"You remind me of a story Harry told me about a certain philanthropist"
« Il a passé vingt ans de sa vie à essayer d'obtenir réparation de certains griefs »
"he spent twenty years of his life in trying to get some grievance redressed"
« Ou il a passé son temps à essayer de faire modifier une loi injuste »
"or he spent his time trying to get some unjust law altered"
« J'ai oublié exactement ce que c'était »
"I forget exactly what it was"
« Finalement, il a réussi, et rien ne pouvait dépasser sa déception »
"Finally he succeeded, and nothing could exceed his disappointment"
« Il n'avait absolument rien à faire »
"He had absolutely nothing to do"
« Il a failli mourir d'ennui »
"he almost died of ennui"
« et il est devenu un misanthrope confirmé »

"and he became a confirmed misanthrope"
« Si vous voulez vraiment me consoler, apprenez-moi plutôt à oublier ce qui s'est passé »
"if you really want to console me, teach me rather to forget what has happened"
« ou m'apprendre à le voir d'un point de vue artistique approprié »
"or teach me to see it from a proper artistic point of view"
— N'est-ce pas Gautier qui écrivait sur la consolation des arts ?
"Was it not Gautier who used to write about la consolation des arts?"
« Je me souviens d'avoir ramassé un petit livre recouvert de vélin dans ton atelier »
"I remember picking up a little vellum-covered book in your studio"
et je suis tombé par hasard sur cette délicieuse phrase.
"and I chanced upon that delightful phrase"
— Eh bien, je ne suis pas comme ce jeune homme dont vous m'avez parlé quand nous étions ensemble à Marlow.
"Well, I am not like that young man you told me of when we were down at Marlow together"
« Le jeune homme qui disait que le satin jaune pouvait consoler de toutes les misères de la vie »
"the young man who used to say that yellow satin could console one for all the miseries of life"
« J'aime les belles choses que l'on peut toucher »
"I love beautiful things that one can touch"
« Brocarts anciens, bronzes verts, laques, ivoires sculptés »
"Old brocades, green bronzes, lacquer-work, carved ivories"
« Cadre exquis, luxe, faste »
"exquisite surroundings, luxury, pomp"
« Il y a beaucoup à tirer de tout cela »
"there is much to be got from all these"
« Mais le tempérament artistique qu'ils créent, c'est ce que je recherche »
"But the artistic temperament that they create, that is what I'm after"
« Tu sais très bien ce que dit Harry »
"you know very well what Harry says"
« Devenir spectateur de sa propre vie, c'est échapper à la souffrance de la vie »
"To become the spectator of one's own life is to escape the suffering of life"
« Je sais que tu es surpris que je te parle comme ça »
"I know you are surprised at my talking to you like this"

« Vous n'avez pas réalisé comment j'ai évolué »
"You have not realized how I have developed"
« J'étais écolier quand tu m'as connu »
"I was a schoolboy when you knew me"
« Je suis un homme maintenant »
"I am a man now"
« J'ai de nouvelles passions, de nouvelles pensées, de nouvelles idées »
"I have new passions, new thoughts, new ideas"
« Je suis différent, mais vous ne devez pas m'aimer moins »
"I am different, but you must not like me less"
« Je suis changé, mais tu dois toujours être mon ami »
"I am changed, but you must always be my friend"
« Bien sûr, j'aime beaucoup Harry »
"Of course, I am very fond of Harry"
« Mais je sais que tu es meilleur que lui »
"But I know that you are better than he is"
« Tu n'es pas plus fort »
"You are not stronger"
« Parce que vous avez trop peur de la vie »
"because you are too much afraid of life"
« Mais tu es meilleur que lui »
"but you are better than he is"
« Et comme nous étions heureux ensemble ! »
"And how happy we used to be together!"
« Ne me quitte pas, mon cher Basil, et ne te querelle pas avec moi »
"Don't leave me, dear Basil, and don't quarrel with me"
« Je suis ce que je suis »
"I am what I am"
« Il n'y a plus rien à dire »
"There is nothing more to be said"
Le peintre se sentit étrangement ému
The painter felt strangely moved
Le garçon lui était infiniment cher
The lad was infinitely dear to him
et sa personnalité avait été le grand tournant de son art
and his personality had been the great turning point in his art
Il ne pouvait plus supporter l'idée de lui faire des reproches
He could not bear the idea of reproaching him any more
Après tout, son indifférence n'était probablement qu'une humeur qui allait disparaître

After all, his indifference was probably merely a mood that would pass away

Il y avait tellement de choses en lui qui étaient bonnes
There was so much in him that was good

il y avait tant de choses nobles en lui
there was so much in him that was noble

— Eh bien, Dorian, dit-il enfin avec un triste sourire
"Well, Dorian," he said at length, with a sad smile

« Je ne te parlerai plus de cette horrible chose, après aujourd'hui »
"I won't speak to you again about this horrible thing, after today"

« J'espère seulement que votre nom ne sera pas mentionné à ce sujet »
"I only hope your name won't be mentioned in connection with it"

« L'enquête doit avoir lieu cet après-midi »
"The inquest is to take place this afternoon"

« Vous ont-ils convoqué ? »
"Have they summoned you?"

Dorian secoua la tête
Dorian shook his head

Un regard d'agacement passa sur son visage à la mention du mot « enquête »
a look of annoyance passed over his face at the mention of the word "inquest"

Il y avait quelque chose de si grossier et vulgaire là-dedans
There was something so crude and vulgar about it

« Ils ne connaissent pas mon nom », a-t-il répondu
"They don't know my name," he answered

— Mais elle l'a sûrement fait ?
"But surely she did?"

« elle ne connaissait que mon nom de baptême »
"she only knew my Christian name"

et je suis sûr qu'elle n'en a jamais parlé à personne.
"and I am quite sure she never mentioned to anyone"

« Elle m'a dit une fois qu'ils étaient tous plutôt curieux de savoir qui j'étais »
"She told me once that they were all rather curious to learn who I was"

« et elle leur disait invariablement que je m'appelais Prince Charmant »
"and she invariably told them my name was Prince Charming"

« C'était joli de sa part »

"It was pretty of her"
« Tu dois me faire un portrait de Sibylle »
"You must draw me a portrait of Sibyl"
« J'aimerais avoir quelque chose de plus d'elle que quelques souvenirs »
"I would like to have something more of her than a few memories"
« les ménors de quelques baisers et de quelques mots entrecoupés »
"the menories of a few kisses and some broken words"
« Je vais essayer de faire quelque chose, Dorian, si cela te plaît »
"I will try and do something, Dorian, if it pleases you"
« Mais il faut que tu viennes t'asseoir toi-même toi-même »
"But you must come and sit to me yourself again"
« Je ne peux pas m'en sortir sans toi »
"I can't get on without you"
« Je ne pourrai plus jamais m'asseoir pour toi »
"I can never sit for you again"
« C'est impossible ! » s'écria-t-il en reculant
"It is impossible!" he exclaimed, starting back
Le peintre le regarda fixement
The painter stared at him
« Mon cher enfant, quelle sottise ! » s'écria-t-il
"My dear boy, what nonsense!" he cried
« Voulez-vous dire que vous n'aimez pas ce que j'ai fait de vous ? »
"Do you mean to say you don't like what I did of you?"
« Où est-il ? Laissez-moi le regarder"
"Where is it? Let me look at it"
Pourquoi as-tu tiré une couverture devant lui ?
Why have you pulled a cover in front of it?"
« C'est la meilleure chose que j'ai jamais faite »
"It is the best thing I have ever done"
« Enlève la couverture, Dorian »
"Do take the cover away, Dorian"
« C'est tout simplement honteux de la part de votre serviteur de cacher mon travail comme ça »
"It is simply disgraceful of your servant to hide my work like that"
« J'ai senti que la pièce avait l'air différente quand je suis entré »
"I felt the room looked different as I came in"
« Mon serviteur n'a rien à voir là-dedans, cher Basil. »
"My servant has nothing to do with it, dear Basil"
« Vous ne vous imaginez pas que je l'ai laissé m'arranger ma chambre ? »

"You don't imagine I let him arrange my room for me?"
Il me dépose parfois mes fleurs, voilà tout.
"He settles my flowers for me sometimes—that is all."
— Non ; Je l'ai fait moi-même"
"No; I did it myself"
« La lumière était trop forte sur le portrait »
"The light was too strong on the portrait"
« Trop fort ! Sûrement pas, mon cher ?
"Too strong! Surely not, my dear fellow?"
« C'est un endroit admirable pour cela »
"It is an admirable place for it"
« Laisse-moi le voir »
"Let me see it"
Et Hallward se dirigea vers le coin de la pièce
And Hallward walked towards the corner of the room
Un cri de terreur s'échappa des lèvres de Dorian Gray
A cry of terror broke from Dorian Gray's lips
il s'est précipité pour s'interposer entre le peintre et son dessin
he rushed to get between the painter and his drawing
« Cher Basil, dit-il en pâlissant, tu ne dois pas le regarder. »
"dear Basil," he said, looking very pale, "you must not look at it"
« Je ne veux pas que vous regardiez ma photo »
"I don't wish you to look at my picture"
« Vous ne voulez pas que je regarde mon propre travail ! »
"you don't want me to look at my own work!"
« Dorian, dis-moi que tu n'es pas sérieux »
"Dorian, tell me you are not serious"
– Pourquoi ne le regarderais-je pas ? s'écria Hallward en riant
"Why shouldn't I look at it?" exclaimed Hallward, laughing
« Si vous essayez de le regarder... »
"If you try to look at it..."
« sur ma parole d'honneur, je ne vous parlerais plus jamais »
"on my word of honour, I would never speak to you again"
« Je suis assez sérieux »
"I am quite serious"
« Je n'offre aucune explication »
"I don't offer any explanation"
« et vous ne devez demander aucune explication »
"and you are not to ask for any explanation"
« Mais, rappelez-vous, si vous touchez à cette couverture, tout est fini entre nous »

"But, remember, if you touch this cover, everything is over between us"
Hallward était foudroyé
Hallward was thunderstruck
Il regarda Dorian Gray avec un étonnement absolu
He looked at Dorian Gray in absolute amazement
Il ne l'avait jamais vu comme ça auparavant
He had never seen him like this before
Le garçon était en fait pâle de rage
The lad was actually pallid with rage
Ses mains étaient serrées
His hands were clenched
et les pupilles de ses yeux étaient comme des disques de feu bleu
and the pupils of his eyes were like disks of blue fire
Il tremblait de tout son corps
He was trembling all over
« Dorian ! »
"Dorian!"
« Ne parle pas ! »
"Don't speak!"
— Mais qu'y a-t-il ?
"But what is the matter?"
Il tourna les talons et se dirigea vers la fenêtre
he turned on his heel and went over towards the window
« Bien sûr que je ne le regarderai pas si tu ne veux pas que je le fasse »
"Of course I won't look at it if you don't want me to"
« Mais, vraiment, il semble plutôt absurde que je ne voie pas mon propre travail »
"But, really, it seems rather absurd that I shouldn't see my own work"
« Je vais l'exposer à Paris à l'automne »
"I am going to exhibit it in Paris in the autumn"
« Je devrai probablement lui donner une autre couche de vernis avant cela »
"I shall probably have to give it another coat of varnish before that"
il faut donc que je le voie un jour, et pourquoi pas aujourd'hui ?
"so I must see it someday, and why not today?"
— Vous voulez l'exhiber ? s'écria Dorian Gray
"You want to exhibit it?" exclaimed Dorian Gray
Un étrange sentiment de terreur l'envahit
a strange sense of terror crept over him

Le monde allait-il se voir montrer son secret ?
Was the world going to be shown his secret?
Les gens devaient-ils rester bouche bée devant le mystère de sa vie ?
Were people to gape at the mystery of his life?
C'était impossible
That was impossible
Il fallait faire quelque chose, il ne savait pas quoi
Something, he did not know what, had to be done at once
— Oui ; Je ne suppose pas que vous vous y opposerez.
"Yes; I don't suppose you will object to that"
« Georges Petit va collectionner toutes mes plus belles photos »
"Georges Petit is going to collect all my best pictures"
« Il organise une exposition spéciale de mes peintures »
"he is organising a special exhibition of my paintings"
« l'exposition sera rue de Sèze »
"the exhibition will be in the Rue de Sèze"
« et l'exposition ouvrira la première semaine d'octobre »
"and the exhibition will open the first week in October"
« Le portrait ne sera absent que pendant un mois »
"The portrait will only be away for a month"
« Je pense que vous pourriez facilement épargner le tableau pour ce temps »
"I think you could easily spare the painting for that time"
« En fait, vous êtes sûr d'être hors de la ville »
"In fact, you are sure to be out of town"
« Et vous le gardez derrière une couverture de toute façon »
"And you are keeping it behind a cover anyway"
« Il est clair que vous ne vous en souciez pas beaucoup »
"so clearly you don't care much about it"
Dorian Gray passa sa main sur son front
Dorian Gray passed his hand over his forehead
Il y avait des perles de sueur là-bas
There were beads of perspiration there
Il sentait qu'il était au bord d'un horrible danger
He felt that he was on the brink of a horrible danger
« Tu m'as dit il y a un mois que tu ne l'exposerais jamais »
"You told me a month ago that you would never exhibit it"
« Pourquoi as-tu changé d'avis ? »
"Why have you changed your mind?"
« Vous faites semblant d'être cohérents »

"You people pretend to be consistent"
« Mais vous avez autant d'humeurs que les autres »
"but you have just as many moods as others have"
« La seule différence est que vos humeurs sont plutôt dénuées de sens »
"The only difference is that your moods are rather meaningless"
« Tu ne peux pas avoir oublié ce que tu m'as assuré très solennellement »
"You can't have forgotten what you assured me most solemnly"
« Vous avez dit que rien ne vous inciterait à l'envoyer à une exposition »
"you said nothing would induce you to send it to any exhibition"
« Tu as dit exactement la même chose à Harry »
"You told Harry exactly the same thing"
Il s'arrêta brusquement, et une lueur de lumière passa dans ses yeux
He stopped suddenly, and a gleam of light came into his eyes
Il se souvint de ce que lord Henry lui avait dit une fois
He remembered what Lord Henry had said to him once
il l'avait dit à moitié sérieusement, à moitié en plaisantant
he had said it half seriously, and half in jest
« Si vous voulez avoir un étrange quart d'heure, j'ai exactement ce qu'il vous faut »
"If you want to have a strange quarter of an hour, I have just the thing"
« Demandez à Basil de vous dire pourquoi il n'expose pas votre photo »
"get Basil to tell you why he won't exhibit your picture"
« Il m'a dit pourquoi il ne voulait pas »
"He told me why he wouldn't"
« Et ce fut une révélation pour moi »
"and it was a revelation to me"
Oui, peut-être que Hallward aussi avait son secret
Yes, perhaps Hallward, too, had his secret
Il devrait lui demander et essayer
He should ask him and try
« Basil, dit-il en s'approchant tout près
"Basil," he said, coming over quite close
et il le regarda droit dans les yeux
and he looked him straight in the face
« Nous avons chacun un secret »

"we have each of us a secret"
« Faites-moi savoir le vôtre, et je vous dirai le mien »
"Let me know yours, and I shall tell you mine"
— **Quelle était la raison pour laquelle vous avez refusé d'exposer mon tableau ?**
"What was your reason for refusing to exhibit my picture?"
Le peintre frissonna malgré lui.
The painter shuddered in spite of himself.
« Dorian, si je te le disais, tu m'aimerais peut-être moins »
"Dorian, if I told you, you might like me less"
« Et vous vous moqueriez certainement de moi »
"and you would certainly laugh at me"
« Je ne pourrais pas supporter que tu fasses l'une ou l'autre de ces deux choses »
"I could not bear your doing either of those two things"
« Si vous voulez que je ne regarde plus jamais votre photo, je suis content »
"If you wish me never to look at your picture again, I am content"
« Je t'ai toujours à regarder »
"I have always you to look at"
« Si vous souhaitez que le meilleur travail que j'aie jamais fait soit caché au monde, vous avez ma permission »
"If you wish the best work I have ever done to be hidden from the world, you have my permission"
« Votre amitié m'est plus chère que n'importe quelle célébrité ou réputation »
"Your friendship is dearer to me than any fame or reputation"
— **Non, Basil, il faut que vous me le disiez, insista Dorian Gray**
"No, Basil, you must tell me," insisted Dorian Gray
« Je pense que j'ai le droit de savoir »
"I think I have a right to know"
Son sentiment de terreur avait disparu
His feeling of terror had passed away
et la curiosité avait pris la place de la terreur
and curiosity had taken the place of terror
Il était déterminé à découvrir le mystère de Basil Hallward
He was determined to find out Basil Hallward's mystery
— **Asseyons-nous, Dorian, dit le peintre, l'air troublé**
"Let us sit down, Dorian," said the painter, looking troubled
« Asseyons-nous et répondons-moi à une seule question »
"Let us sit down, and just answer me one question"

« Avez-vous remarqué sur la photo quelque chose de curieux ? »
"Have you noticed in the picture something curious?"
Avez-vous remarqué quelque chose qui ne vous a probablement pas frappé au début ?
"have you noticed something that probably at first did not strike you?"
« Quelque chose qui s'est révélé à toi soudainement »
"something that revealed itself to you suddenly"
« Cher Basil ! » s'écria le garçon
"dear Basil!" cried the lad
Il serra les bras de sa chaise avec des mains tremblantes
he clutched the arms of his chair with trembling hands
et il le regarda avec des yeux effrayés
and he gazed at him with wild startled eyes
« Je vois que vous l'avez fait. Ne parle pas"
"I see you did. Don't speak"
« Attendez d'entendre ce que j'ai à dire »
"Wait till you hear what I have to say"
« Dorian, dès le moment où je t'ai rencontré, ta personnalité a eu l'influence la plus extraordinaire sur moi »
"Dorian, from the moment I met you, your personality had the most extraordinary influence over me"
« J'ai été dominé, âme, cerveau et pouvoir, par toi »
"I was dominated, soul, brain, and power, by you"
« Tu es devenu pour moi l'incarnation visible de cet idéal invisible »
"You became to me the visible incarnation of that unseen ideal"
« Un idéal dont le souvenir nous hante, nous les artistes, comme un rêve exquis »
"an ideal whose memory haunts us artists like an exquisite dream"
« Je t'adorais »
"I worshipped you"
« Je suis devenu jaloux de tous ceux à qui vous avez parlé »
"I grew jealous of every one to whom you spoke"
« Je voulais t'avoir pour moi tout seul »
"I wanted to have you all to myself"
« Je n'étais heureux que quand j'étais avec toi »
"I was only happy when I was with you"
« Quand tu étais loin de moi, tu étais toujours présent dans mon art »
"When you were away from me, you were still present in my art"

« **Bien sûr, je ne vous ai jamais rien dit à ce sujet** »
"Of course, I never let you know anything about this"
« **Cela aurait été impossible** »
"It would have been impossible"
« **Vous ne l'auriez pas compris** »
"You would not have understood it"
« **Je l'ai à peine compris moi-même** »
"I hardly understood it myself"
« **Je savais seulement que j'avais vu la perfection face à face** »
"I only knew that I had seen perfection face to face"
« **Et le monde était devenu merveilleux à mes yeux** »
"and the world had become wonderful to my eyes"
« **Trop merveilleux, peut-être, car dans des cultes aussi fous, il y a du péril** »
"too wonderful, perhaps, for in such mad worships there is peril"
« **le danger de les perdre, pas moins que le danger de les garder** »
"the peril of losing them, no less than the peril of keeping them"
« **Des semaines et des semaines ont passé, et je suis devenu de plus en plus absorbé par toi** »
"Weeks and weeks went on, and I grew more and more absorbed in you"
« **Puis est venu un nouveau développement** »
"Then came a new development"
« **Je t'avais dessiné comme Pâris dans une armure délicate** »
"I had drawn you as Paris in dainty armour"
et je t'avais dessiné comme Adonis avec un manteau de chasseur et une lance de sanglier polie.
"and I had drawn you as Adonis with huntsman's cloak and polished boar-spear"
« **Couronné de lourdes fleurs de lotus, tu t'étais assis sur la proue de la barque d'Adrian** »
"Crowned with heavy lotus-blossoms you had sat on the prow of Adrian's barge"
« **tu as regardé le Nil vert et trouble** »
"you gazed across the green turbid Nile"
Tu t'étais penché sur la mare calme d'une forêt grecque »
You had leaned over the still pool of some Greek woodland"
« **Et tu avais vu dans l'argent silencieux de l'eau la merveille de ton propre visage** »
"and you had seen in the water's silent silver the marvel of your own face"

« Et tout avait été ce que l'art devait être ; inconscient, idéal et lointain"
"And it had all been what art should be; unconscious, ideal, and remote"
« puis, un jour fatal, j'ai peint autre chose »
"then, one fatal day, I painted something else"
« J'ai décidé de peindre un merveilleux portrait de toi tel que tu es réellement »
"I determined to paint a wonderful portrait of you as you actually are"
« J'avais décidé de ne pas te peindre dans le costume des âges morts »
"I had decided not to paint you in the costume of dead ages"
« mais j'allais te peindre dans ta propre robe et à ton rythme »
"but I was going to paint you in your own dress and in your own time"
« Peut-être était-ce le réalisme de la méthode »
"maybe it was the realism of the method"
« Ou peut-être était-ce simplement l'émerveillement de votre propre personnalité »
"or maybe it was the mere wonder of your own personality"
« ce qui était le cas, je ne sais pas »
"which it was, I do not know"
« Mais je sais ce que j'ai ressenti en y travaillant »
"But I know how I felt as I worked at it"
« Tu m'as été présenté sans brouillard ni voile »
"you were presented to me without mist or veil"
« Chaque flocon et chaque film de couleur me semblaient révéler mon secret »
"every flake and film of colour seemed to me to reveal my secret"
« J'ai eu peur que les autres connaissent mon idolâtrie »
"I grew afraid that others would know of my idolatry"
« J'ai senti, Dorian, que j'en avais trop dit »
"I felt, Dorian, that I had told too much"
« J'ai dit que j'avais mis trop de moi-même dedans »
"I said that I had put too much of myself into it"
« C'est alors que j'ai décidé de ne jamais permettre que le tableau soit exposé »
"Then it was that I resolved never to allow the picture to be exhibited"
« Tu étais un peu ennuyé »

"You were a little annoyed"
« Mais alors tu n'as pas réalisé tout ce que cela signifiait pour moi »
"but then you did not realize all that it meant to me"
« Harry, à qui j'en ai parlé, s'est moqué de moi »
"Harry, to whom I talked about it, laughed at me"
« Mais cela ne me dérangeait pas »
"But I did not mind that"
« Quand le tableau a été terminé, et que je me suis assis seul avec lui, j'ai senti que j'avais raison »
"When the picture was finished, and I sat alone with it, I felt that I was right"
« Eh bien, après quelques jours, la chose a quitté mon atelier »
"Well, after a few days the thing left my studio"
« il me semblait que j'avais été stupide en imaginant que j'y avais vu quelque chose »
"it seemed to me that I had been foolish in imagining that I had seen anything in it"
« Plus que ça, tu étais extrêmement beau »
"more than that, you were extremely good-looking"
« et je pourrais peindre ta beauté »
"and your good looks I could paint"
« Même maintenant, je ne peux m'empêcher de penser que c'est une erreur »
"Even now I cannot help feeling that it is a mistake"
« Qui sait si la passion que l'on ressent se manifeste vraiment dans le travail que l'on crée »
"who knows if the passion one feels is ever really shown in the work one creates"
« L'art est toujours plus abstrait que nous ne le pensons »
"Art is always more abstract than we fancy"
« La forme et la couleur nous disent la forme et la couleur, c'est tout »
"Form and colour tell us of form and colour—that is all"
« Il me semble souvent que l'art cache en fait l'artiste »
"It often seems to me that art actually conceals the artist"
« Il dissimule l'artiste bien plus complètement qu'il ne le révèle jamais »
"it conceals the artist far more completely than it ever reveals him"
« Et puis j'ai reçu cette offre de Paris »
"And then I got this offer from Paris"
« J'ai décidé de faire de votre portrait l'élément principal de mon

exposition »
"I determined to make your portrait the principal thing in my exhibition"
« Il ne m'est jamais venu à l'esprit que vous refuseriez »
"It never occurred to me that you would refuse"
« Je vois maintenant que tu avais raison »
"I see now that you were right"
« L'image ne peut pas être montrée »
"The picture cannot be shown"
— Tu ne dois pas être fâché contre moi, Dorian, pour ce que je t'ai dit.
"You must not be angry with me, Dorian, for what I have told you"
« Comme je l'ai dit à Harry, une fois, tu es fait pour être vénéré »
"As I said to Harry, once, you are made to be worshipped"
Dorian Gray prit une longue inspiration
Dorian Gray drew a long breath
La couleur revint à ses joues
The colour came back to his cheeks
et un sourire joua sur ses lèvres
and a smile played about his lips
Le péril était passé
The peril was over
Il était en sécurité pour le moment
He was safe for the time
Cependant il ne pouvait s'empêcher d'éprouver une pitié infinie pour le peintre
Yet he could not help feeling infinite pity for the painter
le cher Basil venait de lui faire cette étrange confession
dear Basil had just made this strange confession to him
et il se demandait s'il serait lui-même un jour aussi dominé par la personnalité d'un ami
and he wondered if he himself would ever be so dominated by the personality of a friend
Lord Henry avait le charme d'être très dangereux
Lord Henry had the charm of being very dangerous
mais c'était le seul danger pour lord Henry
but that was the only danger to Lord Henry
Il était trop intelligent et trop cynique pour être vraiment aimé
He was too clever and too cynical to be really fond of
Y aurait-il jamais quelqu'un qui le remplirait d'une étrange idolâtrie ?

Would there ever be someone who would fill him with a strange idolatry?
Était-ce l'une des choses que la vie nous réservait ?
Was that one of the things that life had in store?
— C'est extraordinaire pour moi, Dorian, dit Hallward
"It is extraordinary to me, Dorian," said Hallward
« C'est extraordinaire que vous ayez vu cela dans le portrait »
"it is extraordinary that you should have seen this in the portrait"
« Tu l'as vraiment vu ? »
"Did you really see it?"
« J'y ai vu quelque chose, répondit-il
"I saw something in it," he answered
« Quelque chose qui m'a semblé très curieux »
"something that seemed to me very curious"
— Eh bien, cela ne vous dérange pas que je regarde la chose maintenant ?
"Well, you don't mind my looking at the thing now?"
Dorian secoua la tête
Dorian shook his head
« Tu ne dois pas me demander cela, cher Basil. »
"You must not ask me that, dear Basil"
« Je ne pourrais pas te laisser te tenir devant cette photo »
"I could not possibly let you stand in front of that picture"
« Tu le feras un jour, sûrement ? »
"You will someday, surely?"
« Jamais »
"Never"
« Eh bien, peut-être avez-vous raison »
"Well, perhaps you are right"
« Et maintenant, au revoir, Dorian »
"And now good-bye, Dorian"
« Vous avez été la seule personne dans ma vie qui a vraiment influencé mon art »
"You have been the one person in my life who has really influenced my art"
« Tout ce que j'ai fait de bien, je te le dois »
"Whatever I have done that is good, I owe to you"
— Ah ! vous ne savez pas ce qu'il m'en a coûté pour vous dire tout ce que je vous ai dit.
"Ah! you don't know what it cost me to tell you all that I have told you"

— Ma chère, dit Dorian, que m'avez-vous dit ?
"My dear," said Dorian, "what have you told me?"
« Tu as simplement dit que tu avais l'impression de trop m'admirer »
"you've simply said that you felt that you admired me too much"
« Ce n'est même pas un compliment »
"That is not even a compliment"
« Ce n'était pas un compliment »
"It was not intended as a compliment"
« C'était censé être une confession »
"it was meant as a confession"
« Maintenant que je l'ai avoué, quelque chose semble être sorti de moi »
"Now that I have confessed it, something seems to have gone out of me"
« Peut-être ne faut-il jamais mettre son culte en mots »
"Perhaps one should never put one's worship into words"
« C'était une confession très décevante »
"It was a very disappointing confession"
— À quoi t'attendais-tu, Dorian ?
"Why, what did you expect, Dorian?"
« Vous n'avez rien vu d'autre sur la photo, n'est-ce pas ? »
"You didn't see anything else in the picture, did you?"
« Il n'y avait rien d'autre à voir ? »
"There was nothing else to see?"
— Non ; il n'y avait rien d'autre à voir"
"No; there was nothing else to see"
« Pourquoi demandez-vous ? »
"Why do you ask?"
« Mais il ne faut pas parler d'adoration »
"But you mustn't talk about worship"
« C'est stupide »
"It is foolish"
« Toi et moi sommes amis, Basil, et nous devons toujours le rester »
"You and I are friends, Basil, and we must always remain so"
– Vous avez Harry, dit tristement le peintre
"You have got Harry," said the painter sadly
« Oh, Harry ! » s'écria le garçon avec un éclat de rire
"Oh, Harry!" cried the lad, with a ripple of laughter
« Harry passe ses journées à dire ce qui est incroyable »
"Harry spends his days in saying what is incredible"

« Et il passe ses soirées à faire ce qui est improbable »
"and he spends his evenings in doing what is improbable"
« Juste le genre de vie que j'aimerais mener »
"Just the sort of life I would like to lead"
« Mais je ne pense toujours pas que j'irais voir Harry si j'avais des ennuis »
"But still I don't think I would go to Harry if I were in trouble"
« J'aimerais mieux aller vers toi, Basil »
"I would sooner go to you, Basil"
« Tu vas t'asseoir pour que je te dessine à nouveau ? »
"You will sit for me to draw you again?"
« Impossible ! »
"Impossible!"
« Tu gâches ma vie d'artiste en refusant, Dorian »
"You spoil my life as an artist by refusing, Dorian"
« Aucun homme ne rencontre deux choses idéales »
"No man comes across two ideal things"
« Peu d'hommes rencontrent une chose idéale »
"Few men come across one ideal thing"
« Je ne peux pas vous l'expliquer, cher Basil »
"I can't explain it to you, dear Basil"
mais je ne dois plus jamais m'asseoir pour toi.
"but I must never sit for you again"
« Il y a quelque chose de fatal dans un portrait »
"There is something fatal about a portrait"
« Il a une vie propre »
"It has a life of its own"
« Je viendrai prendre le thé avec vous »
"I will come and have tea with you"
« Ce sera tout aussi agréable »
"That will be just as pleasant"
– Plus agréable pour vous, j'en ai peur, murmura Hallward avec regret
"Pleasanter for you, I am afraid," murmured Hallward regretfully
« Et maintenant au revoir »
"And now good-bye"
« Je suis désolé que vous ne me laissiez pas regarder la photo une fois de plus »
"I am sorry you won't let me look at the picture once again"
« Mais on ne peut rien y faire »
"But that can't be helped"

« Je comprends tout à fait ce que vous en pensez »
"I quite understand what you feel about it"
En quittant la pièce, Dorian Gray sourit à lui-même
As he left the room, Dorian Gray smiled to himself
Pauvre cher Basil ! Comme il en savait peu la vraie raison !
Poor dear Basil! How little he knew of the true reason!
Et comme tout cela était étrange
And how strange it all was
il n'avait pas été forcé de révéler son propre secret
he hadn't been forced to reveal his own secret
au lieu de cela, presque par hasard, il avait réussi autre chose
instead, almost by chance, he had succeeded in something else
il avait arraché un secret à son ami !
he had wrested a secret from his friend!
Combien cette étrange confession lui expliquait !
How much that strange confession explained to him!
Les absurdes crises de jalousie du peintre et sa dévotion sauvage
The painter's absurd fits of jealousy and his wild devotion
ses panégyriques extravagants et sa curieuse réticence
his extravagant panegyrics and his curious reticence
il comprenait maintenant tout son étrange comportement
he understood all his strange behaviour now
et il eut pitié de son ami
and he felt sorry for his friend
Il lui semblait qu'il y avait là quelque chose de tragique
There seemed to him to be something tragic in it
L'amitié ne devrait pas être si colorée par la romance
friendship should not be so coloured by romance
Il soupira et toucha la cloche
He sighed and touched the bell
Le portrait doit être caché à tout prix
The portrait must be hidden away at all costs
Il ne pouvait plus courir un tel risque d'être découvert
He could not run such a risk of discovery again
C'était fou de sa part d'avoir laissé la chose rester, même pour une heure
It had been mad of him to have allowed the thing to remain, even for an hour
dans une pièce à laquelle n'importe lequel de ses amis avait accès
in a room to which any of his friends had access

Chapitre dix
Chapter Ten

Quand son domestique entra, il le regarda fixement
When his servant entered, he looked at him steadfastly
Il se demanda s'il avait pensé à regarder derrière la couverture
he wondered if he had thought of peering behind the cover
L'homme était tout à fait impassible et attendait ses ordres
The man was quite impassive and waited for his orders
Dorian alluma une cigarette et se dirigea vers la vitre et y jeta un coup d'œil
Dorian lit a cigarette and walked over to the glass and glanced into it
Il pouvait parfaitement voir le reflet du visage de Victor
He could see the reflection of Victor's face perfectly
C'était comme un masque placide de servilité
It was like a placid mask of servility
Il n'y avait rien à craindre
There was nothing to be afraid of
Pourtant, il pensait qu'il valait mieux être sur ses gardes
Yet he thought it best to be on his guard
il lui dit de dire à la gouvernante qu'il voulait la voir
he told him to tell the house-keeper that he wanted to see her
puis il lui dit d'aller chez le fabricant de cadres
and then he told him to go to the frame-maker
et il demanda qu'on envoyât deux de ses hommes à la fois
and he asked for two of his men to be sent round at once
Alors que l'homme partait, ses yeux semblaient errer dans la direction du portrait
as the man left his eyes seemed to wander in the direction of the portrait
Ou était-ce simplement sa propre fantaisie ?
Or was that merely his own fancy?
Après quelques instants, Mme Leaf se précipita dans la bibliothèque
After a few moments Mrs. Leaf bustled into the library
Elle était dans sa robe de soie noire
she was in her black silk dress
et elle portait des mitaines de fil à l'ancienne sur ses mains ridées
and she wore old-fashioned thread mittens on her wrinkled hands
Il lui demanda la clé de la salle de classe
He asked her for the key of the schoolroom
« La vieille salle de classe, monsieur Dorian ? » s'écria-t-elle

"The old schoolroom, Mr. Dorian?" she exclaimed
« mais Dorian, la pièce est pleine de poussière »
"but Dorian, the room is full of dust"
« Je dois l'arranger et le mettre en ordre avant que vous n'y entriez »
"I must get it arranged and put straight before you go into it"
« Ce n'est pas digne de vous de voir, monsieur »
"It is not fit for you to see, sir"
« Je ne veux pas que ça soit mis au clair, Leaf »
"I don't want it put straight, Leaf"
« Je ne veux que la clé »
"I only want the key"
« Eh bien, monsieur, vous serez couvert de toiles d'araignée si vous y entrez »
"Well, sir, you'll be covered with cobwebs if you go into it"
« Il n'a pas été ouvert depuis près de cinq ans, depuis la mort de Sa Seigneurie »
"it hasn't been opened for nearly five years, since his lordship died"
Il grimaça à la mention de son grand-père
He winced at the mention of his grandfather
Il avait des souvenirs haineux de lui
He had hateful memories of him
« Cela n'a pas d'importance, répondit-il
"That does not matter," he answered
« Je veux simplement voir l'endroit, c'est tout. »
"I simply want to see the place—that is all"
« Donne-moi la clé »
"Give me the key"
– Et voici la clef, monsieur, dit la vieille dame
"And here is the key, sir," said the old lady
et elle passa en revue le contenu de ses mains avec une incertitude tremblante
and she went over the contents of her hands with tremulous uncertainty
« Voici la clé, je vais l'enlever aux autres dans un instant »
"Here is the key, I'll have it off the others in a moment"
– Mais vous ne songez pas à vivre là-haut, monsieur ?
"But you're not thinking of living up there, sir?
« Tu l'as tellement à l'aise ici »
"you have it so comfortable down here"
« Non, non, s'écria-t-il d'un ton pétulant

"No, no," he cried petulantly
"Merci, Leaf. Cela suffira.
"Thank you, Leaf. That will do"
Elle s'attarda quelques instants
She lingered for a few moments
et elle bavardait sur un détail de la maison
and she was garrulous over some detail of the household
Il soupira et lui dit de gérer les choses comme elle le jugeait le mieux
He sighed and told her to manage things as she thought best
Elle quitta la pièce, couverte de sourires
She left the room, wreathed in smiles
Lorsque la porte se referma, Dorian mit la clé dans sa poche
As the door closed, Dorian put the key in his pocket
et il regarda autour de la chambre.
and he looked round the room.
Son regard tomba sur une grande couverture de satin violet fortement brodée d'or
His eye fell on a large, purple satin coverlet heavily embroidered with gold
une splendide œuvre vénitienne de la fin du XVIIe siècle
a splendid piece of late seventeenth-century Venetian work
son grand-père l'avait trouvé dans un couvent près de Bologne
his grandfather had found it in a convent near Bologna
Oui, cela servirait à envelopper l'affreuse chose
Yes, that would serve to wrap the dreadful thing in
le tissu avait peut-être souvent servi de voile aux morts
the fabric had perhaps served often as a pall for the dead
Maintenant, c'était pour cacher quelque chose qui avait sa propre corruption
Now it was to hide something that had a corruption of its own
quelque chose qui était pire que la corruption de la mort elle-même
something that was worse than the corruption of death itself
quelque chose qui engendrerait des horreurs et, pourtant, ne mourrait jamais
something that would breed horrors and, yet would never die
Ce que le ver était pour le cadavre, ses péchés le seraient pour l'image peinte sur la toile
What the worm was to the corpse, his sins would be to the painted image on the canvas
Ils gâcheraient sa beauté et rongeraient sa grâce

They would mar its beauty and eat away its grace
Ils le souilleraient et le rendraient honteux
They would defile it and make it shameful
Et pourtant, la chose vivrait toujours
And yet the thing would still live on
Il serait toujours vivant
It would be always alive
Il frissonna, et regretta un instant de ne pas l'avoir dit à Basil
He shuddered, and for a moment he regretted that he had not told Basil
il aurait aimé lui dire la vraie raison pour laquelle il avait voulu cacher le tableau
he wished he had told him the true reason why he had wished to hide the picture away
Basil l'aurait aidé à résister à l'influence de Lord Henry
Basil would have helped him to resist Lord Henry's influence
il l'aurait aidé à résister aux influences encore plus toxiques de son propre tempérament
he would have helped him resist the even more poisonous influences of his own temperament
L'amour qu'il lui portait n'avait rien qui ne fût noble et intellectuel
The love that he bore him had nothing in it that was not noble and intellectual
Ce n'était pas cette simple admiration physique de la beauté qui naît des sens
It was not that mere physical admiration of beauty that is born of the senses
ce n'était pas l'amour qui meurt quand les sens se fatiguent
it was not the love that dies when the senses tire
C'était un amour tel que Michel-Ange et Montaigne l'avaient connu
It was such love as Michelangelo and Montaigne had known
c'était le même amour que Winckelmann et Shakespeare avaient connu
it was the same love Winckelmann and Shakespeare had known
Oui, le cher Basil aurait pu le sauver
Yes, dear Basil could have saved him
Mais il était trop tard maintenant
But it was too late now
Le passé pourrait toujours être anéanti
The past could always be annihilated

Le regret, le déni ou l'oubli pourraient le faire
Regret, denial, or forgetfulness could do that
Mais l'avenir était inévitable
But the future was inevitable
Il y avait en lui des passions qui trouveraient leur terrible exutoire
There were passions in him that would find their terrible outlet
il allait y avoir des rêves qui rendraient réelle l'ombre de leur mal
there were going to be dreams that would make the shadow of their evil real
et il souleva la grande texture de pourpre et d'or
and he lifted the great purple-and-gold texture
Le visage sur la toile était-il plus vil qu'avant ?
Was the face on the canvas viler than before?
Il lui semblait qu'elle n'avait pas changé
It seemed to him that it was unchanged
et pourtant, sa haine de son tableau s'intensifiait
and yet, his loathing of his picture was intensified
Cheveux dorés, yeux bleus et lèvres rose-rouge, ils étaient tous là
Gold hair, blue eyes, and rose-red lips—they all were there
C'était simplement l'expression qui avait changé
It was simply the expression that had altered
Il y avait une cruauté particulière dans le changement
there was a special cruelty to the change
rien comparé à la réprimande du changement de tableau
nothing compared to the rebuke of the change in the picture
comme les reproches de Basil sur Sibyl Vane avaient été superficiels !
how shallow Basil's reproaches about Sibyl Vane had been!
Son âme le regardait depuis la toile
His own soul was looking out at him from the canvas
et son âme l'appelait au jugement
and his soul was calling him to judgement
Un regard de douleur le traversa
A look of pain came across him
et il jeta le riche voile sur le tableau
and he flung the rich pall over the picture
Comme il le faisait, on frappa à la porte
As he did so, a knock came to the door
Il sortit au moment où son domestique entrait
He went out as his servant entered
« Les personnes sont ici, monsieur »

"The persons are here, Monsieur"
Il sentait qu'il fallait se débarrasser de l'homme immédiatement
He felt that the man must be got rid of at once
Il ne doit pas être autorisé à savoir où la photo a été prise
He must not be allowed to know where the picture was being taken to
Il y avait quelque chose de rusé chez lui
There was something sly about him
et il avait des yeux pensifs et perfides
and he had thoughtful, treacherous eyes
S'asseyant à la table à écrire, il griffonna un mot pour lord Henry
Sitting down at the writing-table he scribbled a note to Lord Henry
Il lui demanda de lui envoyer quelque chose à lire
he asked him to send him something to read
et il lui rappela qu'ils devaient se rencontrer à huit heures quinze ce soir-là
and he reminded him that they were to meet at eight-fifteen that evening
« Attendez une réponse », dit-il en lui tendant la lettre
"Wait for an answer," he said, handing the letter to him
« Et puis faites entrer les hommes dans la pièce »
"and then show the men into the room"
Deux ou trois minutes plus tard, il y eut un autre coup
In two or three minutes there was another knock
c'était M. Hubbard lui-même, le célèbre fabricant de cadres de South Audley Street
it was Mr. Hubbard himself, the celebrated frame-maker of South Audley Street
Il est arrivé avec un jeune assistant à l'air un peu rude
he came in with a somewhat rough-looking young assistant
L. Ron Hubbard était un petit homme fleuri aux moustaches rouges
Mr. Hubbard was a florid, red-whiskered little man
Son admiration pour l'art, cependant, était considérablement tempérée
his admiration for art, however, was considerably tempered
en raison de l'impécuniosité invétérée de la plupart des artistes qui ont traité avec lui
due to the inveterate impecuniosity of most of the artists who dealt with him
En règle générale, il ne quittait jamais son atelier
As a rule, he never left his shop

Il attendait que les gens viennent à lui
He waited for people to come to him
Mais il a toujours fait une exception en faveur de Dorian Gray
But he always made an exception in favour of Dorian Gray
Il y avait quelque chose chez Dorian qui charmait tout le monde
There was something about Dorian that charmed everybody
C'était un plaisir même de le voir
It was a pleasure even to see him
« Que puis-je faire pour vous, monsieur Gray ? dit-il
"What can I do for you, Mr. Gray?" he said
et il frotta ses grosses mains couvertes de taches de rousseur
and he rubbed his fat freckled hands
« Je me suis dit que je me ferais l'honneur de venir en personne »
"I thought I would do myself the honour of coming round in person"
« Je viens d'avoir une belle silhouette, monsieur »
"I have just got a beauty of a frame, sir"
« Je l'ai acheté à une vente »
"I picked it up at a sale"
« Le vieux Florentin. Venu de Fonthill, je crois"
"Old Florentine. Came from Fonthill, I believe"
« Admirablement adapté à un sujet religieux, M. Gray »
"Admirably suited for a religious subject, Mr. Gray"
« Je suis vraiment désolé que vous vous soyez donné la peine de venir, L. Ron Hubbard. »
"I am so sorry you have given yourself the trouble of coming round, Mr. Hubbard"
« Je vais certainement passer et regarder le cadre »
"I shall certainly drop in and look at the frame"
« bien que je n'aie pas été dans le tempérament de l'art religieux, ces derniers temps »
"though I haven't been in the temperament for religious art, of late"
« mais aujourd'hui, je ne veux qu'une photo portée au sommet de la maison pour moi »
"but today I only want a picture carried to the top of the house for me"
« C'est un tableau assez lourd »
"It is rather a heavy picture"
« alors j'ai pensé que je vous demanderais de me prêter quelques-uns de vos hommes »
"so I thought I would ask you to lend me a couple of your men"
« Pas de problème du tout, M. Gray »

"No trouble at all, Mr. Gray"
« Je suis ravi de vous rendre service »
"I am delighted to be of any service to you"
— Quelle est l'œuvre d'art, monsieur ?
"Which is the work of art, sir?"
— Ceci, répondit Dorian en retirant la couverture
"This," replied Dorian, moving the cover back
« Pouvez-vous le déplacer, couvrant et tout, tel qu'il est ? »
"Can you move it, covering and all, just as it is?"
« Je ne veux pas qu'il soit rayé en montant à l'étage »
"I don't want it to get scratched going upstairs"
— Il n'y aura pas de difficulté, monsieur, dit l'aimable charpentiers
"There will be no difficulty, sir," said the friendly frame-maker
Le tableau était suspendu par une longue chaîne de laiton
the picture was suspended by a long brass chain
avec l'aide de son assistant, L. Ron Hubbard commença à décrocher l'image
with the aid of his assistant, Mr. Hubbard began to unhook the picture
— Et maintenant, où allons-nous le porter, monsieur Gray ?
"And, now, where shall we carry it to, Mr. Gray?"
« Je vais vous montrer le chemin, L. Ron Hubbard »
"I will show you the way, Mr. Hubbard"
« S'il vous plaît, si vous voulez bien me suivre »
"please, if you will kindly follow me"
« Ou peut-être ferais-tu mieux d'aller devant »
"Or perhaps you had better go in front"
« J'ai peur que ce soit juste en haut de la maison »
"I am afraid it is right at the top of the house"
« Nous monterons par l'escalier avant, car il est plus large »
"We will go up by the front staircase, as it is wider"
Il leur tint la porte ouverte
He held the door open for them
et ils sortirent dans la salle et commencèrent l'ascension
and they passed out into the hall and began the ascent
Le caractère élaboré du cadre avait rendu le tableau extrêmement volumineux
The elaborate character of the frame had made the picture extremely bulky
L. Ron Hubbard avait le véritable esprit d'un commerçant
Mr. Hubbard had the true tradesman's spirit

il ne voulait pas voir un gentleman faire quoi que ce soit d'utile
he did not want to see a gentleman doing anything useful
mais malgré ses protestations, Dorian l'a aidé à plusieurs reprises
but despite his protests, Dorian helped on a number of occasions
Finalement, ils atteignirent le sommet du palier
eventually they reached the top of the landing
– Quelque chose à porter, monsieur, haleta le petit homme
"Something of a load to carry, sir," gasped the little man
Et il essuya son front brillant
And he wiped his shiny forehead
— Je crains qu'il ne soit assez lourd, murmura Dorian
"I am afraid it is rather heavy," murmured Dorian
Il ouvrit la porte qui donnait sur la pièce
he unlocked the door that opened into the room
la chambre qui devait garder pour lui le curieux secret de sa vie
the room that was to keep for him the curious secret of his life
la chambre qui devait cacher son âme aux yeux des hommes
the room that was to hide his soul from the eyes of men
Il n'était pas entré dans l'endroit depuis plus de quatre ans
He had not entered the place for more than four years
D'abord, c'était une salle de jeux quand il était enfant
first it had been a playroom when he was a child
puis il lui servait de pièce pour étudier quand il grandissait un peu
and then it served as a room to study in when he grew somewhat older
C'était une grande pièce bien proportionnée
It was a large, well-proportioned room
il avait été spécialement construit par le dernier Lord Kelso
it had been specially built by the last Lord Kelso
en fait, il avait été construit pour le petit-fils
in fact, it had been build for the little grandson
L'une des raisons était son étrange ressemblance avec sa mère
one reason was his strange likeness to his mother
mais il y avait aussi d'autres raisons pour lesquelles il le haïssait
but there were other reasons also why he hated him
et il voulait garder son petit-fils à distance
and he wanted to keep his grandson at a distance
la pièce semblait n'avoir que peu changé
the room appeared to have but little changed
Il y avait l'énorme cassone italienne
There was the huge Italian cassone

il avait encore des panneaux fantastiquement peints et des moulures dorées ternies
it still had fantastically painted panels and tarnished gilt mouldings
il s'y était souvent caché dans son enfance
he had often hidden himself in it as a boy
Il y avait la bibliothèque en bois satiné remplie de ses livres d'école écornés
There was the satinwood book-case filled with his dog-eared schoolbooks
Sur le mur derrière elle était accrochée la même tapisserie flamande en lambeaux
On the wall behind it was hanging the same ragged Flemish tapestry
Sur celui-ci, un roi et une reine fanés jouaient aux échecs dans un jardin
on it a faded king and queen were playing chess in a garden
Une compagnie de colporteurs passait par là, portant des oiseaux encapuchonnés sur leurs poignets gantés
a company of hawkers rode by, carrying hooded birds on their gauntleted wrists
Comme il se souvenait bien de tout cela !
How well he remembered it all!
Chaque instant de son enfance solitaire lui revenait à l'esprit alors qu'il regardait autour de lui
Every moment of his lonely childhood came back to him as he looked round
Il se souvenait de la pureté sans tache de sa vie d'enfant
He recalled the stainless purity of his boyish life
et il lui semblait horrible que ce fût là que le portrait fatal devait être caché
and it seemed horrible to him that it was here the fatal portrait was to be hidden away
Comme il avait peu pensé, dans ces jours morts, à tout ce qui l'attendait !
How little he had thought, in those dead days, of all that was in store for him!
Mais il n'y avait pas d'autre endroit dans la maison aussi à l'abri des regards indiscrets que celui-ci
But there was no other place in the house so secure from prying eyes as this
Il avait la clé, et personne d'autre ne pouvait y entrer
He had the key, and no one else could enter it

Sous sa pâleur violette, le visage peint sur la toile pouvait devenir bestial, détrempé et impur
Beneath its purple pall, the face painted on the canvas could grow bestial, sodden, and unclean
Qu'importait ? Personne ne pouvait le voir
What did it matter? No one could see it
Lui-même ne le verrait pas
He himself would not see it
Pourquoi devrait-il regarder la hideuse corruption de son âme ?
Why should he watch the hideous corruption of his soul?
Il a gardé sa jeunesse, c'était suffisant
He kept his youth, that was enough
Et d'ailleurs, sa nature ne pourrait-elle pas s'affiner, après tout ?
And, besides, might not his nature grow finer, after all?
Il n'y avait aucune raison pour que l'avenir soit si honteux
There was no reason that the future should be so full of shame
Un peu d'amour pourrait traverser sa vie et le purifier
Some love might come across his life, and purify him
un peu d'amour pourrait le protéger de ces péchés qui s'agitent dans son esprit
some love might shield him from those sins stirring in his spirit
ceux qui sont curieux de péchés encore inconnus
those curious as of yet unpictured sins
leur mystère leur confère leur subtilité et leur charme
their mystery lends them their subtlety and their charm
Peut-être qu'un jour, le regard cruel aurait disparu de la bouche sensible écarlate
Perhaps, some day, the cruel look would have passed away from the scarlet sensitive mouth
et il pourrait montrer au monde le chef-d'œuvre de Basil Hallward
and he might show to the world Basil Hallward's masterpiece
Non; c'était impossible
No; that was impossible
D'heure en heure, et de semaine en semaine, la chose sur la toile vieillissait
Hour by hour, and week by week, the thing upon the canvas was growing old
Il pourrait échapper à la laideur du péché
It might escape the hideousness of sin
mais la laideur de l'âge lui était réservée
but the hideousness of age was in store for it

Les joues deviendraient creuses ou flasques
The cheeks would become hollow or flaccid
Des pattes d'oie jaunes se glissaient autour des yeux décolorés et les rendaient horribles
Yellow crow's feet would creep round the fading eyes and make them horrible
Les cheveux allaient perdre de leur éclat
The hair was going lose its brightness
la bouche allait s'ouvrir ou s'affaisser
the mouth was going to gape or droop
ou la bouche deviendrait folle ou grossière, comme le sont les bouches des vieillards
or the mouth would become foolish or gross, as the mouths of old men are
Il y aurait la gorge ridée et les mains froides et veinées de bleu
There would be the wrinkled throat and the cold, blue-veined hands
le corps tordu, dont il se souvenait dans le grand-père
the twisted body, that he remembered in the grandfather
le grand-père qui avait été si sévère avec lui dans son enfance
the grandfather who had been so stern to him in his boyhood
Le tableau devait être caché, il n'y avait pas d'autre moyen
The picture had to be concealed, there was no other way
« Apportez-le, monsieur Hubbard, s'il vous plaît », dit-il d'un ton las, en se retournant
"Bring it in, Mr. Hubbard, please," he said, wearily, turning round
« Je suis désolé de t'avoir gardé si longtemps »
"I am sorry I kept you so long"
« Je pensais à autre chose »
"I was thinking of something else"
L. Ron Hubbard était toujours à bout de souffle
Mr Hubbard was still gasping for breath
– Toujours heureux de se reposer, monsieur Gray, répondit le fabricant de cadres
"Always glad to have a rest, Mr. Gray," answered the frame-maker
– Où allons-nous le mettre, monsieur ?
"Where shall we put it, sir?"
« Oh, nulle part en particulier. Tiens : ça va faire l'affaire »
"Oh, nowhere particular. Here: this will do"
« Je ne veux pas qu'il soit raccroché »
"I don't want to have it hung up"
"Il suffit de l'appuyer contre le mur. Merci"

"Just lean it against the wall. Thanks"
« Pourrait-on regarder l'œuvre d'art, monsieur ? »
"Might one look at the work of art, sir?"
Dorian sursauta un instant
Dorian was startled for a moment
« Cela ne vous intéresserait pas, L. Ron Hubbard »
"It would not interest you, Mr. Hubbard"
et il garda les yeux sur l'homme
and he kept his eye on the man
Il se sentait prêt à sauter sur lui et à le jeter à terre
He felt ready to leap upon him and fling him to the ground
s'il osait soulever le magnifique tissu qui cachait le secret de sa vie
if he dared to lift the gorgeous fabric that concealed the secret of his life
« Je ne vais plus vous déranger maintenant. »
"I shan't trouble you any more now"
« Je vous suis très reconnaissant de votre gentillesse de venir »
"I am much obliged for your kindness in coming round"
« Pas du tout, pas du tout, M. Gray »
"Not at all, not at all, Mr. Gray"
« Toujours prêt à tout faire pour vous, monsieur »
"Always ready to do anything for you, sir"
Et L. Ron Hubbard descendit les escaliers, suivi de l'assistant
And Mr. Hubbard tramped downstairs, followed by the assistant
l'assistant jeta un coup d'œil à Dorian avec un regard d'étonnement timide
the assistant glanced back at Dorian with a look of shy wonder
Il n'avait jamais vu quelqu'un d'aussi merveilleux
He had never seen anyone so marvellous
Quand le bruit de leurs pas se fut tu, Dorian ferma la porte à clé
When the sound of their footsteps had died away, Dorian locked the door
Il se sentait en sécurité maintenant ; personne ne regarderait jamais cette horrible chose
He felt safe now; no one would ever look upon the horrible thing
Aucun autre œil que le sien ne verrait jamais sa honte
No eye but his would ever see his shame
En arrivant à la bibliothèque, il constata qu'il était un peu plus de cinq heures
On reaching the library, he found that it was just after five o'clock
le thé avait déjà été apporté

the tea had been already brought up
il y avait un cadeau de lady Radley sur la table
there was a present from Lady Radley on the table
Lady Radley était la femme de son tuteur
Lady Radley was his guardian's wife
un malade assez professionnel qui avait passé l'hiver précédent au Caire
a pretty professional invalid who had spent the preceding winter in Cairo
il y avait aussi une note de Lord Henry
there was also note from Lord Henry
et à côté de la note se trouvait un livre relié en papier jaune
and beside the note was a book bound in yellow paper
la housse légèrement déchirée et les bords souillés
the cover slightly torn and the edges soiled
Un exemplaire de la troisième édition de The St. James's Gazette
A copy of the third edition of The St. James's Gazette
Il était évident que Victor était revenu
It was evident that Victor had returned
Il se demanda s'il avait rencontré les hommes dans le hall alors qu'ils quittaient la maison
He wondered if he had met the men in the hall as they were leaving the house
peut-être avait-il arraché d'eux ce qu'ils avaient fait
perhaps he had wormed out of them what they had been doing
Il serait sûr de voir que le tableau avait disparu
He would be sure to see the picture had gone
il l'avait sans doute déjà remarqué, pendant qu'il avait posé le thé
he had no doubt notice it already, while he had been laying the tea-things
La couverture n'avait pas été reculée
The cover had not been set back
et un espace vide était visible sur le mur
and a blank space was visible on the wall
Peut-être qu'une nuit, il le trouverait rampant à l'étage
Perhaps some night he might find him creeping upstairs
peut-être le trouverait-il en train d'essayer de forcer la porte de la pièce
perhaps he would find him trying to force the door of the room
C'était une chose horrible d'avoir un espion dans sa maison
It was a horrible thing to have a spy in one's house

Il avait entendu parler d'hommes riches qui avaient été victimes de chantage toute leur vie
He had heard of rich men who had been blackmailed all their lives
un domestique qui avait lu une lettre ou entendu une conversation
a servant who had read a letter, or overheard a conversation
un serviteur qui a pris une carte avec une adresse
a servant who picked up a card with an address
un serviteur qui avait trouvé sous un oreiller une fleur fanée, ou un lambeau de dentelle froissée,
a servant who had found beneath a pillow a withered flower, or a shred of crumpled lace
Il soupira, et, s'étant versé du thé, ouvrit le billet de lord Henry
He sighed, and having poured himself out some tea, opened Lord Henry's note
la note devait simplement dire qu'il lui avait envoyé le journal du soir
the note was simply to say that he sent him the evening paper
et la note mentionnait un livre qui pourrait l'intéresser
and the note mentioned a book that might interest him
et on lui demanda d'être au club à huit heures et demie
and he was asked to be at the club at eight-fifteen
Il ouvrit le St. James's d'un air langoureux et regarda à travers
He opened The St. James's languidly, and looked through it
Une marque de crayon rouge sur la cinquième page attira son attention
A red pencil-mark on the fifth page caught his eye
Elle a attiré l'attention sur le paragraphe suivant
It drew attention to the following paragraph
ENQUÊTE SUR UNE ACTRICE
INQUEST ON AN ACTRESS
Une enquête a eu lieu ce matin à la taverne Bell, Hoxton Road
An inquest was held this morning at the Bell Tavern, Hoxton Road
l'enquête a été menée par M. Danby, le coroner du district, sur le corps de Sibyl Vane
the inquest was held by Mr. Danby, the District Coroner, on the body of Sibyl Vane
une jeune actrice récemment engagée au Royal Theatre de Holborn
a young actress recently engaged at the Royal Theatre, Holborn
Un verdict de mort par mésaventure a été rendu
A verdict of death by misadventure was returned
Une sympathie considérable a été exprimée pour la mère du défunt

Considerable sympathy was expressed for the mother of the deceased
sa mère a été très affectée pendant le témoignage
her mother was greatly affected during the giving of evidence
et le témoignage du Dr Birrell, qui avait pratiqué l'autopsie du défunt
and the evidence of Dr. Birrell, who had made the post-mortem examination of the deceased
Il fronça les sourcils et déchira le papier en deux
He frowned, and tore the paper in two
Il traversa la pièce et jeta la nouvelle
he went across the room and flung the news away
Comme tout cela était laid !
How ugly it all was!
la vraie laideur rend les choses horribles !
real ugliness makes things horrible!
Il se sentait un peu agacé par lord Henry
He felt a little annoyed with Lord Henry
il n'aurait pas dû lui envoyer le rapport
he shouldn't have sent him the report
Et c'était certainement stupide de sa part de l'avoir marqué au crayon rouge
And it was certainly stupid of him to have marked it with red pencil
Victor aurait pu le lire
Victor could have read it
L'homme connaissait plus qu'assez d'anglais pour cela
The man knew more than enough English for that
Peut-être l'avait-il lu et avait-il commencé à soupçonner quelque chose
Perhaps he had read it and had begun to suspect something
Et pourtant, qu'importait ?
And, yet, what did it matter?
Qu'est-ce que Dorian Gray avait à voir avec la mort de Sibyl Vane ?
What had Dorian Gray to do with Sibyl Vane's death?
Il n'y avait rien à craindre
There was nothing to fear
Dorian Gray ne l'avait pas tuée
Dorian Gray had not killed her
Son regard tomba sur le livre jaune que lord Henry lui avait envoyé
His eye fell on the yellow book that Lord Henry had sent him
Qu'est-ce que c'était que ce livre, se demanda-t-il
What was this book, he wondered

Il se dirigea vers le petit support octogonal couleur perle
He went towards the little, pearl-coloured octagonal stand
il lui avait toujours semblé être l'œuvre d'étranges abeilles égyptiennes qui travaillaient l'argent
it had always looked to him like the work of some strange Egyptian bees that wrought in silver
et, prenant le volume, il se jeta dans un fauteuil
and taking up the volume, he flung himself into an arm-chair
et il commença à tourner les pages du livre
and he began to turn over the leaves of the book
Après quelques minutes, il fut absorbé
After a few minutes he became absorbed
C'était le livre le plus étrange qu'il ait jamais lu
It was the strangest book that he had ever read
Dans des vêtements exquis, les péchés du monde dansaient devant lui
in exquisite clothing the sins of the world were dancing before him
et tout cela se passait au son délicat des flûtes
and all of it was happening to the delicate sound of flutes
Des choses dont il avait vaguement rêvé lui sont soudainement devenues réelles
Things that he had dimly dreamed of were suddenly made real to him
Des choses dont il n'avait jamais rêvé se révélèrent peu à peu
Things of which he had never dreamed were gradually revealed
C'était un roman sans intrigue et avec un seul personnage
It was a novel without a plot and only one character
c'était simplement une étude psychologique d'un certain jeune Parisien
it was simply a psychological study of a certain young Parisian
il avait passé sa vie à essayer de comprendre les modes de pensée précédents
he had spent his life trying to understand previous modes of thought
des modes de pensée qui appartenaient à tous les siècles sauf au sien
modes of thought that belonged to all centuries but his own
il essaya de résumer en lui-même les divers états d'âme par lesquels l'esprit du monde était passé
he tried to sum up in himself the various moods through which the world-spirit had passed
il aimait ces renoncements que les hommes ont imprudemment

appelés vertu
he loved those renunciations that men have unwisely called virtue
il les aimait simplement parce qu'elles étaient artificielles
he loved them merely because they were artificial
mais il aimait ces rébellions naturelles que les sages appellent encore péché
but he loved those natural rebellions that wise men still call sin
en fait, il aimait les péchés autant que les vertus
in fact, he loved the sins just as much as the virtues
Le style dans lequel il a été écrit était ce curieux style de bijoux
The style in which it was written was that curious jewelled style
vif et obscur à la fois, plein d'argot et d'archaïsmes
vivid and obscure at once, full of argot and of archaisms
plein d'expressions techniques et de paraphrases élaborées
full of technical expressions and of elaborate paraphrases
typique de l'œuvre de certains des meilleurs artistes de l'école française des symbolistes
typical of the work of some of the finest artists of the French school of Symbolists
Il y avait des métaphores aussi monstrueuses que des orchidées, et aussi subtiles dans la couleur
There were metaphors as monstrous as orchids, and as subtle in colour
La vie des sens a été décrite dans les termes de la philosophie mystique
The life of the senses was described in the terms of mystical philosophy
On savait à peine parfois ce que l'on lisait vraiment
One hardly knew at times what one was really reading
les extases spirituelles de quelque saint médiéval
the spiritual ecstasies of some medieval saint
ou les confessions morbides d'un pécheur moderne
or the morbid confessions of a modern sinner
C'était un livre empoisonné
It was a poisonous book
L'odeur lourde de l'encens semblait s'accrocher à ses pages
The heavy odour of incense seemed to cling to its pages
la vieille odeur musquée semblait troubler le cerveau
the old musky smell seemed to trouble the brain
La cadence des phrases et la subtile monotonie de leur musique
The cadence of the sentences and the subtle monotony of their music

plein de refrains complexes et de mouvements minutieusement répétés
full of complex refrains and movements elaborately repeated
Le garçon passait de chapitre en chapitre
the lad passed from chapter to chapter
cela produisit dans son esprit une forme de rêverie
it produced in his mind a form of reverie
une maladie de rêve, qui le rendait inconscient du jour qui tombait
a malady of dreaming, that made him unconscious of the falling day
et il remarqua à peine les ombres rampantes du soir
and he hardly noticed the creeping shadows of the evening
Sans nuages et percé d'une seule étoile, un ciel vert cuivré brillait à travers les fenêtres
Cloudless, and pierced by one solitary star, a copper-green sky gleamed through the windows
Il continua à lire à sa lumière pâle jusqu'à ce qu'il ne puisse plus lire
He read on by its wan light till he could read no more
Puis, après que son valet de chambre lui eut rappelé plusieurs fois l'heure tardive, il se leva
Then, after his valet had reminded him several times of the lateness of the hour, he got up
entrant dans la pièce voisine, il posa le livre sur la petite table florentine
going into the next room, he placed the book on the little Florentine table
et il commença à s'habiller pour le dîner
and he began to dress for dinner
Il était près de neuf heures lorsqu'il arriva au club
It was almost nine o'clock before he reached the club
il trouva lord Henry assis seul, dans la salle du matin, l'air fort ennuyé
he found Lord Henry sitting alone, in the morning-room, looking very much bored
« Je suis vraiment désolé, Harry, s'écria-t-il
"I am so sorry, Harry," he cried
« Mais en réalité, c'est entièrement de ta faute »
"but really it is entirely your fault"
« Ce livre que tu m'as envoyé m'a tellement fasciné que j'ai oublié comment le temps passait »
"That book you sent me so fascinated me that I forgot how the time

was going"
— Oui, je pensais que cela vous plairait, répondit son hôte en se levant de sa chaise
"Yes, I thought you would like it," replied his host, rising from his chair
« Je n'ai pas dit que j'aimais ça, Harry, j'ai dit que ça me fascinait »
"I didn't say I liked it, Harry, I said it fascinated me"
« Il y a une grande différence »
"There is a great difference"
– Ah ! vous avez découvert cela ? murmura lord Henry
"Ah, you have discovered that?" murmured Lord Henry
Et ils passèrent dans la salle à manger
And they passed into the dining-room

www.ingramcontent.com/pod-product-compliance
Lightning Source LLC
Chambersburg PA
CBHW012003090526
44590CB00026B/3852